日本を元気にする古事記のこころ

初版まえがき

本当の自分とは何か。そして、日本人の本質、わが国の国柄とは何であろうか。ここに一つの回答がある。それは吉田松陰である。内憂外患の幕末、米艦によって渡航を計画したが失敗し、その罪のために野山の獄に入れられた松陰は、その逆境の獄中において、囚人に『孟子』の講義を行った。その開講の冒頭、わが国の国柄について、以下のことを力説している。

聖人といわれる孔子や賢人と呼ばれた孟子が、生れた国を離れて他国に仕えられたことは、申し訳がないことである。いったい、君と父とは、わたくしにとって、その意義から見れば一つのものである。されば、自分の君を愚鈍である昏迷であるといって、生国を去って他国に往き、そこで仕官するということは、自分の父を頑迷である愚鈍であるといって、家を出て隣りの家の老人をわが父親だとするのと同じである。孔子や孟子が、この道理を見失われたことは、何

としても弁解すべき道がない。（近藤啓吾先生全訳註『講孟箚記』講談社学術文庫）

そして松陰は、孔子、孟子がなぜ人としての道理を失ったかについて、「漢土《かんど》（中国）においては、わが国の国体とは異なり、有徳者が帝位につくのは天意であるとする易姓《えきせい》革命の国柄であるところに、その原因がある」と指摘する。その上で、これに対してわが国においては「上は皇室から下は諸藩に至るまで、千万年にわたって、君主の地位を世襲して来て絶えなかったこと、なかなか漢土《かんど》などと比較すべきものでない。それ故に漢土《かんど》の臣は、例えてみれば、半年ごとに渡り歩く下男下女である。彼らが主人の善悪を択《えら》んで渡り歩くことは、もとより当然のことである。これに対し、わが国の臣は譜代《ふだい》の臣であるから、主人と死生や喜憂《きゆう》をともにし、たとえ死に至るとも、主を棄てて他国へ去るという道理は全くないのである」と述べる。そして「眼前の国難である諸外国からの侵攻に対しても目先の対処療法ではなく、『わが国の国体が外国のそれと異なっている根本の道理を明らかにし』、その力を根本にすえて対処すべし」と主張する。さらに「わが国はもとより易姓《えきせい》革命の国柄ではなく、君臣の大義は肇国《ちょうこく》以来決まっていることにその特質がある」と松陰は強調しているのである。

しかしここで正直に言うならば、戦後憲法下の教育を受けて育った筆者にとって、国家が国民の主権のもとにあるのは当然のことであり、有徳者が君主（帝位）につくとする漢土《かんど》の思想の方が合理的で論理的であり、より民主的に進んだ国柄であると思っていたのは、ごく自然のことであったのだ。

だが、古い伊勢の思想である伊勢神道に学び、わが国最古の古典『古事記』をひもとき、自分自身の神霊と向き合うことで、日本人の本質、わが国の国柄は、「たとえ肉体は滅びても、その本体の御魂は死することなく永遠に生きつづけ子孫の幸福を見守っている」という霊魂不滅の信仰に出会うことができた。そして、自分自身の心のうちに、父母、祖父母をはじめ先祖の神々が今もともに生きつづけていることを強く感じるようになった。『古事記』を学ぶことによって、神代の古伝承で語られていることが、いまの私たちに営々と繋がり、つむがれてきた「いのち」・遠祖の神々の足跡であり、その神々はそのまた先祖の神々である天《あま》つ神《かみ》の御心《みこころ》と一つになって国づくりをされている事実を知るに至ることができた。先祖である天《あま》つ神《かみ》の御心《みこころ》から離れた異心《ことごころ》の状態では、国土の修理固成はできないことを神代古伝承は繰り返し教えているのだ。

私たちの先祖は、天《あま》つ神《かみ》から賜った神与《しんよ》のままのまっすぐな清らかな心を汚れた異心《ことごころ》から守ることを何よりも大事にしてきたのである。このことは天皇陛下の御祈りの御姿に皇祖神・天照大御神《あまてらすおおみかみ》の御神霊が永遠に生きつづけられている事実によっても知ることができる（近藤啓吾先生著『續々山崎闇齋』参照）。天皇陛下は皇祖神・天照大御神《あまてらすおおみかみ》といま一緒に生きておられる。これこそがわが国の国柄である。

一方、臣下である私たちの本質もまた、神性の存在であることは『古事記』の教えるところである。すなわち、わが国の人倫秩序の根本は君臣が一円のような関係にあり、畏れ多いことではあるが、ともに我欲我執の異心《ことごころ》を祓《はら》って、その本姿である天照大御神《あまてらすおおみかみ》の御心《みこころ》に立ち返ることにあるのだ。

明治天皇は「罪あらば　我をとがめよ　天《あま》つ神《かみ》　民は我が身の　生みし子なれば」との御製《ぎょせい》をよまれているが、まさに天皇陛下の御祈りの中に私たちは含まれているのである。一即一切、一切即一の国柄なのである。これほど貴い国はないであろう。

ここにおいて私は「主人と死生や喜憂《きゆう》をともにし、たとえ死に至るとも主を棄てて他国へ去るという道理は全くない」という松陰の「こころ」を理解することができた。わが国の特質は天照大御神《あまてらすおおみかみ》の御心《みこころ》のままに治められている一人の天下なのである。

日本を取りまく情勢は、その地政学的見地から考えるならば、いつの時代も困難な状況下にある。だが、今日はそれに加え、親殺し、子殺し、自殺者の急増、さらには高齢者の行方不明などに象徴されるように人心の荒廃は目を覆うばかりである。何よりも日本人自身が自信を失っていることに幕末以上の危機がある。

しかし、この現下の問題に対処する方法もまた、松陰が指摘するように、日本人が自分自身と向き合い、日本人としての根本の道理、その本質を取り戻すことにあるのではないか。その直接の力になるのが日本最古の古典『古事記』ではないだろうか。いま最も求められていることは、『古事記』の「こころ」に私たちの「こころ」を照らし合わせ、先祖の神々の御霊と一緒に今を生きているという日本人の本質を明らかにすることではないだろうか。本書がその一助になることを願っている。

なお本書は、拙著『古事記の「こころ」』をテキストとしながら、神社本庁の財団法人国民精神研修財団で一年間お話をしたことをベースに、もっと分かりやすくという思いを込めながらまとめたものである。が、まだまだ異心《ことごころ》の多い未熟な筆者の心境の告白に過ぎないことを恥じ入るばかりである。

平成二十二年十一月

小野善一郎

まえがき　改訂版の出版に際して

この度、拙著『日本を元気にする古事記のこころ』に「大国主神《おおくにぬしのかみ》と葦原中国平定《あしはらのなかつくにへいてい》」を追加した改訂版を刊行するにあたって、改めて出雲《いずも》の古伝承《こでんしょう》を読み直して気づいたことは、天《あま》つ神《かみ》の御心《みこころ》から離れて国づくりはできないという鉄則があることです。わが国の統治の根本は、天壌無窮《てんじょうむきゅう》の神勅《しんちょく》に明示されている通り、「しらす」（知《し》らす）であり、天照大御神《あまてらすおおみかみ》の御心《みこころ》、天《あま》つ神《かみ》の御心《みこころ》と一つになって国を治めることに特質があります。

天《あま》つ神《かみ》と一つになる境地は知識ではなく、体認《たいにん》の世界です。何よりも命懸けの苦労を重ねないと本当には体認《たいにん》できないのです。ですから、須佐之男命《すさのおのみこと》は一切の私情を挟まず秋霜烈日《しゅうそうれつじつ》の覚悟で、徹底して大国主神《おおくにぬしのかみ》を鍛えたのであります。それは須佐之男命《すさのおのみこと》ご自身も辛苦を重ねながら感得《かんとく》した境地だったからです。

大国主神《おおくにぬしのかみ》は何度も何度も死線を越えられているのです。つまり、異心《ことごころ》を放念して、何度も自らの本体への感応《かんのう》があり、天《あま》つ神《かみ》の御心《みこころ》と一つになる境地を体認《たいにん》されたのであります。

それ故に、葦原中国《あしはらのなかつくに》の国づくりの大業を成し遂げることができたのです。

しかし、その大業を完遂《かんすい》した時、より詳しく記載してある『日本書紀』によれば、その功績を誇り、自分に比べる者は誰もいない。わが国を治めるものは私一人だけであるという慢心が出てしまったのです。この慢心は、「うしはく」（領《うし》はく）です。つまり、葦原《あしはら》の中国《なかつくに》を自分のものとして治めることです。これは天《あま》つ神《かみ》の御心《みこころ》から離れた異心《ことごころ》による統治です。

しかしながら、大国主神《おおくにぬしのかみ》はその幸魂《さきみたま》、奇魂《くしみたま》によって、本当に国土を治めたのは大国主《おおくにぬしの》神《かみ》の自我の力でなく、その奥に隠れている心神（幸魂《さきみたま》、奇魂《くしみたま》）であることを教えられたのであります。心神とは、私たちの身体にもご鎮座されている天《あま》つ神《かみ》の御心《みこころ》（御魂《みたま》）です。

大国主神《おおくにぬしのかみ》は、今までに、袋背負い、赤猪抱《あかいだ》き、大野の火難など幾多の試練を経ていますから、この境地を何度も体認していたのです。ですから、やがて天《あま》つ神《かみ》のご命令によってその国土を天孫《てんそん》・邇邇芸命《ににぎのみこと》に奉還し出雲大社《いずもたいしゃ》にご鎮座するとともに、天孫《てんそん》と心を一つにして、わが国一貫の「いのち」である皇統守護《こうとうしゅご》の任に就かれて現在に至っているのであります。

今、何よりも求められているのが、この天孫降臨《てんそんこうりん》の神意《しんい》を体認《たいにん》する人です。その体認《たいにん》とは、私たち自身がその異心《ことごころ》を祓って天《あま》つ神《かみ》の御心《みこころ》、天地一貫《てんちいっかん》の「いのち」と一つになった時、心の中に天孫《てんそん》が降臨《こうりん》し、その神意《しんい》を感得《かんとく》することができるのであります。

その初めから存在している天地一貫《てんちいっかん》の「いのち」と一つになってわが国を治めるならば、天地とともに窮まりなく発展して行くというのが、私たちの遠い先祖の壮大なわが国建国の理想実現なのです。それが、「しらす」の統治です。

もし、天地一貫《てんちいっかん》の「いのち」から離れた「うしはく」の異心《ことごころ》の統治ならば、その異心《ことごころ》は元々天地にない仮の姿ですから滅ぶのは当然なのであります。

出雲《いずも》の古伝承《こでんしょう》は、その大事について繰り返し説話を通して、後世の私たちに語っているように私には見受けられます。ご高覧頂ければ幸いに思います。

小野　善一郎

平成二十八年七月吉日

目次

はじめに――『古事記』とは何か

『古事記』は、元明《げんめい》天皇和銅《わどう》五年（七一二年）、今からおよそ一千三百年前に編纂《へんさん》された現存するわが国で最も古い書物です。それから八年後の元正《げんしょう》天皇養老《ようろう》四年（七二〇年）に『日本書紀』が編纂《へんさん》されています。まず『古事記』と『日本書紀』の二つを比べてみましょう（『神道文献概説』参照）。

第一に『古事記』を対内的なものとすれば、『日本書紀』は初めから対外的な第三者の存在を想定し、中国の歴史書の体裁《ていさい》にならい、漢文をもってわが国の歴史を編修しています。その一方『古事記』は外国に向かって書かれてはいません。この点が最も違うところだといえます。

第二に『古事記』は古伝を最も忠実にもとの形で伝えようとしているのに対して、『日本書紀』は第三者が理解出来るように知的配慮が加えられていることです。つまり、所々に古代の日本には無かった中国の思想が入っているのです。

第三に『古事記』が第三十三代推古《すいこ》天皇の御代で終わり、大和朝廷による統一以前の古い伝承や信仰を主としているのに対して、『日本書紀』は第四十一代持統《じとう》天皇紀まであり、国史として正しく叙述《じょじゅつ》できるところまで書きつづけられていることです。

しかしながら、『日本書紀』の最も尊重すべきことは、『古事記』が古伝の統一をはかったと考えられるのに対して、歴史書として古い史料を省略せず、異説あるものについては、本文のあとに「一書に曰く」として諸説をそのまま保存している点にあります。そのお陰でたとえば、天孫降臨《てんそんこうりん》の際、天照大御神《あまてらすおおみかみ》より天孫《てんそん》・天津日子番能邇邇芸命《あまつひこほのににぎのみこと》に下された「天壌無窮《てんじょうむきゅう》の神勅《しんちょく》」が今日に伝わっているのです。

葦原《あしはら》の千五百秋《ちいほあき》の瑞穂《みつほ》の國《くに》は、是《これ》、吾《わ》が子孫《うみのこ》の王《きみ》たるべき地《くに》なり。爾皇孫《いましすめみま》、就《い》でまして治《しら》せ。行矣《さきくませ》。寶祚《あまつひつぎ》の隆《さか》えまさむこと、當《まさ》に天壌《あめつち》と窮《きはま》り無《な》けむ。

これは一般に、天照大御神《あまてらすおおみかみ》の子孫である天皇の御地位は、天地のある限り永遠に続く意と解されていますが、これは誤りではないかと思います（近藤啓吾先生著『崎門三先生の學問』参照）。ここで重要なのは「寶祚《あまつひつぎ》」の解釈です。これはご歴代の天皇が天照大御《あまてらすおおみ》神《かみ》の御心《みこころ》でわが国を治められるという日本国家の本質が永遠に守られるという意味ではないかと思います。つまり天孫降臨《てんそんこうりん》の意義とは、三種の神器に込められた天照大御神《あまてらすおおみかみ》の御心《みこころ》をこの世に現し、その御心《みこころ》で国を治め、国民が平安・幸福に暮らす国家を建設しようという私たちの遠い先祖の壮大なわが国建国の理想実現にあります。君臣ともに私利私欲を祓《はら》い、すでに神与《しんよ》されている天照大御神《あまてらすおおみかみ》の御心《みこころ》で国を治めるならば、国家の弥栄《いやさか》は、まさに天地とともに窮まりないのです。それは天照大御神《あまてらすおおみかみ》の御心《みこころ》が天地の心だからに他ならないからです。これがわが国の道義の根源に位置する信仰であります。

成立当初より日本語の響きを尊重した和臭《わしゅう》漢文的な『古事記』よりも、漢文で書かれた国史である『日本書紀』の方が尊重され、読まれてきました。『古事記』は成立以来、ほとんど注目されてこなかったのです。

それが、江戸時代になって仏教学、あるいは儒学に対し、日本の文献によって日本独自の伝統や思想を解明しようとする国学が興ります。歴代の国学者の大変な苦心と苦労の積み重ねにより『古事記』研究がなされ、その国学の道統の系譜は、下河辺長流《しもこうべながる》から契沖《けいちゅう》へ、契沖《けいちゅう》から荷田春満《かだのあずままろ》へ、春満《あずままろ》から賀茂真淵《かものまぶち》へ、真淵《まぶち》からさらに本居宣長《もとおりのりなが》、平田篤胤《ひらたあつたね》へと受け継がれてきました。

本居宣長《もとおりのりなが》は、『古事記伝』一之巻の「書紀の論《あげつら》ひ」において、「古来より人々が書紀ばかりを尊重しているが、書紀は漢籍の表現に淀《よど》んだ著作で、古意を忘れた箇所が多い書物である」としています。また、「中国は易姓革命《えきせいかくめい》の国であるから王朝の名前を書きますが、日本は革命がなく永遠に続く国であるからわざわざ『日本書紀』と書くのはおかしく、これは中国に対して諂《へつら》った名前である」と述べます。さらに、「書紀の神代巻《かみよのまき》のはじめには陰陽《いんよう》や乾坤《けんこん》などが記されてあり、そのような思想は、すべて古代日本には無かったもので、これらはみなシナ人の思想である。そのようなシナ思想によって日本人の古伝を記すことは全くの誤りである」と述べています。そして、宣長《のりなが》は『古事記』こそが古伝のままに記された文献であり、意《こころ》も事《こと》も最も忠実に、その真実を今日に伝えるものであると主張しているのです。

この宣長《のりなが》の『古事記伝』は、『古事記』研究史上において特筆すべき成果であり、その背景にあるのは宣長《のりなが》の神道および日本語への信仰であります（『神道事典』参照）。『古事記』に記されている古語の意《こころ》を知るためには字句の解釈だけではなかなか難しいのです。『古事記』の序文にも、

上古《じょうこ》の時、言意《ことばこころ》並びに朴《すなお》にして、文《ぶん》を敷《し》き句《く》を構《かま》ふること、字《じ》におきてすなはち難《かた》し。已《すで》に訓《くん》によりて述べたるは、詞《ことば》心に逮《およ》ばず、全《まった》く音《おん》をもちて連《つら》ねたるは、事《こと》の趣《おもむき》更《さら》に長《なが》し。

とあります。この意味は、上古《じょうこ》の人の言葉と心は素朴で、それを文章に書き表すことは非常に難しく、漢字の訓《くん》で書かれたものは、その文言が心で考えている意味に及ばないし、音《おん》で書かれたものは心から更に遠く離れていて解読が難しいということです。したがって、先に文字の意味を理解するのでなく、まず紙背《しはい》にある「心」を先にして文章の意味する所を考えてゆきたいと思います。

その際重要なことは、畏れ多いことではありますが、神代《かみよ》の古伝承《こでんしょう》を真に理解するため

には、神代《かみよ》の神々と同じ視点に立って解読するということです。従来、ともすれば、現在の私たちの視点から字句・文章を解釈することに主眼がおかれ、この視点が忘れられていたように思います。しかしその視座こそ、実は伊勢《いせ》神道で主張する心神《しんしん》思想にも繋がってくるものなのです。

すなわち、私たちの本性は神性なものであるという信念です。この信仰こそ中世、南北朝の二《に》皇統《こうとう》に分れて争っていた動乱の世の中にあって、その世を正《ただ》さんがために、北畠《きたばたけ》親房《ちかふさ》が神国の本質としてすがったものでもあります（拙稿「伊勢神道の本質と北畠親房の根本思想」参照）。

つまり、神代《かみよ》はすでに私たちの心の中に神様から与えられているのです。

第一回　天地開闢《てんちかいびゃく》

天地《あめつち》初めて發《ひら》けし時、高天《たかま》の原に成れる神の名は、天之御中主神《あめのみなかぬしのかみ》。

まず、「天地初めて發けし時《あめつちはじめてひらけしとき》」の部分ですが、これについて宣長《のりなが》は「天地初發之時《あめつちはじめのとき》」と読むべきであると言っています。そして、その理由を「『天地のひらく』というのは、漢籍《かんせき》の言葉であり、わが国の古言ではない。上代には、戸などは『ひらく』と言っているが、その他は花なども『さく』とのみ言っていて、ひらくとは言っていない。『万葉集』なども『天地のわかれし時』と読んでいるのもあるが、『ひらけし時』と読んでいるのは一つもない」と述べています。ここでは宣長《のりなが》の説にしたがって、「天地初發之時《あめつちはじめのとき》」と読んでみたいと思います。

しかしその意は、天《あめ》と地《つち》とそれぞれ異なる言葉で書かれているように、ある物が天と地とに別れた最初の時という意味です。高天原《たかまのはら》について宣長《のりなが》は、「天なり」としています。しかし高天原《たかまのはら》は、私たちの住んでいるこの大宇宙と理解しても良いのではないでしょうか。そして「成れる」とは、ある物実《ものざね》（神々が生まれてくる物種《ものだね》）から生まれることを意味します。つまり、天と地とが別れたはじめの時、この宇宙には天地に象徴されるように、まず存在が在り、それを物実《ものざね》として天之御中主神《あめのみなかぬしのかみ》が出現されたということです。

カミは「不思議ないのちの力」

わが国の記紀古伝承《ききこでんしょう》では、まず存在があり、それを物実《ものざね》として神が生まれたことを説いているのです。このことは『旧約聖書』「創世記」に「はじめに神は天と地とを創造された」とあるユダヤ教、キリスト教の創造主《そうぞうしゅ》・造物主《ぞうぶつしゅ》の神とは根本的に異なります。ユダヤ神話における神は、創造主《そうぞうしゅ》として「天と地とを創造された」とあるように、神がこの存在世界の一切を造られています。したがって、この被造物世界を超越しており、一切の存在に先立って存在していた唯一の絶対者なのであります。

これに対してわが国の神は、はじめに存在があり、それを物実《ものざね》として出現されています。つまり、この存在世界を超越している絶対者ではなく、その存在は私たちの遠い遠い先祖に他ならないのです。そもそも神という同一の言葉で、日本の神とキリスト教の神を論じることが間違いで、それぞれ本質的に異なります。

なお余談ですが、はじめに存在があるという思想は「数え年」の考えにも反映しています。古来、わが国には零《ぜろ》の概念がなく、生まれた日が一歳で新年を迎えると二歳になります。

本来「かみ」という言葉は、大和言葉であり、日本国有の言葉です。漢字の「神」は「陰陽で測ることが出来ないもの」、「人知でははかることができない霊妙な働き」を意味します。

この「神」とわが国の「かみ」という言葉が同質のものであるかどうかも十分に注意しなければなりません。したがって「かみ」という言葉の意味を真に解明することは非常に困難であります。

本居宣長《もとおりのりなが》は、神について「尋常《よのつね》ならずすぐれたる徳《こと》のありて、可畏《かしこ》き物」と定義し、そのことは善悪を問わずであるとしているのです。つまりわが国の神とは、存在に潜む「不思議ないのちの力」を意味するものと考えられます。

キリスト教がわが国にはじめて伝えられたのは一五四九年でした。当時から幕末にかけてキリスト教の神は「デウス」又は漢字では「天主《てんしゅ》」と呼ばれ、わが国の神との混同はありませんでした。しかし、明治以降、キリスト教の布教が公認されてから、最初にプロテスタントによってキリスト教の信仰対象を「神《かみ》」という言葉に翻訳されてから、日本人にとっては重大な信仰上の混乱が生じたと言われています（上田賢治氏著『神道神学』参照）。今日でも、神といえばキリスト教の唯一絶対の神が第一義となる状況が生み出されているのです。

ユダヤ・キリスト教の一神教に対して、わが国は多神教であると言えます。そして最初に根源神として天之御中主神《あめのみなかぬしのかみ》がいます。宣長《のりなが》は天之御中主神《あめのみなかぬしのかみ》を「天真中《あめのまなか》に坐々《ましまし》て、世中《よのなか》の宇斯《うし》たる神と申す意の御名なるべし」と述べています。つまり、大宇宙の中心の主宰神《しゅさいしん》であり、その御神徳《ごしんとく》（神の働きによる威徳《いとく》のこと）は宇宙のすみずみまで及び、天地がはじまった時より、天地が続く限り永遠に存在する神様なのです。それは「永遠のいのちの泉」と云っても過言ではないと思います。

その天之御中主神《あめのみなかぬしのかみ》の御神徳《ごしんとく》が姿を変えて個別の存在に現れた「いのち」である神々の働きを見て、さまざまな神名で呼んでいるのです。つまり、高御産巣日神《たかみむすひのかみ》も神産巣日神《かみむすひのかみ》も、天之御中主神《あめのみなかぬしのかみ》が姿を変えて、それぞれの個別の存在に現れた神々であり、一切の「いのち」は一つであり同時に「多」であるのです。本来、一つの「いのち」であるものが、八百万《やおよろず》という「多」の姿に化身して現れる。この『古事記』で説かれている「一即多、多即一」、「一即一切、一切即一」の思想は、私たちの遠い遠い先祖が、この大宇宙の真理を直観的に把握したものなのです。

日本人の「真理は一つであって同時に多数にある」という考えには、日本の気候風土や環境が大きく影響しています。私たちの眼前にある豊かな自然の中には、私たちと同質の無数の「いのち」の輝きが見てとれるからです。

これに対して一神教の信仰の根源には、イスラエルやアラブのような砂漠の気候風土が深くかかわっています。眼前の砂漠には「いのち」が見あたりません。自然に身をまかせれば自分自身が滅んでしまうのです。したがって当然、この存在世界の外、大自然の外に「永遠のいのち」を発想したのでしょう。

「こころ」の中の天之御中主神《あめのみなかぬしのかみ》を感じる

さて、話を今一度天之御中主神《あめのみなかぬしのかみ》に戻したいと思います。この段で重要な事は、私たち一人ひとりの中にも天之御中主神《あめのみなかぬしのかみ》が宿っているということです。このことは、現代科学によって知られる「非常に大きなスケールでみると、宇宙は水のような滑《なめ》らかで一様《いちよう》な物質でできている」という宇宙原理によっても分かります。つまり私たちは、天地という宇宙を離れて存在しているのではなく、その中で生かされている存在なのです。天地を離れては一瞬たりとも生きることはできません。その「水のような一様《いちよう》な物質」が目に見えないがゆえに、私たちは勝手に天地と離れて自分一人で生きていると思っているのです。

私たちが生かされている「いのち」の大本の存在を儒教では天と言いますが、その民族のおかれている環境によって呼び名が異なります。私たちの遠い遠い祖先は、その「いのち」の大本を親しみこめて、具体的な人格神として「天之御中主神《あめのみなかぬしのかみ》」という神名でお呼び申し上げたのであります。

しかしこの神様は、宇宙の中心の主宰神《しゅさいしん》でありますが、「身《み》を隠《かく》したまひき」とあるように現象界には現れていません。そして、天之御中主神《あめのみなかぬしのかみ》をはじめ別天《ことあま》つ神《かみ》五柱の御神徳《ごしんとく》を一身に背負って現象界に出現された神様が天照大御神《あまてらすおおみかみ》なのです。このことは後の方で出てきますが、伊邪那岐命《いざなきのみこと》より「汝命《いましみこと》は、高天《たかま》の原を知《し》らせ」とご委任されていることによっても、天之御中主神《あめのみなかぬしのかみ》と同じ御神徳《ごしんとく》であることが知られます。天之御中主神《あめのみなかぬしのかみ》と天照大御神《あまてらすおおみかみ》は表裏一体《ひょうりいったい》の神様なのであります。

したがって天照大御神《あまてらすおおみかみ》は、日神《ひのかみ》と言われるように直接的には太陽に象徴される神様でありますが、しかし、単なる太陽神でなく、この宇宙を治められている「いのち」の本源の神様といえるのではないでしょうか。

このことは伊勢神宮の御神体《ごしんたい》を考えれば明瞭です。つまり伊勢神道によれば、天之御中《あめのみなか》主神《ぬしのかみ》は正殿《せいでん》の床下に立つ「心の御柱《しんのみはしら》」と推測され、天照大御神《あまてらすおおみかみ》は御神体《ごしんたい》の御鏡《みかがみ》なのです。これは御神体《ごしんたい》が二神あるように目には見えますが、実は一つなのです。先程申しましたように一神であり同時に二神なのであります。二神であり一神なのであります。

そしてこの大いなる「いのち」によって生かされている事実に気づき、すべての天地万物にその「いのち」を見ながら、感謝の生活をしていたのが、私たちの遠い遠い祖先であったのです。もちろんそのことはあたり前のことですから、あえて言葉で書き、説明する必要はありませんでした。

この日本人の思想を最初に言葉化したのが末法《まっぽう》思想と対決して生まれた中世の伊勢《いせ》神道です。その思想の眼目《がんもく》は、「神道五部書《しんとうごぶしょ》」の中で最初に成立したと考えられている『宝基本《ほうきほん》記《ぎ》』に明らかに記されています。

人《ひと》は乃《すなわ》ち天下《あめのした》の神物《しんもつ》なり、須《すべか》らく静謐《せいひつ》を掌《つかさど》るべし。心《こころ》は乃《すなわ》ち神明《しんめい》の主《しゅ》たり、心神《しんしん》を傷《いた》ましむる莫《なか》れ。神《かみ》は垂《た》るるに、祈祷《きとう》を以《もっ》て先《さき》と為《な》し、冥《めい》は加《くは》ふるに、正直《せいちょく》を以《もっ》て本《もと》と為《な》す。

その意味するところは、以下のようなことであります。

人間の本体は神そのものである。したがって、心は穏《おだ》やかに決して驕《おご》ることなく、謹み深く生活しなければならない。自らの心に神は住んでいるのであるから、絶対に我欲によって心の神に傷をつけてはならない。自分の本性を真に体認《たいにん》するためには、すべてを抛《なげう》ち、一心になって祈ることであり、また我欲を去り、正直で清らかな心に立ち返ることである、というものであります。

要するに、本当の自分とは有限でいずれ滅んでいく肉体の自分ではなく、この肉体を生かしていただいているところの「永遠のいのち」であり、この「いのち」は瞬時も肉体を離れずに、私たちに無限の力を与えているのです。そして、その「いのち」が肉体から離れる時、肉体の死が訪れます。しかし、私たちを生かしてくれている所の「いのち」、御魂《みたま》と言ってもよいと思いますが、それは永遠不滅に生きつづけているのであります。

したがってこの自分の肉体は、自分のものというような小さな存在でなく、大いなる「いのち」によって生かされている神様のものなのです。そのように貴い、貴い存在でありますから、心を汚《けが》すことなく穏《おだ》やかに生活をしなければならないし、自分の我欲によってほしいままに、欲望の赴《おもむ》くままに生活をしてはならないのであります。

神は観念的な知識とは異なります。どんなに神に関する知識を積んでも神を体認《たいにん》できなければ、本当に知ったことにはなりません。その神、すなわちこの大宇宙の本源にある「永遠のいのち」は、実は私たち一人ひとりの心の中にも生きています。私たちの心こそ神そのものでありますから、その心の神を絶対に傷つけてはならないのであります。私たちの心の中には、天之御中主神《あめのみなかぬしのかみ》をはじめ八百万《やおよろず》の神々が鎮座《ちんざ》なさっているのです。

自分自身の中の「天地開闢《てんちかいびゃく》」

それがなぜ実感、体認《たいにん》できないかというと、自分という意識、我欲の心で二重、三重に心の神を覆《おお》ってしまっているからなのであります。自分の眼前に見える世界は、すべて自らの心の反映なのです。

神道には「天地初發之時《あめつちはじめのとき》、高天原《たかまのはら》に成れる神の名は、天之御中主神《あめのみなかぬしのかみ》。云々」とある天地《てんち》開闢《かいびゃく》の思想があります。つまり私たちの先祖は自らの心の中に天之御中主神《あめのみなかぬしのかみ》を体感し、これから『古事記』に出てくる八百万《やおよろず》の神々を実感できる心の清らかさがあったのです。神様から頂いた素直な心があったのであります。今、私たちが忘れているのはこの清らかな心であり、これを取り戻す必要があるのです。『古事記』を学ぶということの真髄は、自らの心の天地開闢《てんちかいびゃく》にあります。私たちは常に本心と異心《ことごころ》との格闘をしているのです。

神代《かみよ》即人代というように、人《ひと》の代《よ》も神《かみ》の代《よ》なのです。神代《かみよ》の時と二十一世紀の現在では天地は少しも変ってはいないのです。変ったのは人の心の方ではないでしょうか。神代《かみよ》であることが見えない程に人の心が悪《あ》しくなり、心が曇っていると言えるのではないでしょうか。

もう一度、先の『宝基本記《ほうきほんぎ》』の神言に戻りましょう。「神《かみ》は垂《た》るるに、祈祷《きとう》を以《もっ》て先《さき》と為《な》し、冥《めい》は加《くは》ふるに、正直《せいちょく》を以《もっ》て本《もと》と為《な》す」とありますが、ここで言う祈祷《きとう》は単なる祈りでなく、神の前にすべてを抛《なげう》ち、自らの心の異心《ことごころ》をすべて切り捨てて、平伏《ひれふ》す祈りであります。要するに、神様に生かされている自分の本体を本当に体認するには、生きながら自らが一番大事にしている肉体の生命さえも切り捨てる覚悟が必要だということです。その時に本当の自分と出会えるというのであります。神様との感応を体認できるのは、神様から唯一人間だけに与えられたものなのです。

「冥《めい》は加《くは》ふるに、正直《せいちょく》を以《もっ》て本《もと》と為《な》す。」の部分は前の部分との対句《ついく》になっているので意味は全く同じです。つまり、神様のご加護を得るには正直な心こそが根本であると言うのです。正直とは単に嘘《うそ》をつかないと言う意味ではなく、清らかな心で自らの心を一杯にするということであります。人間にとって、清らかな心こそ一番強い心なのです。明鏡止水《めいきょうしすい》は、武道の極意ともいわれていますが、本当に強い人は、一寸《いっすん》の隙《すき》もない程に清らかな心を持っているのでしょう。

『宝基本記《ほうきほんぎ》』の託宣《たくせん》の後半部分に以下のような記述があります。

有無《うむ》の異名《いめい》を分《わか》ち、心走り使ひし、安き時有ることなし、心臓《しんぞう》傷《やぶ》れて神散去《さんきょ》す、神散《さん》ずれば、則ち身喪《ほろ》ぶ、人は天地《てんち》の霊氣《れいき》を受けて、霊氣《れいき》の化する所を貴《とうと》ばず、神明《しんめい》の光胤《こういん》を種《つ》ぎて、神明《しんめい》の禁令《きんれい》を信ぜず、故に生死長夜《しょうじちょうや》の闇《やみ》に沈み、根《ね》の國底《そこ》の國に吟《さまよ》ふ。

ここでは自らの有無《うむ》の異心《ことごころ》、我欲の心が天《あま》つ神《かみ》の恵みを遮《さえぎ》っていることにより、生死《しょうじ》長夜《ちょうや》の闇《やみ》に沈んでしまっていると述べています。つまり自らが播《ま》き、招いたことで、天地の霊氣《れいき》の恵みを遮《さえぎ》っているのです。

遮《さえぎ》っている障害物（異心《ことごころ》）を取り払う方法は、外面の目に見える物に貴い心が使われることなく、何事に対しても喜びと感謝の心で生活をすることです。そして「悪口を言わないこと」「不足・不満を言わないこと」「すべてをあるがままに受け入れること」の三点です。そのような心の世界を神代《かみよ》と呼ぶのだと思います。つまり、神代《かみよ》は私たちの心の中に実在しているのです。

このことは観念的なことではありません。そのことを理解していた代表的な歴史上の人物の一人が北畠《きたばたけ》 親房《ちかふさ》です。親房《ちかふさ》の神国思想の本質は、私たち一人ひとりの神性の本性に焦点を当てています。

自分の眼前の世界は、すべて、どんな理由があったとしても自らの心の反映に他なりません。自らの心の神を、消極的な情念《じょうねん》、異心《ことごころ》によって絶対に傷つけてはならないのであります。貴い存在なのに、自分で自分の心を勝手に小さな存在にしている。終末論《しゅうまつろん》や末法《まっぽう》などの外面の運命論に左右されるのではなく、すべては自らの心の持ち方でありますから、心が悪くならないように気をつけなければならないのであります。

江戸時代、伊勢神道を中興した外宮祠官度会延佳《げくうしかんわたらいのぶよし》は、その著『中臣祓瑞穂鈔《なかとみのはらえみずほしょう》』で、心《しん》神《しん》（天之御中主神《あめのみなかぬしのかみ》）について次のように述べています。

上一人ヨリ下萬民マデ、天御中主ノ分神ノ神ヲ、心中ニヤドシ奉リテ、自性トスレバ、心ハ神明ノ御舎ト云ヘリ。分ツ時ハ百千萬ノ天御中主、合スル時ハ只一躰ノ天御中主ニテ御坐セバ、根本ハ神ト人ト差別ナシト云ヘドモ、汚穢不淨ノ悪心ニヨリテ、神明ノ舎ノ御戸ヲ閉テ、人々ノ心中ニ坐マス天御中主ヲ奉拝ル人マレナリ。天御中主ノ吾心中ニ坐マス事ヲ、全ク不知人アリ。坐ス事ヲ知ルト云ヘトモ、不奉拝人モアリ。偶雖奉拝モ、御舎ノ御戸ヲ又閉ル人モアリ。如此様々ノ人品アリテ、常ニ天御中主ニ配對シ奉ル人ナシ。サハ云ヘド、上ニ聖徳マシマス時ハ、御教ノ徳化ノシルシニ、人々心中ノ神明ヲ奉拝時、神代其マ、今ニアリテ、天下泰平ナラズト云事ナシ。タトヒ上ノ御教ナクトモ、神道修行ノ功ニ依テ、吾心中ノ天御中主ヲ拝ミ奉レバ、モトヨリ天地遍満ノ御躰ナル故ニ、吾心天地ニ遍満シテ、萬物一躰ノ神人トナル也。
コノ天御中主ノ神ノ道ナレバ神道ト云。

すなわち、「日本人ならば、誰でも天之御中主神《あめのみなかぬしのかみ》の分身の神を心の中に宿していて、本来心は神明の御舎《みあらか》である。その魂《たましい》を拡げれば、無数の天之御中主神《あめのみなかぬしのかみ》に分けることができるし、集約すれば一柱の天之御中主神《あめのみなかぬしのかみ》となる。根本は神も人も同じである。心の中の天之御中主《あめのみなかぬし》神《のかみ》を奉拝する時、それは単なる観念としてではなく、天之御中主神《あめのみなかぬしのかみ》という生命あるものとして奉拝する時、神代《かみよ》というのは遠い遠い過去のことではなく、今も神代《かみよ》であることがわかり、世の中が平安にならないことはない。このことはたとえ人に教えられなくとも、神道修行によって体認《たいにん》するならば、自らの心は天地万物《てんちばんぶつ》と一体となる。この体認《たいにん》こそが、天《あめ》之御中主神《のみなかぬしのかみ》の道であり、神道なのである」と延佳《のぶよし》は述べています。本当の神道とは、心中に宿っている天之御中主神《あめのみなかぬしのかみ》を体認《たいにん》することであると言っているのです。

いずれにしましても、今私たちが取り戻さなければならないのは、私たちの本体は自分のものではなく天之御中主神《あめのみなかぬしのかみ》、そして天《あま》つ神《かみ》そのものであり、それ故に貴い貴い存在であるということ。同時に、そのように体認《たいにん》することのできる清らかな心であると思います。神代《かみよ》も今も天地は少しも変っていないのであります。変わったのは、物《もの》の背後にある「いのち」が見えなくなった私たちの心の方です。

第二回　天《あま》つ神《かみ》と国土《こくど》の修理固成《しゅりこせい》

次に高御産巣日神《たかみむすひのかみ》。次に神産巣日神《かみむすひのかみ》。この三柱《みはしら》の神は、みな独神《ひとりがみ》と成りまして、身《み》を隠《かく》したまひき。

高天原《たかまのはら》は「ここ」にある

最初の根源神である天之御中主神《あめのみなかぬしのかみ》の次に現れたのは高御産巣日神《たかみむすひのかみ》、神産巣日神《かみむすひのかみ》という神様です。『日本書紀』の一書には高皇産霊尊《たかみむすひのみこと》、神皇産霊尊《かむみむすひのみこと》とあります。『古事記』では、「むすひ」について「産巣日」という字を当て、『日本書紀』では「産霊」という字をあててありますが、どちらも意味は同じです。

「むす」について本居宣長は『古事記伝』で以下のように述べています。

産巣《むす》は生《むす》なり、其《そ》は男子女子《むすこむすめ》、又苔《こけ》の牟須《むす》など云牟須《むす》にて、物の成出《なりいづ》るを云ふ、日《び》は、書紀に産霊《むすび》と書《かか》れたる、霊の字よく當《あて》れり、凡て物の霊異《くしび》なるを比《ひ》と云、（中略）されば産霊《むすび》とは、凡て物を生み成すことの霊異《くしび》なる神霊《みたま》を申すなり、（中略）さて世間《よのなか》に有《あ》りとあることは、此の天地を始めて、萬《よろづ》の物も事《こと》業も悉《ことごと》に皆、此の二柱の産巣《むすび》日の大御神の産霊《むすび》に質《より》て成り出るものなり。

これが宣長《のりなが》の解釈です。天地をはじめ一切のものが高御産巣日神《たかみむすひのかみ》と神産巣日神《かみむすひのかみ》によって生みなされたものだと述べているのです。即ち「むす」は「生《む》す」の意味であり、男子を「むすこ」と言い、女子を「むすめ」という場合の「むす」も同じ意味です。この場合、「こ」は男性を、「め」は女性を意味します。

また、「苔生《こけむ》す」の「むす」も同様です。そして「ひ」は、『古事記』では「日」、『日本書紀』では「霊」の字を当てられているように、「土曜日」「日曜日」などの「日」の意味もあり、「霊」や「魂」などの「たましい」という意味も含まれています。すべての物の本質である霊妙不思議なものを「ひ」というのです。つまり、産霊《むすひ》とは、すべての物を生み成す力である霊妙不可思議な神霊であり、万物の「いのち」と理解してもよいと思います。これは論理的な世界ではありませんので、頭で理解することは難しいかもしれません。

そして宣長《のりなが》は、「世間《よのなか》に有《あ》りとあることは、此の天地を始めて、萬《よろづ》の物も事《こと》業も悉《ことごと》に皆、此二柱の産巣日《むすび》の大御神の産霊《むすび》に資《より》て成り出るものなり」と述べています。つまり、この世のことは、天地一切を始め、すべての出来事が、二柱の産巣日神《むすひのかみ》の「むすび」によって生まれたものである、と主張しているのです。おにぎりのことを「おむすび」と言いますが、これも実は同じで「おむすび」は一つ一つの小さな米粒という「命《いのち》」が一つにむすばれて、大きな命《いのち》「おむすび」（おにぎり）になるということです。「むすび」というのは命《いのち》に力を与える霊力があると信じられていたのです。要するに、万物の根源は「ひ」（霊）であり、万物は「ひ」（霊）によって生じ、「ひ」が無ければ万物は生じない。その「ひ」（霊）を「むす」（産）働き、生む働きが「むすび」（産霊）で有るとしているのであります（影山正治氏著『神話に学ぶ』参照）。

しかしながら宣長《のりなが》の説かれるように、万物はすべて二柱の産巣日神《むすひのかみ》によってのみ生じているのではなく、産巣日神《むすひのかみ》の根源には天之御中主神《あめのみなかぬしのかみ》が座《ま》しますのであり、天之御中主神《あめのみなかぬしのかみ》の不思議な力が働いて万物は生じていると理解した方が素直ではないかと思います。『古事記』の序文には、天之御中主神《あめのみなかぬしのかみ》、高御産巣日神《たかみむすひのかみ》、神産巣日神《かみむすひのかみ》について、「乾坤初《けんこんはじ》めて分《わか》れて、参神造化《さんしんぞうか》の首《はじめ》となり」とあるように造化三神、すなわち宇宙万物を創造する神と呼んでいます。高御産巣日神《たかみむすひのかみ》、神産巣日神《かみむすひのかみ》も天之御中主神《あめのみなかぬしのかみ》が姿を変えて現れた神様であり、天之御《あめのみ》中主神《なかぬしのかみ》と力を合わせ一つとなって宇宙の全てのものを生み出していると考えられます。

そして「この三柱の神は、みな独神《ひとりがみ》と成りまして、身《み》を隠《かく》したまひき」とありますように、お独りでご出現になり、しかも目に見える現象界に現れたのではなく、宇宙万物が生まれる以前の高天原《たかまのはら》という世界に現れ、身を隠されたのであります。

ここで私が声を大にして述べておきたいのは、高天原《たかまのはら》は私たちから離れた遠い遠い世界だけではなく、「ここ」にもあるということなのです。

一般的に高天原《たかまのはら》というと天上界にある世界と解釈されています。しかし天上界というと現実世界から隔絶した感があり、あるけれどもないに等しいような印象を与えます。高天《たかま》原《はら》は天上界でもありますが、「ここ」、つまり私たちの心の中にもあるのです。

ではなぜ、私たちは心の中にある高天原《たかまのはら》がみえないのでしょうか。それは私たちには「自我」があるからに他なりません。私たちが心をきれいにし、そこに高天原《たかまのはら》を映し出したとき、そこには天之御中主神《あめのみなかぬしのかみ》、高御産巣日神《たかみむすひのかみ》、神産巣日神《かみむすひのかみ》の神々がきっと心の中に見えてくるのではないでしょうか。高天原《たかまのはら》は、私たちが生きているこの現象界に現存しているのであります。したがって、自分のこの身体は、自分の力だけで生きているのではなく、目に見えない天之御中主神《あめのみなかぬしのかみ》、高御産巣日神《たかみむすひのかみ》、神産巣日神《かみむすひのかみ》の神々から「いのち」をいただき、生かされている存在なのです。

自分の身体を流れる血液を考えてみましょう。血液の流れは自分ではどうやっても止めることはできません。つまり、私たちの自我に関係なく大いなる「いのち」に生かされているというのが、私たち人間の本質なのではないでしょうか。そこを掴む、その心を体認することが大切です。

次に國稚《くにわか》く浮きし脂《あぶら》の如《ごと》くして、海月《くらげ》なす漂《ただよ》へる時、葦牙《あしかび》の如く萌《も》え騰《あか》る物によりて成れる神の名は、宇摩志阿斯訶備比古遅神《うましあしかびひこぢのかみ》。次に天之常立神《あめのとこたちのかみ》。この二柱の神もまた、独神《ひとりがみ》と成りまして、身を隠したまひき。

上《かみ》の件《くだり》の五柱《いつはしら》の神は、別天《ことあま》つ神《かみ》。

「別天《ことあま》つ神《かみ》」の誕生

これまでにお生まれになった五柱の神々は、「天《あま》つ神《かみ》」の中でも特別な天《あま》つ神《かみ》なので「別《こと》天《あま》つ神《かみ》」と呼んでいます。

「国稚《くにわか》く浮きし脂《あぶら》の如《ごと》くして、海月《くらげ》なす漂《ただよ》へる時」とは、国土がまだ若くして固まっていない状態です。たとえば、物が脂《あぶら》の水に浮かんでいるようで、海月《くらげ》が海に漂っているような時、すなわち、天に成るべき物と地に成るべき物とが未だ分かれず一つになって混沌としている時、という意味です。

その混沌の中から葦《あし》が芽を出してくるように勢いよく萌《も》えあがる物によって現れたのが、宇摩志阿斯訶備比古遅神《うましあしかびひこぢのかみ》です。この神様について宣長《のりなが》は、「宇麻志《うまし》は美称《たたへな》なり、其《そ》は心にも目にも耳にも口にも美《よ》きをば、皆讃《ほめ》て云ふ言にして、（中略）阿斯訶備《あしかび》は、上の葦牙《あしかび》の下《ところ》に云るが如し、比古《ひこ》は男を称美《たたへ》て云ふ称《な》、遅《ぢ》は男を尊《とふと》みて云称《な》なり、（中略）さて比神、葦牙《あしかび》の如くなる物に因《より》て成り坐る故に、如比御名《かくみな》つけ奉れるなり」と述べております。宇摩志《うまし》阿斯訶備比古遅神《あしかびひこぢのかみ》は葦《あし》に象徴されるような、生命力を神格化した神様です。つまり目に見えない混沌の世界から霊妙不可思議な働きによって、葦《あし》の芽のような物が生まれてくるのですが、その本になる非常に生命力の強い神様、素粒子や原子、分子などの生まれるもとになる不思議な力をお持ちの神様と理解してもよいでしょう。

次に天之常立神《あめのとこたちのかみ》です。常《つね》を「トコ」と読ませていますが、「トコ」は底《そこ》の意であります。要するに、葦《あし》の芽のように勢いよく萌《も》えあがる物から、まず宇摩志阿斯訶備比古遅神《うましあしかびひこぢのかみ》が生まれられ、次に高天原《たかまのはら》の極《きは》まれるところで、その萌《も》え騰《あが》る物から生まれた神様が天之常立神《あめのとこたちのかみ》であります。

「高天原《たかまのはら》の極《きは》まれるところ」とは、この場合高天原《たかまのはら》の中心であり、大本の部分と考えてよいと思います。すなわち、天之常立神《あめのとこたちのかみ》とは、大宇宙の中に萌《も》えあがる「いのち」を永遠に滅びないように、大本から支える働きの神様であります。そしてこの二柱の神様もお独《ひと》りでご出現になりました。ところが、その身を現象界に現すことなく、高天原《たかまのはら》に隠されました。

以上の五柱の神（天之御中主神《あめのみなかぬしのかみ》、高御産巣日神《たかみむすひのかみ》、神産巣日神《かみむすひのかみ》、宇摩志阿斯訶備比古遅神《うましあしかびひこぢのかみ》、天之常立神《あめのとこたちのかみ》）は、天《あま》つ神《かみ》の中でも最も貴い特別な神様なのです。

この五柱の神様は、お姿を肉眼では見ることはできませんが、大宇宙のありとあらゆるところに在《いま》す「いのち」の根源の神様であります。そして重要なことは、先に触れたように、この神々は、私たち自身の身体の中にもご鎮座されていることです。

というのは、私たちはこの大宇宙と切り離されて別個に存在しているのではなく、大宇宙の中で生かされている小宇宙の存在であるからです。自らの生命《いのち》を、両親、祖父母、曽祖父母、高祖父母と次第に溯《さかのぼ》っていけば、やがて五柱の神々であり、天之御中主神《あめのみなかぬしのかみ》に行き着きますが、それらの神々は遠い過去のことではなく、今、私たち自身の身体の中にも生き続けているのであります。

日本の神様というのは、私たちへと続く命のつながりそのものなのです。たどっていくと、五柱の神々に到達し、やがて天之御中主神《あめのみなかぬしのかみ》に行き着きます。つまり天之御中主神《あめのみなかぬしのかみ》は私たちの祖先なのです。このことが感得できないと、わが国の本質を知ることはなかなか難しいと思います。

次に成れる神の名は、國之常立神《くにのとこたちのかみ》。次に豊雲野神《とよくもののかみ》。この二柱の神もまた、独神《ひとりがみ》と成りまして、身を隠したまひき。

次に成れる神の名は、宇比地邇神《うひぢにのかみ》、次に妹須比智邇神《いもすひぢにのかみ》。次に角杙神《つのくひのかみ》、次に妹活杙神《いもいくぐひのかみ》。次に意富斗能地神《おほとのぢのかみ》、次に妹大斗乃辨神《いもおほとのべのかみ》。次に於母陀流神《おもだるのかみ》、次に妹阿夜訶志古泥神《いもあやかしこねのかみ》。次に伊邪那岐神《いざなきのかみ》。次に妹伊邪那美神《いもいざなみのかみ》。

上《かみ》の件《くだり》の國之常立神《くにのとこたちのかみ》以下《よりしも》、伊邪那美神《いざなみのかみ》以前《よりさき》を、併《あは》せて神世七代《かみよななよ》と称《い》ふ。

神様も単独では存在し得ない

次に成られた神様は國之常立神《くにのとこたちのかみ》と豊雲野神《とよくもののかみ》であります。この二柱の神もまた独《ひと》り神となって身を隠されます。天之常立神《あめのとこたちのかみ》と國之常立神《くにのとこたちのかみ》は一対で、天地や陰陽のように二つ対称的に表現されています。

宣長《のりなが》によれば、「國之常立神《くにのとこたちのかみ》は、宇摩志阿斯訶備比古遅神《うましあしかびひこぢのかみ》、天之常立神《あめのとこたちのかみ》と同じように、浮きし脂《あぶら》の如《ごと》くして海月《くらげ》なす漂へる時に成られた神様」であり、現象界であるところの大地、国土の「いのち」を永遠にあらしめるために、それを本源のところで支えている神様なのです。また、豊雲野神《とよくもののかみ》は國之常立神《くにのとこたちのかみ》に支えられながら、豊かなみのりをもたらす国土を生み出すところの神様です。

このように神々は、お互いに支えあってつながりの中にあり、他の神々から切り離されて単独では存在していないことが分かります。ここにも私たちの本質を発見できるのではないでしょうか。私たちは、あくまでも人との「つながり」によって生かされている存在なのです。

人は独りでは生きていくことはできません。家族が支えあうことなしに、子供は大人になることはできないし、それは神様とて同じです。独り単独で、現代的な個人主義に徹していては、人も神様も生きていくことはできないのです。

國之常立神《くにのとこたちのかみ》から伊邪那岐神《いざなきのかみ》、妹伊邪那美神《いもいざなみのかみ》の二柱の神様までを合わせて神世七代《かみよななよ》と言います。國之常立神《くにのとこたちのかみ》と豊雲野神《とよくもののかみ》はそれぞれ一代として数えますが、宇比地邇神《うひぢにのかみ》と妹須比智邇神《いもすひぢにのかみ》からは二神を合わせて一代と数えるので七代となるのです。なお、「この三柱の神」「上《かみ》の件《くだり》の五柱の神」「神世七代《かみよななよ》」のように、三神、五神、七神をまとめたのは、三・五・七の奇数を陽の数として尚《たっと》ぶ中国思想によっています。二・四・六・八は陰の数字です。陰は割り切れるので弱いと考えられていました。一・三・五・七の数字は割り切れないから強いのです。したがって、祭りは一月一日、一月七日、三月三日、五月五日、七月七日、九月九日など、陽の数字のときが多いのです（井上辰雄氏著『古事記のことば』参照）。

ここに天《あま》つ神諸《かみもろもろ》の命《みこと》もちて、伊邪那岐命《いざなきのみこと》、伊邪那美命《いざなみのみこと》、二柱の神に、「この漂《ただよ》へる國を修《をさ》め理《つく》り固《かた》め成《な》せ。」と詔《の》りて、天《あめ》の沼矛《ぬぼこ》を賜《たま》ひて、言依《ことよ》さしたまひき。

故《かれ》、二柱の神、天《あめ》の浮橋《うきはし》に立《た》たして、その沼矛《ぬぼこ》を指《さ》し下《お》ろして畫《か》きたまへば、塩こをろこをろに畫《か》き鳴《な》して引き上げたまふ時、その矛の末《さき》より垂《したた》り落つる塩、累《かさ》なり積《つ》もりて島と成りき。これ淤能碁呂島《おのごろしま》なり。

「天《あま》つ神諸《かみもろもろ》の命《みこと》」の本質とは何か

いよいよ伊邪那岐命《いざなきのみこと》と伊邪那美命《いざなみのみこと》による国土の修理固成《しゅりこせい》です。

五柱の別天神《ことあまつかみ》一同のお言葉で、伊邪那岐命《いざなきのみこと》と伊邪那美命《いざなみのみこと》の二柱の神に、「この混沌とした国（世界）を秩序ある国へと修《おさ》め理《つく》り固《かた》め成《な》せ」と詔《みことのり》をされます。そして玉で以ってかざった尊い矛を授けられ、そのことを御委任なさったのであります。伊邪那岐命《いざなきのみこと》と伊邪那美命《いざなみのみこと》は天《あま》つ神《かみ》のお言葉をいただいてその通りに生きていかれるのです。つまり天《あま》つ神《かみ》の御心《みこころ》をその心とされているのです。

この「修理固成《しゅりこせい》」の詔《みことのり》により、次々と神々が出現されます。ここでとりわけ重要なことは、「天《あま》つ神諸《かみもろもろ》の命《みこと》もちて」についてです。神々がお生まれになられる大本には、「天《あま》つ神諸《かみもろもろ》の命《みこと》」があるのです。

これはどういうことでしょうか。つまり、神様がお生まれになるに際して、伊邪那岐《いざなき》の命《みこと》、伊邪那美命《いざなみのみこと》の私意は少しも介在していないのです。あくまで別天神《ことあまつかみ》五柱の神々の命《みこと》が大本にあって、これからのすべての国生みと神々の誕生がなされていることであります。そして、何かあると必ずや「天《あま》つ神諸《かみもろもろ》の命《みこと》」に復帰する。ここが『古事記』のすばらしいところだと思います。

命《みこと》は宣長《のりなが》が説かれるように「御言《みこと》」です。『新約聖書』の「ヨハネ傳」に「言葉は神なりき」とあるように、天《あま》つ神《かみ》の「永遠のいのち」と理解してもよいでしょう。先に天之御中主神《あめのみなかぬしのかみ》より、伊邪那岐神《いざなきのかみ》。伊邪那美神《いざなみのかみ》まで神々が次々にご出現されましたが、そこにも神々の私意は一片も介入されていません。天之御中主神《あめのみなかぬしのかみ》の「いのち」そのものが、姿をかえ具体的な神々としてお生まれになっているのであります。

五柱の別天《ことあま》つ神《かみ》の性格は、この眼前にある大宇宙普遍の真理ともいえるでしょう。そして、伊邪那岐命《いざなきのみこと》と伊邪那美命《いざなみのみこと》は、そのような天《あま》つ神《かみ》から決して切り離されて存在しているものではなく、二神の御心《みこころ》の内には、天《あま》つ神《かみ》がご鎮座なさっているのです。

したがって「天《あま》つ神諸《かみもろもろ》の命《みこと》もちて」とは、伊邪那岐命《いざなきのみこと》、伊邪那美命《いざなみのみこと》ご自身が、私心を全くさしはさむことなく、天《あま》つ神《かみ》より賜わった自らの本体である「いのち」と一体となることでありましょう。ここが国生みの一番の根源です。そのような御心《みこころ》の状態でなければ、たとえ天《あま》つ神《かみ》より「詔《みことのり》」を賜っても、その詔《みことのり》を真に理解し、体認《たいにん》することはできないのです。

天《あま》つ神《かみ》より賜った「いのち」を私心によって汚すことなく、神与《しんよ》のままに守ることこそが、すべての大本であり、日本人の道義の根本に位置するものであります。「天《あま》つ神諸《かみもろもろ》の命《みこと》」にこそ日本人の本質が明示されているのです。このように国生みの大本には、天《あま》つ神《かみ》の御《み》心《こころ》と一つになるという鉄則が存在しているのです。

そこで伊邪那岐命《いざなきのみこと》、伊邪那美命《いざなみのみこと》は、天上界と地上界の通り道になる天浮橋《あめのうきはし》にお立ちになり、天《あま》つ神《かみ》から賜わった天沼矛《あめのぬぼこ》を浮きし脂《あぶら》の如《ごと》く漂《ただよ》へる物の中へ指《さ》し下《お》ろして、ぐるりぐるりとかき回しました。そして海水をコオロコオロとかき鳴らして、天沼矛《あめのぬぼこ》を引き上げた時、その矛の先から海水がぽたぽたとしたたり落ち、そのしたたり落ちた海水が重なり積もって島が出来ました。これが「おのごろ島」である、というのであります。

宣長《のりなが》は「おのごろ島」について伊邪那岐命《いざなきのみこと》、伊邪那美命《いざなみのみこと》が、他の島国を生み成したのとは異なり、自然にこりかたまった島であると述べています。しかし一方で、眼前の存在世界は、自らの一心《いっしん》の反映であるとするならば、「おのごろ島」とは伊邪那岐命《いざなきのみこと》、伊邪那美《いざなみの》命《みこと》の御心《みこころ》であるとも考えられます。同時にこのことを自分自身の問題として考えるならば、それは私たち一人ひとりの「こころ」を指しているのではないかとも思います。

なぜなら、これから国土の修理固成《しゅりこせい》が伊邪那岐命《いざなきのみこと》、伊邪那美命《いざなみのみこと》によって成されるわけでありますが、その前に二柱の命《みこと》の御心《みこころ》の修理固成《しゅりこせい》が充分になされていなければ、天《あま》つ神《かみ》の詔《みことのり》に添った国土の生成は出来ないからです。天地の修理固成《しゅりこせい》が先にあって、伊邪那岐《いざなきの》命《みこと》、伊邪那美命《いざなみのみこと》の開闢《かいびゃく》が後にあるのではなく、まず何よりも先に二柱の命《みこと》の御心《みこころ》の開闢《かいびゃく》が行われ、その後に眼前の天地の修理固成があると考えられます。

『古事記』の精神を真に理解するためには、伊邪那岐命《いざなきのみこと》、伊邪那美命《いざなみのみこと》の行為を私たち一人ひとりが自分の問題として考えることが重要であると思います。自分自身の心の中に、「おのごろ島」があり、天之御中主神《あめのみなかぬしのかみ》をはじめ諸々《もろもろ》の天《あま》つ神《かみ》、伊邪那岐命《いざなきのみこと》、伊邪那美命《いざなみのみこと》がご鎮座されているのであります。

『古事記』を学ぶことは、まったく自分と無関係なことを学ぶのではありません。『古事記』を学ぶということは、自分自身の本質を学ぶことであり、自分自身の問題として考えることが重要なのです。

第三回　二神《にしん》の結婚《けっこん》と大八島国《おおやしまぐに》の生成《せいせい》

その島に天降《あまくだ》りまして、天《あめ》の御柱《みはしら》を見立《みた》て、八尋殿《やひろどの》を見立てたまひき。ここにその妹《いも》伊邪那美《いざなみの》命《みこと》に問ひたまはく、「汝《な》が身は如何《いかに》か成れる。」ととひたまへば、「吾《あ》が身は、成り成りて成り合はざる處一處《ところひとところ》あり。」と答へたまひき。ここに伊邪那岐命《いざなきのみことの》詔りたまはく、「我が身は、成り成りて成り餘《あま》れる處一處《ところひとところ》あり。故《かれ》、この吾《あ》が身の成り餘《あま》れる處《ところ》をもちて、汝《な》が身の成り合はざる處《ところ》にさし塞《ふた》ぎて、國土《くに》を生み成さむと以為《おも》ふ。生むこと奈何《いかに》。」とのりたまへば、伊邪那美命《いざなみのみこと》、「然善《しかよ》けむ。」と答へたまひき。ここに伊邪那岐命《いざなきのみことの》詔りたまひしく、「然らば吾《あれ》と汝《いまし》とこの天《あめ》の御柱《みはしら》を行き廻《めぐ》り逢《あ》ひて、みとのまぐはひ為《せ》む。」とのりたまひき。かく期《ちぎ》りて、すなはち「汝《いまし》は右《みぎ》より廻《めぐ》り逢《あ》へ、我《あれ》は左より廻《めぐ》り逢《あ》はむ。」と詔りたまひ、約《ちぎ》り竟《を》へて廻《めぐ》る時、伊邪那美命《いざなみのみこと》、先に「あなにやし、えをとこを。」と言ひ、後に伊邪那岐命《いざなきのみこと》、「あなにやし、えをとめを。」と言ひ、各《おのおの》言ひ竟《を》へし後、その妹《いも》に告げたまひしく、「女人《をみな》先《さき》に言へるは良《よ》からず。」とつげたまひき。然れどもくみどに興《おこ》して生める子は、水蛭子《ひるこ》。この子は葦船《あしふね》に入れて流し去《う》てき。次に淡島《あはしま》を生みき。こも亦、子の例《たぐひ》には入れざりき。

「天《あま》の御柱《みはしら》」の意味

ここで「見立《みた》て」というのは、宣長も言っているとおり、自分の責任として知り行うということです。したがって、天《あま》の御柱《みはしら》と御殿を自ら預かって心をこめて立てるという意味になります。だから単に「見る」ということではないのです。

さて、伊邪那岐命《いざなきのみこと》と伊邪那美命《いざなみのみこと》の二柱《ふたはしら》の神は、高天原《たかまのはら》よりおのごろ島に天降《あまくだ》られ、自ら神聖な高い御柱《みはしら》を立てて、その御柱《みはしら》を中心として広い大きな殿舎を造られました。高天原《たかまのはら》から「おのごろ島」に天降《あまくだ》るという行為によって、この時点で二柱《ふたはしら》の神の御心《みこころ》に自分という意識、また物事の善悪をわきまえる分別《ふんべつ》が起こったと考えられます。なぜなら、行為は意識に基づいて行われる動作だからです。

ここでは「天《あま》の御柱《みはしら》」という語が重要です。御柱《みはしら》というのは神霊《しんれい》の依《よ》り代《しろ》（神霊の憑《よ》ります物体）です。神様は見えませんが、その御柱《みはしら》に依るのです。伊勢神宮でももっとも大切なのは「心御柱《しんのみはしら》」です。伊勢神宮の祭祀は庭上《ていじょう》祭祀であり、正殿《せいでん》の床下に立つ「心御柱《しんのみはしら》」に向って行われています。ご神体の御鏡《みかがみ》と心御柱《しんのみはしら》はご一体として御鎮座されているのです。御柱《みはしら》というのは神様が依《よ》る場所ですので、この場合も、まず天《あま》の御柱《みはしら》を立てて国生みの拠《よ》り所であります天之御中主神《あめのみなかぬしのかみ》をはじめとする天《あま》つ神《かみ》を祀られたと解されます。

また、「おのごろ島」を伊邪那岐命《いざなきのみこと》と伊邪那美命《いざなみのみこと》の御心《みこころ》と考えるならば、自らの心に天降るという行為によって、意識が生まれ、分別《ふんべつ》が生まれたのでありましょう。そこで、天《あま》つ神《かみ》より賜った本来の御心《みこころ》が曇らないように、自らの心に天《あま》つ神《かみ》の依《よ》り代《しろ》であります天《あめ》の御柱《みはしら》をしっかりと立て、さらに殿舎を造られて、それをお守りしたと考えられます。

一方、このことを私たち自身の心の問題として考えた時、私たち一人ひとりの心は、天《あま》つ神《かみ》より賜った貴い御心《みこころ》であるから、その御心《みこころ》の中にしっかりと天《あめ》の御柱《みはしら》を立て、それを絶対に傷つけないように守って行かなければならないということになるのではないでしょうか。一人ひとりの心の中に神様が宿っているからこそ、「御柱《みはしら》を立てる」のであります。

「国生み」の解釈について

さて、次に伊邪那岐命《いざなきのみこと》と伊邪那美命《いざなみのみこと》の国生《くにう》みとなります。

まず、伊邪那岐命《いざなきのみこと》が伊邪那美命《いざなみのみこと》に「あなたの御身体はどのようになっていますか」と問われると、伊邪那美命《いざなみのみこと》は、「私の身体はどんなに成長しても両方から合わない処《ところ》が一ヶ処ある」と答えられました。

「成《な》り合《あ》はざる処《ところ》」について『日本書紀』では、「私の体に一つの雌《めす》のはじまりがある」とあります。これについて宣長《のりなが》は、「欠《かけ》て満《たら》はぬ如くなる処を詔《のたま》へり、即ち御番登《みほと》なり」と述べています。「成《な》り合《あ》はざる処《ところ》」を人間の身体として考えるならば、女性の陰部に当たるのでしょう。

そこで伊邪那岐命《いざなきのみこと》は、「私の身体は伊邪那美命《いざなみのみこと》とは反対に、成長しても身体の外に成《な》り余《あま》れる処《ところ》が一ヶ処あります。その私の成《な》り余《あま》れる処《ところ》を、伊邪那美命《いざなみのみこと》の成《な》り合《あ》わない処《ところ》に合《あ》わせて国土を生もうと思うが、どうだろうか」と言われ、伊邪那美命《いざなみのみこと》も「私もそのように思います」と答えられました。

ここの箇所では人間の身体をたとえに出して物語が構成されていますが、その本当の意味は、身体そのもののことではないと思います。それは、あくまでも比喩《ひゆ》であって、宇宙における陰陽の関係のことでしょう。たとえば、原子で言うならそれを構成している原子核（陽）と電子（陰）との関係を、人間の身体を引き合いに出して述べたものとも考えられます。

『古事記』の序文に、「上古《じょうこ》の時、言意《ことばこころ》並びに朴《すなほ》にして、文を敷《し》き句を構《かま》ふること、字におきてすなはち難し。」とあります。古代では、言葉も「こころ」も共に素朴でありまして、心で考えていることを文字に書き表わすことは、とても困難であったのだろうと思います。古代の日本人は私欲が少なく、天《あま》つ神《かみ》の御心《みこころ》と一つになって生きていたからこそ、その心を言葉に表すのは至難の業だったのです。したがって、文字に表われる以前の「こころ」を読まなければ、真にその意味を理解するのは難しいのです。だからこそ、繰り返しになりますが、本体であります天《あま》つ神《かみ》の御心《みこころ》に立ち返ることが重要になるのです。

そこで伊邪那岐命《いざなきのみこと》は、「そうであるならば私とあなたが、この天《あめ》の御柱《みはしら》を行きめぐって夫婦の交わりをしよう」と言われ、このように約束して、「あなた（伊邪那美命《いざなみのみこと》）は、右からまわりなさい。私（伊邪那岐命《いざなきのみこと》）は、左からまわって合いましょう」と約束して、天《あめ》の御柱《みはしら》のまわりをまわる時、伊邪那美命《いざなみのみこと》が先に「ああ何とたのもしい青年ですね」といわれ、その後に伊邪那岐命《いざなきのみこと》が、「ああ何と美しいお嬢さんですね」と言われました。

それぞれに言い終えた後、伊邪那岐命《いざなきのみこと》が伊邪那美命《いざなみのみこと》に「女神《めがみ》が先に言ったのはよくなかった」と語られました。不吉な予兆に気付いたのならば、ここで反省し、すぐに天つ神《あまつかみ》の御心《みこころ》に立ち返ればよかったのですが、しかしながら、夫婦の交わりをして御子をお生みになってしまったのです。生まれましたのは蛭《ひる》のような御子でありましたので、葦《あし》の船に乗せて流してしまいました。次に、泡のような御子であります淡島《あわしま》をお生みになりました。この御子も御子の数には入れられませんでした。

「水蛭子《ひるこ》」「淡島《あわしま》」の意味とは

さて、ここまでの物語の重要な点は伊邪那岐命《いざなきのみこと》が言われた「女人先《をみなさき》に言へるは良からず」という言葉です。

宣長《のりなが》は、女男《めお》の理《ことわり》について、「男女間の理《ことわり》は、大宇宙の理法にしたがってのことであり、人間の浅はかな知恵で測り知るべきものではない」と語っています。たしかに男性と女性では、その身体の構造が異なるように、その働きの役割は違いますが、宣長《のりなが》の主張する「女は男に後《おく》れて従ふべき理《ことわり》にて今に至るまでおのづから然なり」という男尊女卑《だんそんじょひ》に近い考えは当たらないと思います。なぜなら、後で出現される皇祖神《こうそしん》である天照大御神《あまてらすおおみかみ》は女神《めがみ》であるからです。

「女人先《をみなさき》に言へるは良からず」とは、比喩《ひゆ》であり、その「こころ」を読む必要があります。まさに伊邪那岐命《いざなきのみこと》の御心《みこころ》の状態を象徴的に語っているものである、と私は考えます。眼前の存在世界のすべては、自らの「こころ」の反映です。私たちが今見ているこの世界は、私たちの心と別に存在しているのではなく、実は私たちの心の鏡が映している世界なのであります。

たとえば、ペットボトルを例にとりましょう。これを実証的に言えば、縦何センチ、横何センチ、体積がどれくらいで、何でできていてという話で、皆が同じものを見ているはずです。しかし、客観的には一緒ですが、映している心境によって感じ方はそれぞれ異なってくることもあります。肝心なのはそれを映しだしている私たちの心なのです。

つまり、「女人先《をみなさき》に言へるは良からず」という言葉が教え示しているように、この時の伊《い》邪那岐命《ざなきのみこと》、伊邪那美命《いざなみのみこと》の御心《みこころ》は、天《あま》つ神《かみ》の御心《みこころ》と一つではなく、自我の異心《ことごころ》に占領され、天《あま》つ神《かみ》の御心《みこころ》から離れた状態にあったと推察《すいさつ》されます。

その御心《みこころ》の誤りに気づいたならば、すぐに懺悔・反省し、自らの本体である天《あま》つ神《かみ》の御心《みこころ》に立ち返れば良かったのです。しかしながら、二柱の神はそのことをせずに、自我の判断で夫婦の交わりをし、御子をお生みになったのであります。つまり、その伊邪那岐命《いざなきのみこと》、伊邪那《いざな》美命《みのみこと》の御心《みこころ》のありさまが、水蛭子《ひるこ》であり淡島《あわしま》であると考えられます。御子の数に入れられなかったというのは、伊邪那岐命《いざなきのみこと》、伊邪那美命《いざなみのみこと》の祓《はら》えのことだからなのです。

それ故に、本来のものではない蛭《ひる》のような、また泡《あわ》のような異心《ことごころ》を流し去って祓《はら》ったのであります。つまりその天《あま》つ神《かみ》の御心《みこころ》から離れている心の比喩《ひゆ》として、「蛭子《ひるこ》」「淡島《あわしま》」と言っているのです。だからこそ、その心を捨て去ったのです。ここの神代《かみよ》の部分は荒唐無稽に思われますが、私たちの本来の神性な心という視点に照らせば、非論理的でないということが理解できると思います。もともと、私たち全員が本来は天《あま》つ神《かみ》の心をもっているのです。しかしそれを自我の「こころ」が覆ってしまう。だからこそ、この覆ったものを祓《はら》い、本来の「こころ」に戻るということを説いている箇所なのだと思います。

ここに二柱《ふたはしら》の神、議《はか》りて云ひけらく、「今吾《あ》が生める子良《よ》からず。なほ天《あま》つ神《かみ》の御所《みもと》に白《まを》すべし。」といひて、すなはち共に参上《まゐのぼ》りて、天《あま》つ神《かみ》の命《みこと》を請《こ》ひき。ここに天《あま》つ神《かみ》の命《みこと》もちて、太占《ふとまに》に卜相《うらな》ひて、詔《の》りたまひしく、「女先《をみなさき》に言へるによりて良からず。また還り降りて改め言へ。」とのりたまひき。故《かれ》ここに反《かへ》り降りて、更にその天《あめ》の御柱を先《さき》の如く往き廻《めぐ》りき。ここに伊邪那岐命《いざなきのみこと》、先《さき》に「あなにやし、えをとめを。」と言ひ、後に妹伊邪那美命《いもいざなみのみこと》、「あなにやし、えをとこを。」と言ひき。

天《あま》つ神《かみ》に立ち戻るということ

そこで二柱の神が相談した結果「今、われわれが生んだ御子はよくない。いちど天《あま》つ神《かみ》の所に行って申し上げなければならない」といって、ご一緒に高天原《たかまのはら》に上《のぼ》って天《あま》つ神《かみ》のお教えをお受けになりました。そこで天《あま》つ神《かみ》は、鹿の肩の骨を朱桜《ははか》（バラ科の落葉高木）の皮で焼く方法で占いをしていわれるには、「それは女神《めがみ》の方が先に言ったことがよくなかった。もう一度、帰り降って改めてやりなおしなさい」といわれました。そういうわけで、二柱の神は、帰り降って、また天《あめ》の御柱《みはしら》を前のようにお廻りになりました。今度は、伊邪《いざ》那岐命《なきのみこと》が先に「ああ何と美しいお嬢さんですね」といい、後から伊《い》邪《ざ》那《な》美命《みのみこと》が、「ああ何とたのもしい青年ですね」といわれました。

ここでは、「天《あま》つ神《かみ》の命《みこと》を請《こ》ひき」の解釈がポイントです。宣長《のりなが》は、これについて、「何事も私心でもって行うのではなく、天《あま》つ神《かみ》の御心《みこころ》に立ち返って行うことこそが、道義の根本である」と説かれています。これが日本の道徳の根源にあるものです。ここから考えていくことが非常に重要です。

ここで天《あま》つ神《かみ》とは、『古事記』冒頭の別天《ことあま》つ神《かみ》五柱の神々を指します。しかし、一般的には天《あま》つ神《かみ》というのは高天原《たかまのはら》の神様をいい、国《くに》つ神《かみ》はこの国で生まれた神様を言いますが、そのほかにも諸説あり、天《あま》つ神《かみ》、国《くに》つ神《かみ》について未だ統一的見解はありません。

天《あま》つ神《かみ》は集約すれば天之御中主神《あめのみなかぬしのかみ》の一神です。天之御中主神《あめのみなかぬしのかみ》は、高天原《たかまのはら》の主宰神《しゅさいしん》でありますが、同時に神々は天之御中主神《あめのみなかぬしのかみ》から切り離されて存在しているのではなく、天《あま》つ神《かみ》の御心《みこころ》の内に天之御中主神《あめのみなかぬしのかみ》が坐《いま》すのであります。

すなわち「共に参上《まゐのぼ》りて、天《あま》つ神《かみ》の命《みこと》を請《こ》ひき」とは、伊邪那岐命《いざなきのみこと》、伊邪那美命《いざなみのみこと》が先に自らの本体である天《あま》つ神《かみ》の存在を忘れ、自我の異心《ことごころ》で御子を生んだことを反省し、その異《こと》心《ごころ》を祓《はら》って、自らの本体である天《あま》つ神《かみ》の御心《みこころ》に立ち返るという意であろうと考えられます。

宣長《のりなが》が説かれるように、伊邪那岐命《いざなきのみこと》、伊邪那美命《いざなみのみこと》といえどもいささかも私心を挟《はさ》むことなく、常に反省回心し、自らの本性に立ち返る。ここにわが国の道義の根本を見るのです。たとえば男女が最初に出会ったときというのは、お互いが非常に輝いていたはずです。けれど、時間がたつにつれてその新鮮さは失われていきますが、男女の仲も何もかも、やはり初めの心、すなわち初心に戻ることが重要なのです。初心に戻る心、それこそが天《あま》つ神《かみ》の御心《みこころ》なのです。

さらに「太占《ふとまに》に卜相《うらな》ひて」について、宣長《のりなが》の解釈では「天《あま》つ神《かみ》であっても己の欲するままに自分勝手を行なわず、常につつしみながら自らの本性に立ち返って、謙虚に神の御教えを受け賜っている」となります。天《あま》つ神《かみ》も全知全能の絶対神ではありません。ここがキリスト教的な「神」とは異なるところです。西洋の「神」は存在世界の外にいますから、一点の汚れもない絶対の存在です。だから絶対神なのです。一方、日本の神様は存在世界そのものです。存在の外の世界については考えていません。だから天《あま》つ神《かみ》であっても全知全能の存在ではありえないのです。ここに傲慢《ごうまん》の対極にある、日本人の心の高貴さ、つつしみ深さが窺えます。

なお、「太占《ふとまに》」について、禊《みそぎ》の行を専修する社団法人稜威会《みいつかい》の創始者である川面凡児《かわつらぼんじ》氏（一八六二〜一九二九）は『布斗麻邇《ふとまに》』とは、「神の霊を仰ぎて我の霊に迎へ、我の霊が神の霊に合しつゝ、神の御心《みこころ》を知るべきものであるぞと、天津神《あまつかみ》なる高皇産霊神《たかみむすひのかみ》、神皇産霊神《かむみむすひのかみ》が天御中主太神《あめのみなかぬしのおおかみ》の御心《みこころ》を窺《うかが》ひ奉りて、後世子孫の為めに『布斗麻邇《ふとまに》』といふ神人合一《しんじんごういつ》の道を御示になつた」（『大日本最古の神道』）と述べられています。

この指摘は重要です。「太占《ふとまに》」を自らの神性な心という視点より考察するならば、当然の解釈ではなかろうかと思います。つまり、この川面凡児《かわつらぼんじ》氏の解釈によれば、天《あま》つ神《かみ》が神様の御教えを受けたということは天之御中主神《あめのみなかぬしのかみ》の御心《みこころ》に立ち返ったのだということです。

かく言《い》ひ竟《を》へて御合《みあひ》して、生める子は、淡道《あはぢ》の穂《ほ》の狭別島《さわけのしま》。次に伊豫《いよ》の二名島《ふたなのしま》を生みき。この島は、身一つにして面《おも》四つあり。面毎《おもごと》に名あり。故《かれ》、伊豫國《いよのくに》は愛比賣《えひめ》と謂《い》ひ、讃岐國《さぬきのくに》は飯依比古《いひよりひこ》と謂ひ、粟國《あはのくに》は大宜都比賣《おほげつひめ》と謂ひ、土左國《とさのくに》は建依別《たけよりわけ》と謂ふ。次に隠伎《おき》の三子島《みつごのしま》を生みき。亦《また》の名は天之忍許《あめのおしこ》呂別《ろわけ》。次に筑紫島《つくしのしま》を生みき。この島もまた、身一つにして面《おも》四つあり。面毎《おもごと》に名あり。故《かれ》、筑紫國《つくしのくに》は白日別《しらひわけ》と謂ひ、豊國《とよのくに》は豊日別《とよひわけ》と謂ひ、肥國《ひのくに》は建日向日豊久士比泥別《たけひむかひとよくじひねわけ》と謂ひ、熊曾國《くまそのくに》は建日別《たけひわけ》と謂ふ。次に伊伎島《いきのしま》を生みき。亦の名は天比登都柱《あめひとつばしら》と謂ふ。次に津島《つしま》を生みき。亦の名は天之狭手依比《あめのさでよりひ》賣《め》と謂ふ。次に佐渡島《さどのしま》を生みき。次に大倭豊秋津島《おほやまととよあきづしま》を生みき。亦の名は天御虚空豊秋津根別《あまつみそらとよあきづねわけ》と謂ふ。

故《かれ》、この八島《やしま》を先《さき》に生めるによりて、大八島國《おほやしまぐに》と謂ふ。

然《しか》ありて後《のち》、還《かへ》ります時、吉備児島《きびのこじま》を生みき。亦の名は建日方別《たけひかたわけ》と謂ふ。次に小豆島《あづきじま》を生みき。亦の名は大野手比賣《おほのでひめ》と謂ふ。次に大島《おほしま》を生みき。亦の名は大多麻流別《おほたまるわけ》と謂ふ。次に女島《ひめしま》を生みき。亦の名は天一根《あめひとつね》と謂ふ。次に知訶島《ちかのしま》を生みき。亦の名は天之忍男《あめのおしを》と謂ふ。次に両児島《ふたごのしま》を生みき。亦の名は天両屋《あめふたや》と謂ふ。吉備児島《きびのこしま》より天両屋島《あめふたやしま》まで併せて六島。

日本列島の誕生

伊邪那岐命《いざなきのみこと》、伊邪那美命《いざなみのみこと》が、このように言い終わって、結婚してお生まれになった御子は淡道《あはぢ》の穂の狭別島《さわけのしま》（淡路島）であります。次に伊予《いよ》の二名島《ふたなのしま》（四国）をお生みになりました。この島は身体が一つでありますが、顔は四つあります。そして顔ごとにそれぞれ名前があります。すなわち、伊予国《いよのくに》（愛媛）を愛比賣《えひめ》といい、讃岐国《さぬきのくに》（香川）を飯依比古《いいよりひこ》といい、粟国《あわのくに》（徳島）を大宜都比賣《おおげつひめ》といい、土佐国《とさのくに》（高知）を建依別《たけよりわけ》といいます。次に隠《お》岐《き》（島根）の三《み》つ子《ご》の島をお生みになりました。またの名を天之忍許呂別《あめのおしころわけ》といいます。

次に筑紫島《つくしのしま》（九州）をお生みになりました。この島も同じく身体は一つでありますが、顔は四つあります。そして顔ごとに名前があります。すなわち、筑紫国《つくしのくに》（筑前《ちくぜん》、筑後《ちくご》。福岡）を白日別《しらひわけ》といい、豊国《とよのくに》（豊前《ぶぜん》、豊後《ぶんご》。福岡北部・大分）を豊日別《とよひわけ》といい、肥国《ひのくに》（肥前《ひぜん》、肥後《ひご》。佐賀県・長崎県・熊本）を建日向日豊久士比泥別《たけひむかひとよくじひねわけ》といい、熊曾国《くまそのくに》（宮崎・鹿児島）を建日別《たけひわけ》といいます。

次に、壱岐《いき》の島をお生みになりました。またの名を天比登都柱《あめひとつばしら》といいます。次に津島《つしま》（対馬）をお生みになりました。またの名を天之狭手依比賣《あめのさでよりひめ》といいます。次に佐渡《さど》の島《しま》をお生みになりました。次に大倭豊秋津島《おほやまととよあきづしま》（穀物が豊かに実る国という意味。大和を中心とした畿内地方）をお生みになりました。またの名を天御虚空豊秋津根別《あまつみそらとよあきづねわけ》といいます。この八つの島をまず先に、お生みになったのでわが国を大八島国《おおやしまのくに》というのです。

伊邪那岐命《いざなきのみこと》、伊邪那美命《いざなみのみこと》は、大八島《おおやしま》の国をつぎつぎにお生みになって、「おのごろ島」の方へお帰りになる時に、また吉備児島《きびのこじま》（岡山県の児島半島）をお生みになりました。またの名を建日方別《たけひかたわけ》といいます。次に小豆島《あづきじま》（瀬戸内海の小豆島《しょうどしま》）をお生みになりました。またの名を大野手比賣《おおのでひめ》といいます。次に大島（山口県柳井市。屋代島《やしろじま》といわれている）をお生みになりました。またの名を大多麻流別《おおたまるわけ》といいます。次に女島《ひめじま》（大分県国東《くにさき》半島の東北。姫島《ひめじま》といわれている）をお生みになりました。またの名を天一根《あめひとつね》といいます。

次に知訶島《ちかのしま》（長崎県の五島列島）をお生みになりました。またの名を天之忍男《あめのおしお》といいます。次に両児島《ふたごのしま》（長崎県の男女列島）をお生みになりました。またの名を天両屋《あめふたや》といいます。

吉備児島《きびのこじま》から天両屋島《あめふたやしま》まであわせて六島です。

このようにわが国は、伊邪那岐命《いざなきのみこと》、伊邪那美命《いざなみのみこと》の二柱の神が「天《あま》つ神《かみ》の命《みこと》を請《こ》ひ」、天《あま》つ神《かみ》の御心《みこころ》と一つになってお生みになった国土であるということが、記紀古伝承《ききこでんしょう》の最大の特徴であります。国土は単なる物質としての土地ではなく、そこには国魂《くにたま》の神がやどっているると信じられ、それを人格化し、またの名として男神《おがみ》、女神《めがみ》の神名がつけられているのです。

国土には神々と全く同じ「いのち」が流れています。私たちの先祖は、国土にも私たちと同一の神様から賜った「いのち」が流れていることを確信していたのです。つまり、神々と国土と私たちの三者の「いのち」は、その根底において同一であると信じていたのであります。

第四回　神々《かみがみ》の生成《せいせい》

既に國を生み竟《を》へて、更に神を生みき。故《かれ》、生める神の名は、大事忍男神《おほことおしをのかみ》。次に石土毘古神《いはつちびこのかみ》を生み、次に石巣比賣神《いはすひめのかみ》を生み、次に大戸日別神《おほとひわけのかみ》を生み、次に天之吹男神《あめのふきをのかみ》を生み、次に大屋毘古神《おほやびこのかみ》を生み、次に風木津別之忍男神《かざもつわけのおしをのかみ》を生み、次に海の神、名は大綿津見神《おほわたつみのかみ》を生み、次に水戸神《みなとのかみ》、名は速秋津《はやあきつ》日子神《ひこのかみ》、次に妹速秋津比賣神《いもはやあきつひめのかみ》を生みき。大事忍男神《おほことおしをのかみ》より秋津比賣神《あきつひめのかみ》まで、併せて十神。

この速秋津日子《はやあきつひこ》、速秋津比賣《はやあきつひめ》の二《ふた》はしらの神、河海《かはうみ》によりて持ち別けて、生める神の名は、沫那芸神《あわなぎのかみ》、次に沫那美神《あわなみのかみ》、次に頬那芸神《つらなぎのかみ》、次に頬那美神《つらなみのかみ》、次に天之水分神《あめのみくまりのかみ》、次に國之水分神《くにのみくまりのかみ》、次に天之久比奢母智神《あめのくひざもちのかみ》、次に國之久比奢母智神《くにのくひざもちのかみ》。沫那芸神《あわなぎのかみ》より國之久比奢母智神《くにのくひざもちのかみ》まで、併せて八神。

次に風の神、名は志那都比古神《しなつひこのかみ》を生み、次に木の神、名は久久能智神《くくのちのかみ》を生み、次に山の神、名は大山津見神《おほやまつみのかみ》を生み、次に野の神、名は鹿屋野比賣神《かやのひめのかみ》を生みき。亦の名は野椎神《のづちのかみ》と謂ふ。志那都比古神《しなつひこのかみ》より野椎《のづち》まで、併せて四神。

この大山津見神《おほやまつみのかみ》、野椎神《のづちのかみ》の二《ふた》はしらの神、山野によりて持ち別けて、生める神の名は、天之狭土神《あめのさづちのかみ》、次に國之狭土神《くにのさづちのかみ》、次に天之狭霧神《あめのさぎりのかみ》、次に國之狭霧神《くにのさぎりのかみ》、次に天之闇戸神《あめのくらどのかみ》、次に國之闇戸神《くにのくらどのかみ》、次に大戸惑子神《おほとまとひこのかみ》、次に大戸惑女神《おほとまとひめのかみ》。天之狭土神《あめのさづちのかみ》より大戸惑女神《おほとまとひめのかみ》まで、併せて八神。

次に生める神の名は、鳥之石楠船神《とりのいはくすぶねのかみ》、亦の名は天鳥船《あめのとりふね》と謂ふ。次に大宜都比賣神《おほげつひめのかみ》を生みき。次に火之夜芸速男神《ひのやぎはやをのかみ》を生みき。亦の名は火之炫毘古神《ひのかがびこのかみ》と謂ひ、亦の名は火之迦具土神《ひのかぐつちのかみ》と謂ふ。この子を生みしによりて、みほと炙《や》かえて病み臥《こや》せり。たぐりに生れる神の名は、金山毘古神《かなやまびこのかみ》、次に金山《かなやま》毘賣神《びめのかみ》。次に屎《くそ》に成れる神の名は、波邇夜須毘古神《はにやすびこのかみ》、次に波邇夜須毘賣神《はにやすびめのかみ》。次に尿《ゆまり》に成れる神の名は、彌都波能賣神《みつはのめのかみ》、次に和久産巣日神《わくむすひのかみ》。この神の子は、豊宇氣毘賣神《とようけびめのかみ》と謂ふ。故《かれ》、伊邪那美神《いざなみのかみ》は、火の神を生みしによりて、遂に神避《かむさ》りましき。天鳥船《あめのとりふね》より豊宇氣毘賣神《とようけひめのかみ》まで、併せて八神。

凡べて伊邪那岐《いざなき》、伊邪那美《いざなみ》の二はしらの神、共に生める島、一十四島《とをまりよのしま》、神、三十五神《みそぢまりいつはしらのかみ》。これ伊邪那美神《いざなみのかみ》、未だ神避《かむさ》らざりし以前に生めり。唯、意能碁呂島《おのごろしま》は、生めるにあらず。亦、蛭子《ひるこ》と淡島《あはしま》とは、子の例には入れず。

様々な神様の誕生

国々を生み終えられた伊邪那岐命《いざなきのみこと》、伊邪那美命《いざなみのみこと》の二柱の神は、さらに神々を次々にお生みになりました。

最初にお生みになった神様の名前は、大事忍男神《おおことおしおのかみ》（大きな事業を成し終えたことをたたえた御名）です。次に石土毘古神《いわつちびこのかみ》（石や土の男神）をお生みになり、次に石巣比賣神《いわすひめのかみ》（石や砂の女神《めがみ》）をお生みになり、次に大戸日別神《おおとひわけのかみ》（家の戸口を守る神）をお生みになり、次に天之吹男神《あめのふきおのかみ》（葺《ふ》いた屋根を守る神）をお生みになり、次に大屋毘古神《おおやびこのかみ》（家屋《かおく》を守る神）

をお生みになり、次に風木津別之忍男神《かざもつわけのおしおのかみ》（風から家を守る神）をお生みになりました。ここまでの神々の系譜は家屋《かおく》の成立を示しています。

次に、海を主宰する神の大綿津見神《おおわたつみのかみ》をお生みになり、次に河口《かこう》を掌《つかさど》る水戸神《みなとのかみ》であります速秋津日子神《はやあきづひこのかみ》と妹速秋津比賣神《いもはやあきづひめのかみ》の夫婦神をお生みになりました。大事忍男神《おおことおしおのかみ》より妹速秋津《いもはやあきづ》比賣神《ひめのかみ》まで合わせて十神です。

この速秋津日子《はやあきづひこ》と速秋津比賣《はやあきづひめ》の二柱の神が、河《かは》と海《うみ》とでそれぞれ分担してお生みになった神様の名前は、沫那芸神《あわなぎのかみ》と沫那美神《あわなみのかみ》（この二神は水面を穏やかに守る神）、次に頬那芸神《つらなぎのかみ》と頬那美神《つらなみのかみ》（この二神も水面を静かに守る神）です。次に天之水分神《あめのみくまりのかみ》と國之水分神《くにのみくまりのかみ》（この二神は天上と地上の水を分配する分水嶺《ぶんすいれい》をつかさどる神）、次に天之久比奢母智神《あめのくひざもちのかみ》と國之《くにの》久比奢母智神《くひざもちのかみ》（瓢《ひさご》で水を汲んで施すことを掌る神）。沫那芸神《あわなぎのかみ》より國之久比奢母智神《くにのくひざもちのかみ》まで合わせて八神。以上の八神は、すべて水に関係のある神様です。

次に風をつかさどる神の志那都比古神《しなつひこのかみ》をお生みになり、次に木をつかさどる神の久久能《くくの》智神《ちのかみ》をお生みになり、次に山をつかさどる神の大山津見神《おおやまつみのかみ》をお生みになり、次に野をつかさどる神の鹿屋野比賣神《かやのひめのかみ》をお生みになりました。この神様のまたの名前は、野椎神《のづちのかみ》と申します。志那都比古神《しなつひこのかみ》より野椎神《のづちのかみ》まで合わせて四神です。

この大山津見神《おおやまつみのかみ》と野椎神《のづちのかみ》の二柱の神が、山と野をそれぞれ分担してお生みになった神様の名前は、天之狭土神《あめのさづちのかみ》と國之狭土神《くにのさづちのかみ》（この二神は山野の土の神）、次に天之狭霧神《あめのさぎりのかみ》と國《くに》之狭霧神《のさぎりのかみ》（この二神は山野の霧の神）、次に天之闇戸神《あめのくらどのかみ》と國之闇戸神《くにのくらどのかみ》（この二神は渓谷《けいこく》・谷間《たにま》の神）、次に大戸惑子神《おおとまとひこのかみ》と大戸惑女神《おおとまとひめのかみ》（宣長《のりなが》は「山のたわみ低き所の陰」と述べています。即ち、山のために陰になった所という意味でしょう）。天之狭土神《あめのさづちのかみ》より大戸惑女神《おおとまとひめのかみ》まで合わせて八神。以上の八神は、山野の土、霧、谷間、山陰というようにすべて山野に関係する神様です。

次にお生みになった神様の名前は、鳥之石楠船神《とりのいわくすぶねのかみ》（鳥のように速く、丈夫な楠《くすのき》の船の神）、またの名は、天鳥船《あめのとりふね》（あたかも鳥が大空を飛ぶように速い船の意）と言います。

次に大宜都比賣神《おおげつひめのかみ》（食物をつかさどる神）をお生みになりました。次に火之夜芸速男神《ひのやぎはやおのかみ》（火の神で物を焼く威力を神格化したもの）をお生みになりました。またの名は、火之炫毘古神《ひのかがびこのかみ》（火の輝く威力を神格化したもの）ともいい、火之迦具土神《ひのかぐつちのかみ》（光り輝く火の神）ともいいます。

この御子をお生みになったために、伊邪那美命《いざなみのみこと》は、陰部が焼かれて病気になりました。その病の床につかれた伊邪那美命《いざなみのみこと》の嘔吐物《おうとぶつ》から鉱山の神様であります金山毘古神《かなやまびこのかみ》と金山毘賣神《かなやまびめのかみ》がお生まれになりました。次に大便からは、ねば土（粘土《ねんど》）の神様であります波邇夜須毘古神《はにやすびこのかみ》と波邇夜須毘賣神《はにやすびめのかみ》がお生まれになりました。

次に小便からは水の神であります彌都波能賣神《みつはのめのかみ》と農業の生産をつかさどる和久産巣日神《わくむすひのかみ》がお生まれになりました。この和久産巣日神《わくむすひのかみ》の御子は食物を掌る神様であります豊宇気毘《とようけび》賣神《めのかみ》といいます。この神様は伊勢神宮外宮《いせじんぐうげくう》のご祭神です。

このようなわけで、伊邪那美命《いざなみのみこと》は火の神をお生みになったことが原因で、ついにお隠れになりました。天鳥船《あめのとりふね》から豊宇気毘賣神《とようけびめのかみ》まで合わせて八神です。

伊邪那岐《いざなき》、伊邪那美《いざなみ》の二柱の神がご一緒にお生みになった島は全部で十四島、また、神々はすべて三十五神です。これは伊邪那美命《いざなみのみこと》がまだお隠れにならない前にお生みになりました。ただ意能碁呂島《おのごろじま》はお生みになったのではありません。また、蛭子《ひるこ》と淡島《あわしま》は御子の中には入れません。

神々の生成における古代人の「こころ」

ここで重要な第一の点は、伊邪那岐命《いざなきのみこと》と伊邪那美命《いざなみのみこと》の二柱の神が、「天《あま》つ神《かみ》の命《みこと》を請《こ》ひ」、天《あま》つ神《かみ》の御心《みこころ》と一つになり、天地の間に存在するすべてのものの守り神をお生みになったことです。換言すれば、古代の日本人は、天地万物に私たちと全く同一の「いのち」が流れていると信じていたことです。万物に神性を見ることが出来る清らかな心を有していたのです。

私はここの箇所の意味することが、今まで全く理解出来ませんでした。私は、中世の神道思想を勉強しておりますが、わが国で最初に神道思想が言説化されたのは、平安末から鎌倉初期に成立いたしました伊勢《いせ》神道思想です。

伊勢神道の成立、またその思想の源流を考察するために、中世以前の神道関係の文献を見ますと、言葉でもって思想は語られていなく、記載されているのは祭儀の内容等が中心です。また『古事記』、『日本書紀』にいたしましても、神々の誕生などの古伝承《こでんしょう》については詳しく記されていますが、思想についてはほとんど触れられてはおりません。

私は、今まで思想とは、言葉でもって論理的に分かりやすく説いているものと考えておりました。それ故に、『古事記』の中でも神々の働きがあり、説話的な箇所は非常に興味を持つことが出来ますが、今日の箇所のように、神々誕生の名前の列挙のみで、その働きがなく何のストーリー性も感じられないところには、余り関心を有しておりませんでした。

しかし最近、ここの箇所が非常に大事なことに気づきました。それは、たとえば「海の神、名は大綿津見神《おおわたつみのかみ》を生み、（中略）次に風の神、名は志那都比古神《しなつひこのかみ》を生み、次に木の神、名は久久能智神《くくのちのかみ》を生み、次に山の神、名は大山津見神《おおやまつみのかみ》を生み」という一節がありますが、その一言、一言の中に神聖の大道が示されていることに気づいたのです。

古代の日本人には、これ以上の説明は必要なかったのでしょう。この一言で了解できて感じとる心を持ち合わせていたのだと思います。だが後世、この一言だけではその意味することが理解できなくなったので、いろいろと思想の言説化が図られるようになったのでありましょう。

知識をたくわえ、物識りになったとしても、それは真実を真に知ったということではありません。知識は、あくまでも真実・真理への目印です。神々を観念として考えたならば、何も分からないでしょう。神々のご鎮座を心より信じること。それ以外にはありません。それにはまず、自分の本性を自覚し、天地万物に神性を見る心境《しんきょう》を得ることが大事です。そして、そのことによって真実を体認すること。それ以外は真実をたとえでもって説いている隠喩《いんゆ》であり、比喩《ひゆ》でしかありません。真実を説明するために、註釈を多くつければつけるほど、真実からどんどん遠くなります。細分化すればするほど本質・根本から遠くなり末節にながれるのではないでしょうか。

私たちは、物事の理解を助けるために、いろいろと註釈、説明、そして証拠をほしがります。しかし、古代の日本人が、何の註釈もつけずに、大綿津見神《おおわたつみのかみ》、志那都比古神《しなつひこのかみ》、久久能智神《くくのちのかみ》、大山津見神《おおやまつみのかみ》と信じていたような清らかな心を日々の修養によって得ることが大事です。そしてそのことは、自分以外のものによって得るのではなく、一番身近な自分自身に本来備わっている本性、神様から賜った本体を自覚すればよいことなのです。我欲我見の異心《ことごころ》を祓《はら》って祓《はら》って、万物に神性を見ることができる感性豊かな心を取り戻せばおのずと文字に表されていなくとも理解できるのではないでしょうか。

「祓《はら》え」の本質

「祓《はら》え」とは何か。なぜ「祓《はら》え」をするのか。結論から先に申し上げるならば、それはわが国の神々の実在とその神々に私たちはつながっており、私たちの本性もまた神性のものという確信から行われるのです。この信仰が「祓《はら》え」の神学の根本にあるものです。この信仰がなければ、「祓《はら》え」は即座に「いのち」を喪《うしな》い、形骸化した行事のみとなります。何よりも私たちの本姿である神性の「こころ」が大事なのです。それを罪、穢《けが》れから守るのが「祓《はら》え」に他なりません。

伊勢神道の大成者であります伊勢神宮外宮祠官《げくうしかん》の度会延佳《わたらいのぶよし》は、「祓《はら》え」について「心は神明の舎であり、私たちの心には神様が鎮座しているのであるから、急いでその御戸を開き、鏡のさびや塵を祓《はら》わなければならない」と説いているのであります。

また、江戸時代中期の垂加《すいか》神道家・若林強斎《わかばやしきょうさい》は、真の神道について「自分の心は自分のものでありながら、同時に天《あま》つ神《かみ》から賜ったものであるという自覚である。そのことは真実にそうであるから心よりそのように信じ、寝てもさめてもこの一点を守っていくことが神道において最も大切なことである」と語っています。

「水火はもとより、草木の一本に至るまで、この天と地との間に存在するあらゆるものに神がいますよと崇《あが》めたてまつり、畏れつつしむことが神道である。神代即人代《じんだいそくじんだい》、人代即神代《じんだいそくじん》、神代《かみよ》と人代《ひとよ》とは一貫のものであって、本来この両者は区別し得るものではない」と主張しているのです。

神代《かみよ》と云われていた時代の天地すなわち日本列島と、現在の天地とは何一つ変わってはいないのです。むしろ変わったのは私たちの心の方です。全国約八万の神社には、今も神《かみ》代《よ》の神々が祀《まつ》られていて、私たちを見守ってくださっています。神社では、「神霊は存在していないが、今、ここに生きていると仮定し、祭祀を執り行っている」のではありません。神様が、今ここにいますと心より信じ、誠心誠意神明にお仕えいたしているのです。ですから、今は人の代ではありますが、同時に神代《かみよ》といえます。ここが重要なところで、その厳粛な事実に気づくかどうかなのです。神社が今の世に現存していることこそが、何よりも今が神代《かみよ》であることを証明しています。

私心を祓《はら》った末の「火の神」

第二の要点は火の神の誕生についてです。

火の神は、伊邪那美命《いざなみのみこと》が、ご自身の生命《いのち》と引き換えにお生みになった御子です。伊邪那美《いざなみの》命《みこと》がお亡くなりになったということは、一切の私欲我見を祓《はら》ったという意味を含んでいるのでありましょう。要するに、火の神は、全く私心のない御心《みこころ》の状態でお生みになった御子と解されます。

私心をなくすとは、利己的な自分という存在をなくすことです。つまり「自分が」という異心《ことごころ》を死却することに他なりません。自分という意識があるうちは、私心があるのです。たとえば、有名な『葉隠《はがくれ》』の「武士道と云ふは、死ぬ事と見付けたり」という一文も同じ意味と考えられるでしょう。

伊邪那岐命《いざなきのみこと》、伊邪那美命《いざなみのみこと》は、「天《あま》つ神《かみ》の命《みこと》を請《こ》ひ」、天《あま》つ神《かみ》の御心《みこころ》と一つになって、天地の間に存在するものの守り神を次々にお生みになってきたわけでありますが、火の神はさらに伊邪那美命《いざなみのみこと》がご自身の身体さえも祓《はら》って捨て去り、天《あま》つ神《かみ》の御心《みこころ》そのものとなって、お生みになった全く汚れのない、清浄の極致の御子と考えられます。それ故に、汚れたもののすべてを焼き清めてくれます火の神は浄火《じょうか》の神として神聖視され、畏《おそ》れ敬われてきたのであると思います。火の神の後に、続いてお生まれになった鉱山の神、粘土《ねんど》の神、水の神、生産の神、食物の神も、伊邪那美命《いざなみのみこと》のこのような一点の曇りもない清らかな御心《みこころ》からお生まれになった神々なので、特に貴いと考えられます。

また、古代の日本人はたとえ汚物とされる排泄物であっても神様のおかげと感謝する清らかな心があったことです。排泄物を汚いと決めているのは、人間の勝手な思い上がりなのかもしれません。汚いとか、きれいとか、そのように分別《ふんべつ》する自我の異心《ことごころ》を捨て去り、古代人のように神様の恵みをただただ有り難いと素直に思える心、感謝の心を取り戻さなければならないと思います。無論、「祓《はら》え」と言っても、私たちが社会生活を営む上で大切な分別の心を否定するのではありません。それを無視したならば、社会は無秩序の状態になってしまうでしょう。しかし、神様の心は私たちの自我の心の奥にあります。その神様の心に触れ、その心と一つになって生かされていることに感謝しながら、社会生活を営むことが大事なのです。

第五回　火神被殺《ひのかみひさつ》

故《かれ》ここに伊邪那岐命《いざなきのみこと》詔《の》りたまひしく、「愛《うつく》しき我が汝妹《なにも》の命《みこと》を、子の一《ひと》つ木《け》に易《か》へつるかも。」と謂《の》りたまひて、すなはち御枕方《みまくらへ》に匍匐《はらば》ひ、御足方《みあとへ》に匍匐《はらば》ひて哭《な》きし時、御涙《みなみた》に成れる神は、香山《かくやま》の畝尾《うねを》の木《こ》の本《もと》にまして、泣澤女神《なきさはめのかみ》と名《な》づく。故《かれ》、その神避《かむさ》りし伊邪那美神《いざなみのかみ》は出雲國《いつものくに》と伯伎國《ははきのくに》との堺の比婆《ひば》の山に葬《はふ》りき。

ここに伊邪那岐命《いざなきのみこと》、御佩《はか》せる十拳剣《とつかつるぎ》を抜きて、その子迦具土神《かぐつちのかみ》の頸《くび》を斬《き》りたまひき。ここにその御刀《みはかし》の前《さき》に著《つ》ける血、湯津石村《ゆついはむら》に走《たばし》り就《つ》きて、成れる神の名は、石拆神《いはさくのかみ》。次に根拆神《ねさくのかみ》。次に石筒之男神《いはつつのをのかみ》。三神 次に御刀《みはかし》の本《もと》に著《つ》ける血も亦、湯津石村《ゆついはむら》に走《たばし》り就《つ》きて、成れる神の名は、甕速日神《みかはやひのかみ》。次に樋速日神《ひはやひのかみ》。次に建御雷之男神《たけみかづちのをのかみ》。亦の名は建布都神《たけふつのかみ》。亦の名は豊布都神《とよふつのかみ》。三神 次に御刀《みはかし》の手上《たかみ》に集まれる血、手俣《たなまた》より漏《く》き出でて、成れる神の名は、闇淤加美神《くらおかみのかみ》。次に闇御津羽神《くらみつはのかみ》。

上《かみ》の件《くだり》の石拆神《いはさくのかみ》以下《よりしも》、闇御津羽神《くらみつはのかみ》以前《よりさき》、併《あは》せて八神《やはしら》は、御刀《みはかし》によりて生《な》れる神なり。

殺さえし迦具土神《かぐつちのかみ》の頭《かしら》に成れる神の名は、正鹿山津見神《まさかやまつみのかみ》。次に胸に成れる神の名は、淤縢山津見神《おどやまつみのかみ》。次に腹に成れる神の名は、奥山津見神《おくやまつみのかみ》。次に陰《ほと》に成れる神の名は、闇山津見神《くらやまつみのかみ》。次に左の手に成れる神の名は、志芸山津見神《しぎやまつみのかみ》。次に右の手に成れる神の名は、羽山津見神《はやまつみのかみ》。次に左の足に成れる神の名は、原山津見神《はらやまつみのかみ》。次に右の足に成れる神の名は、戸山津見神《とやまつみのかみ》。正鹿山津見神《まさかやまつみのかみ》より戸山津見神《とやまつみのかみ》まで、併せて八神《やはしら》。

故《かれ》、斬《き》りたまひし刀《たち》の名は、天之尾羽張《あめのをはばり》と謂ひ、亦の名は伊都之尾羽張《いつのをはばり》と謂ふ。

火神被殺《ひのかみひさつ》の解釈

まず「湯津石村《ゆついはむら》に走《たばし》り就《つ》きて」の湯津《ゆつ》とは「清らかな」という意味です。ですから、湯《ゆ》島《しま》は清らかな島という意味になります。昔、湯島天満宮《ゆしまてんまんぐう》はすぐ下まで海だったそうです。まさに絶壁でしたので、水に面したところを古くは島と呼んでいたと言われています。つまり湯島天満宮《ゆしまてんまんぐう》のある場所は聖なる水際《みずぎわ》の土地だということです。

さて、伊邪那岐命《いざなきのみこと》が言われるには、「いとしい、いとしい最愛の妻を、ただ一人の子供に引きかえるとは悔しくてしかたがない」と言われて、伊邪那美命《いざなみのみこと》の枕もとに腹ばいになり、足もとに腹ばいになり泣き悲《かな》しみます。そのときその御涙からお生まれに成られた神は、大和の天香具山《あめのかぐやま》のふもとの丘の上、木《こ》の下《もと》におられる泣澤女神《なきさわめのかみ》という神です。今でも、奈良県橿原市の畝尾都多本《うねおつたもと》神社にご鎮座なさっています。

お亡くなりになられた伊邪那美命《いざなみのみこと》は、出雲國《いずものくに》（島根県東部）と伯耆國《ほうきのくに》（鳥取県西部）との境にある比婆《ひば》の山に葬り申し上げました。

ここにおいて伊邪那岐命《いざなきのみこと》は、腰に帯びておられた十つかみある長い剣を抜いて、その御子の火之迦具土神《ひのかぐつちのかみ》の首を斬ってしまわれました。するとその長い剣の先についた血が、清らかな多くの岩石の群れに飛び散って、お生まれになった神の名は石拆神《いわさくのかみ》と根拆神《ねさくのかみ》と言います。この二柱の神は、岩石を裂くほどの威力ある神です。

次に岩石の霊威を表わす石筒之男神《いわつつのおのかみ》がお生まれになりました。さらにその御剣の鍔《つば》についた血も、清らかな多くの岩石の群れに飛び散って、お生まれになった神の名は、甕《みか》速日神《はやひのかみ》と樋速日神《ひはやひのかみ》です。この二柱の神は、火の根源である太陽をたたえた神です。

次に建御雷之男神《たけみかづちのおのかみ》がお生まれになりました。またの名は、建布都神《たけふつのかみ》、豊布都神《とよふつのかみ》とも言います。この神は勇猛な雷《いかずち》の男神の意で、剣の威力をたたえたものです。

次に御剣の柄《つか》に集まった血が手の指の間からもれ流れて、お生まれになった神の名は闇《くら》淤加美神《おかみのかみ》と闇御津羽神《くらみつはのかみ》です。この二柱の神は、渓谷《けいこく》の水を掌《つかさど》る神です。以上の石拆神《いわさくのかみ》から闇御津羽神《くらみつはのかみ》まで合わせて八神《やはしら》は、御剣によってお生まれになった神々です。

また、殺された火之迦具土神《ひのかぐつちのかみ》の頭からは正鹿山津見神《まさかやまつみのかみ》がお生まれになりました。次に胸からは淤縢山津見神《おどやまつみのかみ》がお生まれになりました。次に腹からは奥山津見神《おくやまつみのかみ》がお生まれになりました。次に陰部《みほと》からは闇山津見神《くらやまつみのかみ》がお生まれになりました。次に左の手からは志芸山津《しぎやまつ》見神《みのかみ》がお生まれになりました。次に右の手からは羽山津見神《はやまつみのかみ》がお生まれになりました。次に左の足からは原山津見神《はらやまつみのかみ》がお生まれになりました。次に右の足からは戸山津見神《とやまつみのかみ》がお生まれになりました。

以上、正鹿山津見神《まさかやまつみのかみ》より戸山津見神《とやまつみのかみ》まで合せて八神です。そしてこの時、伊邪那岐命《いざなきのみこと》が火之迦具土神《ひのかぐつちのかみ》をお斬りになった御剣の名前は、天之尾羽張《あめのおはばり》、またの名前を伊都之尾羽張《いつのおはばり》と言います。

この部分は『古事記』の中でも荒唐無稽な文脈の最たる箇所といえるでしょう。そもそも、わが子を斬って神が生まれるということ自体が荒唐無稽ではないでしょうか。この部分はもっとも意味が分かりにくい記述です。だからこそ、私たちの心を天つ神《あまかみ》から離さないようにしながら、その真に主張したい意味を考えてみたいと思います。

わが子を斬って神が誕生するのはなぜか

この段の要点は伊邪那岐命《いざなきのみこと》が自らの腰に帯びておられた十拳《とつか》の剣《つるぎ》を抜いて、伊邪那美命《いざなみのみこと》の亡くなった原因である御子の火之迦具土神《ひのかぐつちのかみ》の首を斬ってしまわれたことでありましょう。そして、なぜ自らの子を斬って神様が生まれるのかという問が生れてくるのではないかと思います。その疑問を解いていきましょう。

本文に「故《かれ》ここに伊邪那岐命《いざなきのみこと》の詔りたまひしく、『愛《うつく》しき我が汝妹《なにも》の命《みこと》を、子の一《ひと》つ木《け》に易《か》へつるかも』と謂りたまひて、すなはち御枕方《みまくらへ》に匍匐《はらば》ひ、御足方《みあとへ》に匍匐《はらば》ひて哭《な》きし時」とあります。伊邪那岐命《いざなきのみこと》はいとしい大切な妻でありますす伊邪那美命《いざなみのみこと》が、子供一人と引きかえに死んでしまわれたことを悔しがり、腹ばいになりながら悔しがって泣くわけです。

ここの箇所について、『日本書紀』にも「そのとき伊奘諾尊《いざなぎのみこと》が恨《うら》んでいわれるのに、『ただこの一人の子のために、わが愛妻を犠牲にしてしまった』」と記されてあります。要するに、この時の伊邪那岐命《いざなきのみこと》の御心《みこころ》は、奥様である伊邪那美命《いざなみのみこと》が亡くなったことを悲しむとともに、その原因となった火之迦具土神《ひのかぐつちのかみ》を憎《にく》み、恨《うら》んでいるのです。

しかし、これは単なる自然な感情の推移として看過することはできないと思います。やはり、この時点で伊邪那岐命《いざなきのみこと》の御心《みこころ》には天《あま》つ神《かみ》から離れた自我の「こころ」が芽生えているのです。憎むということは、何らかの対象、ここでは火之迦具土神《ひのかぐつちのかみ》に対して思っているわけなのですが、結局、このことは自分の御心《みこころ》を傷つけていることになるのです。

私たちも日常暮らしていて、たとえば妻や夫、父や母に腹をたてることもあるでしょう。こうした感情は、決して自分にとっても気持ちのよいものではありません。これらはすでに私たちの心が本来の天《あま》つ神《かみ》の「こころ」から離れていってしまっているのです。

この憎《にく》む心は、伊邪那岐命《いざなきのみこと》の御心《みこころ》に映っている火之迦具土神《ひのかぐつちのかみ》そのものではないでしょうか。伊邪那岐命《いざなきのみこと》の御心《みこころ》は完全に憎《にく》む異心《ことごころ》に占領されてしまいました。それ故に、その憎《にく》む異心《ことごころ》（火之迦具土神《ひのかぐつちのかみ》）を斬って祓《はら》ったのです。憎む異心《ことごころ》を映し出しているのが、火《ひ》之迦具土神《のかぐつちのかみ》だったのです。

神社でも神事にはまず初めにお祓《はら》いをしますが、これはいろいろな穢《けがらわ》しい「こころ」を祓《はら》っているのです。つまり、ここでは憎いという思いを捨て去って消したと言えるでしょう。

ここで間違えてはならないことは、斬ったのは眼前の火之迦具土神《ひのかぐつちのかみ》ではなく、あくまでも内面の自らの「心」に映っている火之迦具土神《ひのかぐつちのかみ》であることです。眼前の存在世界は、一切が自らの心の反映に他なりません。すべては、自らの一心から生まれています。ですから私たちは、同じものを見ていても、その心境によってそれぞれに異なった感じ方をしているのです。ここでは伊邪那岐命《いざなきのみこと》の大本の御心《みこころ》を清めたのです。

まず、御涙《みなみだ》でもって、その恨《うら》む心を洗い清めると、泣澤女神《なきさわめのかみ》がお生まれになりました。

さらに、「御佩《はか》せる十拳剣《とつかつるぎ》」でもって、その憎む異心《ことごころ》を斬ったのです。「御佩《はか》せる十拳剣《とつかつるぎ》」とは、伊邪那岐命《いざなきのみこと》が、天《あま》つ神《かみ》より賜った貴い貴い御心《みこころ》の依《よ》り代《しろ》のことであろうと考えられます。依《よ》り代《しろ》とは神霊が宿る物体です。私たちは死によって肉体は滅びますが、私たちを生かしてくれるところの大本の神霊（霊魂）は決して滅びるものではなく、この世に留まっていつまでも子孫の幸福を見守っているというのが本来の日本人の信仰（霊魂不滅）です。その神霊は目には見えませんが、物体に依《よ》るのです。特に依《よ》り代《しろ》としては御剣、御鏡《みかがみ》、勾玉が多く、それらが各神社のご祭神のご神体（依《よ》り代《しろ》）として祀《まつ》られています。

ですからこの箇所は、伊邪那岐命《いざなきのみこと》の本源である天《あま》つ神《かみ》より賜った神聖な御心《みこころ》で、「愛《うつく》しき我が汝妹《なにも》の命《みこと》を、子の一《ひと》つ木《け》に易《か》へつるかも」という言葉に象徴される憎《にく》む異心《ことごころ》（火之《ひの》迦具土神《かぐつちのかみ》）を斬ったのであり、その我欲我見の異心《ことごころ》を祓《はら》った結果、神々が、御剣と火之《ひの》迦具土神《かぐつちのかみ》を物実《ものざね》としてお生まれになったことを述べていると推考されます。

なぜこのように解釈できるのか。それは神々の誕生に関しまして、以下のような構成になっているからです。

即ち、天之御中主神《あめのみなかぬしのかみ》より伊邪那岐命《いざなきのみこと》、伊邪那美命《いざなみのみこと》の誕生までは先行する物実《ものざね》によって成れる神であり、それ以降、伊邪那美命《いざなみのみこと》が亡くなるまでは、本文に、「凡べて伊邪那岐《いざなき》、伊邪那美《いざなみ》の二はしらの神、共に生める島、一十四島《とをまりよのしま》、神、三十五神《みそぢまりいつはしらのかみ》」とあるように、伊邪那岐命《いざなきのみこと》、伊邪那美命《いざなみのみこと》の二柱の神によって生める神々です。ただし、火の神以下、鉱山の神、粘土の神、水の神、生産の神、食物の神は、伊邪那美命《いざなみのみこと》がご自身の身体さえも祓《はら》いながら、清浄の極致でお生みになった神々といえます。続いて、今日の箇所の御涙《みなみだ》からお生まれに成られた泣澤女神《なきさわめのかみ》をはじめとし、火之迦具土神《ひのかぐつちのかみ》を斬って成られた石拆神《いわさくのかみ》、根拆神《ねさくのかみ》、後で出てきます三貴子《さんきし》（天照大御神《あまてらすおおみかみ》、月讀命《つきよみのみこと》、建速須佐之男命《たけはやすさのおのみこと》）の誕生までは、伊邪那岐命《いざなきのみこと》の御心《みこころ》の祓《はら》えによって成れる神という全体の構成になっていることです。

第二には、何よりも国土の修理固成《しゅりこせい》は伊邪那岐命《いざなきのみこと》、伊邪那美命《いざなみのみこと》が天《あま》つ神《かみ》より御委任された仕事であり、天《あま》つ神《かみ》の御心《みこころ》をその心として執り行なわなければならないという鉄則があることです。右に触れた神々の誕生の際とりわけ重要なことは、二神は「天《あま》つ神《かみ》の命《みこと》を請《こ》う」ことによって、その御心《みこころ》に全く私心を挟んでいないことです。

ですから、伊邪那岐命《いざなきのみこと》は、命《みこと》ご自身の火之迦具土神《ひのかぐつちのかみ》を恨《うら》む心、すなわち眼前の火之迦《ひのか》具土神《ぐつちのかみ》ではなく、命《みこと》の心の中の火之迦具土神《ひのかぐつちのかみ》を恨む分別《ふんべつ》の異心《ことごころ》を斬って祓《はら》うことによって、その本姿である天《あま》つ神《かみ》の御心《みこころ》と一つになり、その結果、神々がお生まれになったと考えられるのではないでしょうか。仮に本当に眼前の火之迦具土神《ひのかぐつちのかみ》を斬ったならば、火の神はここで消滅してしまい、後世に大事な火は伝わらなかったに違いありません。

ここの箇所は、刀剣の鍛冶《かじ》作業、火山の爆発、山焼きの風習等々、いろいろな説話が考えられますが、大事なことは、神々を生むのは伊邪那岐命《いざなきのみこと》の御心《みこころ》であり、私たち一人ひとりの心であるということです。このことを伊邪那岐命《いざなきのみこと》と火之迦具土神《ひのかぐつちのかみ》との説話を通しながら、ここでは教えてくれていると考えられます。

「神《かん》ながらの道」とは何か

古代の日本人は、仏教等の外来思想が入ってくる以前から、自らの我欲・我見の異心《ことごころ》を祓《はら》うことこそが人間にとって一番正しい道であること、また自らの心が清まり天《あま》つ神《かみ》の御《み》心《こころ》と一つになったときに、眼前の万物に神々が宿っていることがわかるということを承知していたのであろうと推考されます。

『古事記』上巻（神代巻）は、この一心こそが人間の根本であり、国家の基《もとい》であるということを力説しているのであり、古代の日本人はそのことを代々伝承してきたのでしょう。すなわち、『古事記』序文において、天武天皇は、

ここに天皇詔《の》りたまひしく、「朕《われ》聞きたまへらく、『諸家の賷《もた》る帝紀《ていき》及び本辞《ほんじ》、既に正實《せいじつ》に違《たが》ひ、多く虚偽《きょぎ》を加ふ。』といへり。今の時に當たりて、其の失《あやまり》を改めずは、未だ幾年《いくねん》をも經ずしてその旨《むね》滅びなむとす。これすなはち、邦家《ほうか》の經緯《けいい》、王化《おうか》の鴻基《こうき》なり。故《かれ》これ、帝紀《ていき》を撰録《せんろく》し、旧辞《きゅうじ》を討覈《とうかく》して、偽《いつは》りを削り實《まこと》を定めて、後葉《のちのよ》に流《つた》へむと欲《おも》ふ。」

と述べています。

古代の日本人は、その心も素直で清らかでありましたが、この時代になると、人の心は傲慢《ごうまん》になり本来の清らかさが失われてしまった結果、先祖より伝承されてきた帝紀《ていき》及び本辞《ほんじ》に真実と異なる多くの虚偽《きょぎ》が加えられてきたのです。そこで、天武天皇は、今すみやかに多くの虚偽の部分を改めなければ、いくばくも無くして正實《せいじつ》の旨（正しい伝承）が滅んでしまうと愁《うれ》えられています。

その正實《せいじつ》の旨こそが国家行政の根本に位置する伝承です。国家の基《もとい》になるもの、それは単なる先祖の説話ではありません。古伝承《こでんしょう》の物語を通しながら伝えられてきたものとは、「国家のいのち」であり、「国家の命綱《いのちづな》」であり、まさに国家の本質そのもののことでありましょう。

後世のものではありますが、かつて室町時代初期の動乱時代に、南朝の臣・北畠親房《きたばたけちかふさ》公はその著『神皇正統記《じんのうしょうとうき》』において、「世の中のおとろふると申は、日月《ひつき》の光《ひかり》のかはるにもあらず、草木《くさき》の色のあらたまるにもあらじ。人の心のあしくなり行《ゆく》を末世《まっせ》とはいへるにや」と述べ、世の中の衰える末世とは、人の心が悪くなることをいう、と語られています。

「国家のいのち」と「国家の命綱《いのちづな》」とは、人心の正しき中に存します。「人心を正す」ことこそが一切の根本なのです。では「人心を正す」方法とは何か。それは天《あま》つ神《かみ》より賜った自らの本体である「永遠のいのち」を少しも、一つも傷つけることなく守り伝えていくことです。『古事記』は、その古伝承《こでんしょう》で一貫していると見うけられます。

国生みの後、伊邪那美命《いざなみのみこと》は最後に「火の神」をお生みになられたことによって、お亡くなりになられます。そこで、伊邪那岐命《いざなきのみこと》はその原因になった自身の子（火の神）を憎んでしまいます。私はここにも『古事記』における重要なものが隠されていると思います。なぜなら、この部分は神様が「二神の結婚」の段の「みとのまぐはひ」の箇所に続いて天《あま》つ神《かみ》の心から離れたところ、つまり「失敗」をしたところだからです。日本の神様は唯一絶対神ではありませんから、過ちも失敗もするのです。そして、神様は失敗をしたときどうしたかというと、その穢《けが》れた心を斬って捨て去り、天《あま》つ神《かみ》の御心《みこころ》に戻っていくのです。そうすることで天《あま》つ神《かみ》のお言葉に立ちかえるのです。

　ここから読み取れることは、我々一人ひとりの心の中にも何か悩み苦しむことがあったときは、必ず心の中の「天《あま》つ神《かみ》」に立ちかえることが重要になってくるということなのではないでしょうか。それこそが「神《かん》ながらの道」なのです。「神《かん》ながらの道」は、自身の自我や欲望を祓《はら》った奥にある世界です。「神《かん》ながらの道」とは架空のことではなく、私たちの心が天《あま》つ神《かみ》と一つになったときに現れる道なのです。我々はその大いなる「いのち」に生かされているのですが、なかなかそれを体感するのは難しいのです。でもその感覚を大事にしてほしいと思います。

第六回　黄泉《よみ》の国《くに》

ここにその妹伊邪那美命《いもいざなみのみこと》を相見《あひみ》むと欲《おも》ひて、黄泉國《よみのくに》に追ひ往《ゆ》きき。ここに殿《との》の縢戸《さしど》より出で向《む》かへし時、伊邪那岐命《いざなきのみこと》、語らひ詔《の》りたまひしく、「愛《うつく》しき我《あ》が汝妹《なにも》の命《みこと》、吾《あれ》と汝《いまし》と作れる國、未《いま》だ作り竟《を》へず。故《かれ》、還るべし。」とのりたまひき。

ここに伊邪那美命《いざなみのみこと》答へ白《まを》ししく、「悔《くや》しきかも、速《と》く来《こ》ずて。吾《あ》は黄泉戸喫《よもつへぐひ》しつ。然れども愛《うつく》しき我《あ》が汝夫《なせ》の命、入り来《き》ませる事恐《かしこ》し。故《かれ》、還らむと欲《おも》ふを、且《しばら》く黄泉神《よもつかみ》と相論《あげつら》はむ。我《あ》をな視《み》たまひそ。」とまをしき。かく白《まを》してその殿《との》の内に還り入りし間、甚《いと》久しく待ち難《かね》たまひき。故《かれ》、左の御角髪《みみづら》に刺《さ》せる湯津津間櫛《ゆつつまくし》の男柱《をばしら》一箇《ひとつ》取り闕《か》きて、一つ火燭《びとも》して入り見たまひし時、蛆《うじ》たかれころろきて、頭《かしら》には大雷《おほいかづち》居《を》り、胸には火雷《ほのいかづち》居《を》り、腹には黒雷《くろいかづち》居《を》り、陰《ほと》には拆雷《さきいかづち》居《を》り、左の手には若雷《わかいかづち》居《を》り、右の手には土雷《つちいかづち》居《を》り、左の足には鳴雷《なりいかづち》居《を》り、右の足には伏雷《ふしいかづち》居《を》り、并《あは》せて八《や》はしらの雷神《いかづちがみ》成《な》り居《を》りき。

ここに伊邪那岐命《いざなきのみこと》、見畏《みかしこ》みて逃《に》げ還《かへ》る時、その妹伊邪那美命《いもいざなみのみこと》、「吾《あれ》に辱《はぢ》見せつ。」と言ひて、すなはち黄泉醜女《よもつしこめ》を遣《つか》はして追はしめき。ここに伊邪那岐命《いざなきのみこと》、黒御鬘《くろみかづら》を取りて投げ棄《う》つれば、すなはち蒲子《えびかづらのみ》生《な》りき。こを摭《ひろ》ひ食《は》む間に、逃げ行くを、なほ追ひしかば、またその右の御角髪《みみづら》に刺《さ》せる湯津津間櫛《ゆつつまくし》を引き闕《か》きて投げ棄《う》つれば、すなはち笋《たかむな》生《な》りき。こを抜《ぬ》き食《は》む間に、逃げ行きき。且後《またのち》には、その八《や》はしらの雷神《いかづちがみ》に、千五百《ちいほ》の黄泉軍《よもついくさ》を副《そ》へて追はしめき。ここに御佩《はか》せる十拳剣《とつかつるぎ》を抜《ぬ》きて、後手《しりへで》に振《ふ》きつつ逃げ来《く》るを、なほ追ひて、黄泉比良坂《よもつひらさか》の坂本《さかもと》に到りし時、その坂本《さかもと》にある桃子三箇《もものみみつ》を取りて、待ち撃《う》てば、悉《ことごと》に逃《に》げ返《かへ》りき。ここに伊邪那岐命《いざなきのみこと》、その桃子《もものみ》に告《の》りたまひしく、「汝《なれ》、吾《あれ》を助けしが如く、葦原中国《あしはらのなかつくに》にあらゆる現《うつ》しき青人草《あおひとくさ》の、苦しき瀬に落ちて患《うれ》ひ惚《なや》む時、助くべし。」と告《の》りて、名を賜ひて意富加牟豆美命《おほかむづみのみこと》と號《い》ひき。

最後《いやはて》にその妹伊邪那美命《いもいざなみのみこと》、身自《みづか》ら追ひ来たりき。ここに千引《ちびき》の石《いは》をその黄泉比良坂《よもつひらさか》に引き塞《さ》へて、その石《いは》を中に置きて、各對《おのおのむか》ひ立ちて、事戸《ことど》を渡す時、伊邪那美命《いざなみのみこと》言ひしく、「愛《うつく》しき我《あ》が汝夫《なせ》の命《みこと》、かく為《せ》ば、汝《いまし》の國の人草《ひとくさ》、一日《ひとひ》に千頭《ちがしらくび》絞り殺さむ。」といひき。ここに伊邪那岐命《いざなきのみこと》詔《の》りたまひしく、「愛《うつく》しき我が汝妹《なにも》の命、汝然為《いまししかせ》ば、吾一日《あれひとひ》に千五百《ちいほ》の産屋《うぶや》立てむ。」とのりたまひき。ここをもちて一日《ひとひ》に必ず千人《ちたり》死に、一日《ひとひ》に必ず千五百人《ちいほたり》生まるるなり。故《かれ》、その伊邪那美命《いざなみのみこと》を號《なづ》けて黄泉津大神《よもつおほかみ》と謂《い》ふ。また云《い》はく、その追ひしきしをもちて、道敷大神《ちしきのおほかみ》と號《なづ》くといふ。またその黄泉《よみ》の坂に塞《さや》りし石《いは》は、道反之大神《ちがへしのおほかみ》と號《なづ》け、また塞《さや》ります黄泉戸大神《よみとのおほかみ》とも謂ふ。故《かれ》、その謂《い》はゆる黄泉比良坂《よもつひらさか》は、今、出雲国《いづものくに》の伊賦夜坂《いふやさか》と謂《い》ふ。

「黄泉《よみ》の国」の段の解釈

伊邪那岐命《いざなきのみこと》は、伊邪那美命《いざなみのみこと》にもう一度会いたいと思われて、後を追って黄泉《よみ》の国に行かれました。黄泉《よみ》の国とは「よもつくに」とも読みます。その黄泉《よみ》の国とは地下にある死者の住む国で、穢《けが》れた所とされているところです。つまり「死後の世界」です。

そこで伊邪那美命《いざなみのみこと》が、御殿の閉《と》ざした戸口から出て、お迎えになった時、伊邪那岐命《いざなきのみこと》は、「いとしい最愛の我が妻よ、私とあなたとで作った国は、まだ作り終わっていない。だから一緒に帰ろう」と言われます。神生みの最中でしたから、「まだ完成していない」と、奥様に言ったのです。

すると伊邪那美命《いざなみのみこと》は、「ああ悔しい、なぜもっと早く来て下さらなかったのですか。私はもう黄泉《よみ》の国の竈《かまど》で煮《に》炊きした食物を食べてしまったので、帰ることができません。しかし、いとしい私の夫が、わざわざ迎えにきてくれたのですから、何とかしてご一緒に帰りたいと思います。しばらく黄泉《よみ》の国の神と相談してみますので、その間私の姿を絶対にご覧にならないでください」といわれました。

このように申して伊邪那美命《いざなみのみこと》は、御殿の中にお入りになりましたが、いつまでたっても出てこられません。とうとう伊邪那岐命《いざなきのみこと》は待ちきれなくなり、禁忌《きんき》を犯し、御殿の中にお入りになりました。ところが、中は真っ暗で何も見えません。奥様が「絶対に入るな」といったにもかかわらず、その約束を破って入ってしまう。これと同じような話が「山《やま》幸彦《さちひこ》の話」にも出てきます。山幸彦《やまさちひこ》（火遠理命《ほおりのみこと》）は海の神の娘で豊玉毘賣命《とよたまびめのみこと》を奥様にお迎えになりますが、お子さんをお生みになるときに、夫の山幸彦《やまさちひこ》に対して「決して産屋《うぶや》を見ないで欲しい」と言います。にもかかわらず、見てしまう。また、「鶴の恩返し」という昔話がありますが、これも同じく機織《はたおり》の部屋を見てしまうのです。伊邪那岐命《いざなきのみこと》は、一度は伊邪那美命《いざなみのみこと》の亡くなった原因である自身の子を憎いと思ってしまいましたが、その汚らわしい心をなんとか斬って取り払います。ところが、ここでもういちど禁忌《きんき》を犯してしまうのです。

そこで伊邪那岐命《いざなきのみこと》は、左耳のあたりの髪を束ねたところに刺していた清らかな櫛《くし》の端の太い歯を一本折りとって、これに一つ火をともし、中を御覧になると、伊邪那美命《いざなみのみこと》の身体には蛆虫《うじむし》がたかりゴロゴロと鳴っており、頭には大雷《おおいかづち》がおり、胸には火雷《ほのいかづち》がおり、腹には黒雷《くろいかづち》がおり、陰部には拆雷《さきいかづち》がおり、左の手には若雷《わかいかづち》がおり、右の手には土雷《つちいかづち》がおり、左の足には鳴雷《なりいかづち》がおり、右の足には伏雷《ふしいかづち》がおり、合わせて八種類の雷神《いかづちがみ》が出現していました。

『日本書紀』によると、「今の世の人が、夜一つの火を灯すことを縁起の悪いこととして嫌うのは、これがその起こり」とあることから、これは禁忌《きんき》を犯したことの表れなのです。伊邪那岐命《いざなきのみこと》はこれを見て驚き恐れて逃げ帰られましたが、伊邪那美命《いざなみのみこと》は「私によくも辱《はじ》をかかせた」と言って、黄泉《よみ》の国の醜《みにく》い女を遣わして追いかけさせたのです。そこで伊邪那《いざな》岐命《きのみこと》は、髪につけていた黒い木の蔓《つる》の輪を取って投げ捨てると、野葡萄《のぶどう》の実が生《な》りました。この蔓《つる》の輪は単なる飾りものではなく、輪の形になっていることから、「永遠なるもの」を象徴しているのです。オリンピックなどで金メダルをとった選手に月桂冠《げっけいかん》をかぶせますが、これと同じです。

この野葡萄《のぶどう》の実を醜女《しこめ》たちが取って食べている間に逃げました。しかしなお醜女《しこめ》たちが追いかけて来たので、今度は右耳のあたりの髪を束ねたところに刺していた清らかな櫛《くし》の歯を折って投げ捨てると、竹の子が生《な》りました。これを醜女《しこめ》たちが引き抜いて食べている間にまた逃げのびました。

しかし後から、八種類の雷神《いかづちがみ》が、大勢《おおぜい》の黄泉《よみ》の国の兵士を引きつれて追いかけてきました。そこで伊邪那岐命《いざなきのみこと》は、腰に帯びている十拳剣《とつかのつるぎ》を抜いて、うしろ手で振りながら逃げました。

なお追いかけられて、とうとう黄泉《よみ》の国と現実の世界との境界である黄泉比良坂《よもつひらさか》の坂本《さかもと》まで来た時に、その坂本《さかもと》に生《な》っていた桃の実を三つ取り、待ちうけて投げつけたところ、黄泉《よみ》の国の軍勢はことごとく逃げ帰ってしまったのです。

そこで伊邪那岐命《いざなきのみこと》は、その桃の実に「あなたが私を助けたように、この葦原《あしはら》の中国《なかつくに》に生きているあらゆるこの世の人々が、つらい目にあって、苦しみ悩んでいる時に助けてあげてください」といわれ、桃の実に意富加牟豆美命《おおかむづみのみこと》という神名を与えられました。

最後には、伊邪那美命《いざなみのみこと》ご自身が追いかけて来られました。そこで伊邪那岐命《いざなきのみこと》は、千人もかかって引くほどの大きな岩石をその黄泉比良坂《よもつひらさか》に置いて出入口を塞《ふさ》いでしまいました。そして、その大岩を間に置いて、二神が向き合いながら別れの言葉を交わした時、伊《い》邪那美命《ざなみのみこと》は、「いとしい我が夫よ、このようなことをなさるならば、私はあなたの国の人々を、一日に千人殺します」と言われました。

それに対して伊邪那岐命《いざなきのみこと》は、「いとしい最愛の我が妻よ、あなたがそのようなことをなさるのであるならば、私は一日に千五百人の子を誕生させましょう」と言い返しました。

このようなわけで、人代では一日に必ず千人の人が死に、一日に必ず千五百人の人が生まれるようになったのです。ここは人間の生と死の起源を説明したところと言われています。

こういう次第で、その伊邪那美命《いざなみのみこと》を名づけて黄泉津大神《よもつおおかみ》と申します。また伊邪那岐命《いざなきのみこと》に追いついたので道敷大神《ちしきのおおかみ》とも申します。また、黄泉《よみ》の坂を塞《ふさ》いだ岩は道反之大神《ちがえしのおおかみ》と申し、さらに黄泉《よみ》の国の出入口を塞《ふさ》いでおられる黄泉戸大神《よみどのおおかみ》とも申します。そして、その黄泉比《よもつひ》良坂《らさか》は今の島根県（出雲国《いずものくに》）にある伊賦夜坂《いふやさか》という坂です。

古代人の「黄泉國《よみのくに》」信仰

ここでのポイントは二点です。

すなわち、①黄泉戸喫《よもつへぐい》とは何か②伊邪那岐命《いざなきのみこと》が禁忌《きんき》を犯したことの意味の二点です。

まず、①黄泉戸喫《よもつへぐい》について考えてみたいと思います。それは、伊邪那美命《いざなみのみこと》が、黄泉《よみ》の国の竈《かまど》で煮炊《にた》きした食べ物を食べたために、黄泉《よみ》の国の人となってしまい、帰りたくても帰れなくなってしまったことです。黄泉《よみ》の国で煮炊きしたものを食べると黄泉《よみ》の国の人になってしまうという信仰があったことがうかがえます。

古代の日本人は、同じ竈《かまど》の火で調理した同じ食物を食べることを非常に重視していたと考えられます。たとえ直接に血のつながっていない間柄であっても、何物にもかえられない深い縁が結ばれるという信仰を持っていたのであります。

この黄泉戸喫《よもつへぐい》について、宣長《のりなが》は「すべての禍《まが》は火の穢《けが》れから起り、火が穢《けが》れるときは、黄泉《よみ》の国の穢《けが》れより成る禍津日神《まがつびのかみ》が荒ぶるから、すべての禍《まが》が起るのである」と述べています。

要するに「黄泉戸喫《よもつへぐい》」の根底には火の穢《けが》れがあるのです。そして、火を同じくすることは食を同じくすることであり、食を同じくすることは「いのち」を同じくすることであるという信仰がその本源にあるのです。つまり、火は日に通じ、日は霊であるから、火は「みたま」であり「いのち」であるという意味に解されるのでありましょう。それ故に、黄泉《よみ》の国の火と水で煮炊きしたものを食べると黄泉《よみ》の国の人になってしまうのであります。

今日でも「同じ釜の飯を食った仲間」と言いますが、これも同じ火で調理した同じ食物を一緒に食べることによって、「いのち」が結ばれ、切っても切れないような深い仲間意識が生まれるということです。

また、このことは神社の祭祀《さいし》における「直会《なおらい》」の意義でもあります。神祭りの中で特に大切なことは、神様に御饌神酒《みけみき》をお供えすることです。その御饌神酒《みけみき》を祭典《さいてん》終了後、下げて戴《いただ》くことですが、そのことは同じ火で料理したものを神様にお供えし、私たちもそれを食べることにより、私たちの「いのち」が神様の「いのち」につながることを意味しています。直会《なおらい》とは、直会《なおらい》は祭典を構成する一つの行事なのです。

さらにこのことは、神祭りの中で、神様と人とが同じ食べ物を食べる「共食《きょうしょく》」の儀の根本精神でもあります。たとえば、大嘗祭《だいじょうさい》は、天皇の皇位継承《こういけいしょう》に伴って行われる諸儀式の中でも、古くから重視されてきた国家的祭儀です。その眼目は仮設された大嘗宮《だいじょうきゅう》で天皇が斎戒《さいかい》に斎戒《さいかい》を重ねた上、皇祖《こうそ》天照大御神《あまてらすおおみかみ》に神饌《しんせん》を献じ、天皇ご自身もご一緒に食することにあります。共食することによって、天皇と天照大御神《あまてらすおおみかみ》の御魂《みたま》、「いのち」が一つになるのです。そして天皇は、天照大御神《あまてらすおおみかみ》の御心《みこころ》と一つになり、その御心《みこころ》で国家の政治（まつりごと）を執り行われるのであります。

いずれにいたしましても、「黄泉戸喫《よもつへぐい》」の眼目は、食をつつしむことであり、また火をつつしむことにあります。古来よりわが国では竈《かまど》の神、火の神を大切にお祭りしてきたのはこのような考えが根底にあるからです。

「蛆《うじ》」と「雷神《いかづちがみ》」の表す意味

次に、もう一つのポイントであります伊邪那美命《いざなみのみこと》が「私を見ないで下さい」と言ったのにもかかわらず、その禁忌《きんき》を破って伊邪那岐命《いざなきのみこと》が御殿の中に入ったことによって、次々と恐ろしい事態が展開し、ついには夫婦が離別してしまうところです。

伊邪那美命《いざなみのみこと》の身体には、うじ虫が集まってゴロゴロと音をたてていて、頭、胸、腹、陰部そして手足には、合計八種類の雷神《いかづちがみ》が居座《いすわ》っていました。この変わり果てた伊邪那美《いざなみの》命《みこと》の姿は、伊邪那美命《いざなみのみこと》であると同時に伊邪那美命《いざなみのみこと》との禁忌《きんき》を破って御殿の中に入った伊《い》邪那岐命《ざなきのみこと》の御心《みこころ》の状態を比喩《ひゆ》として象徴的に語っているのではないでしょうか。というのは、伊邪那岐命《いざなきのみこと》の御心《みこころ》が異心《ことごころ》におおわれているから、蛆《うじ》や雷神《いかづちがみ》に見えるのです。つまり心が蛆《うじ》であり、雷神《いかづちがみ》の状態であるから、そのように見えるのであろうと考えられます。

ここで伊邪那岐命《いざなきのみこと》は約束を破ってしまったのです。つまり私たちは天《あま》つ神《かみ》と心が一つなのに、その時点で伊邪那岐命《いざなきのみこと》は離れてしまっている。このとき伊邪那岐命《いざなきのみこと》の心が天《あま》つ神《かみ》と離れてしまっているから、蛆《うじ》や雷神《いかづちがみ》が見えてしまったということなのです。

「六根清浄祓詞《ろっこんしょうじょうはらえことば》」に、「目に諸《もろもろ》の不浄《ふじょう》を見て、心に諸《もろもろ》の不浄を見ず。耳に諸《もろもろ》の不浄を聞きて、心に諸《もろもろ》の不浄を聞かず。鼻に諸《もろもろ》の不浄を嗅ぎて、心に諸《もろもろ》の不浄を嗅がず。口に諸《もろもろ》の不浄を言ひて、心に諸《もろもろ》の不浄を言はず、身に諸《もろもろ》の不浄を触れて、心に諸《もろもろ》の不浄を触れず。云々」

とあり、この心の状態こそが天地の神々と一体の「神《かん》ながらの道」なのです。この視点から『古事記』を考えてみましょう。

先に、伊邪那岐命《いざなきのみこと》の御心《みこころ》の中に映っている憎《にく》い火之迦具土神《ひのかぐつちのかみ》の首を斬って、その御心《みこころ》を清めました。普通、自分の子供を殺してしまおうなどとは絶対に考えないでしょう。だからその穢《けが》れた心を清めたはずだったのです。しかし、ここではすぐに伊邪那美命《いざなみのみこと》との禁忌《きんき》を破ろうとする異心《ことごころ》が襲ってきています。伊邪那岐命《いざなきのみこと》の御心《みこころ》の反映が骸《むくろ》となった伊邪那《いざな》美命《みのみこと》であり、伊邪那美命《いざなみのみこと》の状態は、まさに伊邪那岐命《いざなきのみこと》の御心《みこころ》そのものといえます。

本文には、「ここに伊邪那岐命《いざなきのみこと》、見畏《みかしこ》みて逃《に》げ還《かへ》る時、その妹《いも》伊邪那美命《いざなみのみこと》、『吾《あれ》に辱《はぢ》見せつ』と言ひて、すなはち黄泉《よもつ》醜女《しこめ》を遣《つか》はして追はしめき」とあります。つまり、伊邪那《いざな》岐命《きのみこと》は自らの醜《みにく》い心に畏れおののき、その心から逃げかえるのです。「逃《に》げ還《かへ》る」ことも一種の祓《はら》えであります。しかし伊邪那美命《いざなみのみこと》は禁忌《きんき》を破り、恥をかかせたことに対して怒り、黄泉《よみ》の国の醜《みにく》い女を遣わして追わせます。このことは、伊邪那岐命《いざなきのみこと》の御心《みこころ》に多くの醜《みにく》い異《こと》心《ごころ》が一斉に襲ってきたことを意味しているのでしょう。

「桃」は清明な御心《みこころ》の象徴

そこで伊邪那岐命《いざなきのみこと》は、その自らの醜《みにく》い異心《ことごころ》を祓《はら》うのです。すなわち、ぶどうの蔓《つる》であんだ黒い髪かざり（黒御鬘《くろみかずら》）を取って投げ捨てると野ぶどうの実がなり、右耳の髪の毛を束ねたところに刺していた清らかな櫛《くし》の歯を折って投げ捨てると竹の子がなりました。「ぶどうの実」も「竹の子」も伊邪那岐命《いざなきのみこと》の本体である清らかな「いのち」のことを比喩《ひゆ》として語っていると考えられます。

しかし、祓《はら》っても祓《はら》ってもなお穢《けが》れた異心《ことごころ》、すなわち大勢《おおぜい》の黄泉《よみ》の国の兵士（悪霊邪鬼《あくりょうじゃき》）が、堰《せき》を切ったように伊邪那岐命《いざなきのみこと》の御心《みこころ》を襲います。伊邪那岐命《いざなきのみこと》は、自らの魂の依り代《よりしろ》である十《とつ》拳剣《かのつるぎ》を抜いて、さらに祓《はら》いながら黄泉《よみ》の国と現実の世界との境界である黄泉比良坂《よもつひらさか》の坂本《さかもと》まで逃げ帰った時、その坂本《さかもと》にある桃の実を三つ取り、黄泉《よみ》の国の軍勢を待ち受けて投げつけると、その軍勢はすべて逃げ帰ってしまいました。

この桃の実はぶどうの実、竹の子と同じように、何よりも強い生命力の象徴であり、伊邪《いざ》那岐命《なきのみこと》、そして私たちの心に内在している天《あま》つ神《かみ》の永遠不滅の「いのち」のことを指しているのではないでしょうか。伊邪那岐命《いざなきのみこと》はその存在に気づくことによって、黄泉《よみ》の国の悪《あく》霊邪鬼《りょうじゃき》を退散させたのです。『古事記』というのは説話ですから、その話が一体何を比喩《ひゆ》しているのか、そのことを考えることは非常に重要です。

では、なぜその存在に気づいたのか。それは坂本《さかもと》まで祓《はら》いながら逃《に》げ還《かへ》ってきたので、その御心《みこころ》はすでに清明《せいめい》になっていたからであり、その御心《みこころ》の状態そのものを比喩《ひゆ》として桃の実と表したのでしょう。

そして伊邪那岐命《いざなきのみこと》は、その桃の実に向かって、「あなたが私を助けてくれたように、この葦原《あしはら》の中国《なかつくに》に生きているすべての人々が、つらい目にあって、苦しみ悩んでいる時に助けてあげてください」と言われ、桃の実に意富加牟豆美命《おおかむづみのみこと》という神名を与えられました。すなわち、伊邪那岐命《いざなきのみこと》を死の国から助けてくれたように、この世の人々が、天つ神《あまつかみ》から賜った本来の御心《みこころ》を見失い、自我の異心《ことごころ》によって苦しみ悩む時、その本体は天つ神《あまつかみ》から賜った「永遠のいのち」であることを教えて、助けてあげてください、と言われたのであろうと考えられます。

その論拠は、伊邪那岐命《いざなきのみこと》は伊邪那美命《いざなみのみこと》が神避《かむさ》りし以来、その御心《みこころ》が異心《ことごころ》に覆《おお》われて苦しみ悩んでいたことを、本文で「苦しき瀬に落ちて患《うれ》ひ惚《なや》む時」と率直に告白していることです。この箇所は、青人草《あおひとくさ》（我々一人ひとりの国民のことです）に対して語っている形式ですが、その助けてほしいという内容は、伊邪那岐命《いざなきのみこと》が今、体験し苦悩したことに他ならないのです。桃の実には、何よりも強い生命力が宿っており、悪霊邪鬼《あくりょうじゃき》を退散させる霊力があると古代の日本人は信じていたのでしょう。

余談ですが、日本の昔話の「桃太郎」は、この記紀《きき》古伝承《こでんしょう》から派生したものと言われています。実はこれも重要です。「桃太郎」のおとぎ話は、次のような一節から物語が始まります。

むかし、むかし、あるところに、おじいさんとおばあさんがありました。まいにち、おじいさんは山へしば刈りに、おばあさんは川へ洗濯に行きました。ある日、おばあさんが、川のそばで、せっせと洗濯をしていますと、川上から大きな桃が一つ「ドンブラコッコ、スッコッコ。ドンブラコッコ、スッコッコ。」と流れて来ました。

「山へしば刈り」に、また「川へ洗濯」に行くということは、自らの心の汚《けが》れを刈り取ったり、洗い流したりして清らかな心に立ち返るという意味なのではないでしょうか（谷口雅春氏著『古事記と現代の預言』参照）。先述の本文で考えるならば、黒い木の蔓《つる》の輪を取って投げ捨てたり、また清らかな櫛《くし》の歯を折って投げ捨てたりして異心《ことごころ》を祓《はら》ったこととその構成は同じです。すなわち、私たちは、本来天《あま》つ神《かみ》より貴い「いのち」を賜って生まれた存在でありますが、その「いのち」が私欲我見の異心《ことごころ》に掩《おお》われて本来の姿を見失っているために、その本姿を取り戻す努力の隠喩《いんゆ》として、毎日「山へしば刈り」に、また「川へ洗濯」に行くと述べながら、日々心の雑草を刈り取って、反省努力している様子を語っているのでしょう。

そして、心の穢《けが》れた雑草を真に刈り取って、天《あま》つ神《かみ》から賜った本来の清らかな「いのち」を取りもどした時、そこにドンブラコッコ、スッコッコと桃の実が流れてきたのです。この桃の実は強い生命力の象徴であり、永遠不滅の「いのち」そのもののことであろうと考えられます。

それ故に、桃から生まれた桃太郎が、成長して人間世界の心の鬼の巣窟《そうくつ》である「鬼が島」を征伐《せいばつ》したのであります。「鬼が島」は私たちの心の中にもあるのです。だから、私たちも心の中の「鬼」を退治しなければなりません。

『古事記』と死生観

この桃の実の「いのちの力」によって、黄泉《よみ》の国の軍勢はすべて退散いたしましたが、最後に、伊邪那美命《いざなみのみこと》ご自身が猛烈な勢いでもって追いかけてきました。そこで伊邪那岐命《いざなきのみこと》は、千引《ちびき》の石《いわ》を生と死の間において離別を言い渡しました。このことは、禁忌《きんき》を破ることによって次から次へと禍《わざわ》いを招き、自らの心を傷つけたことに対して、二度とこのような心を起すまいとする伊邪那岐命《いざなきのみこと》の覚悟の表明であると思います。

しかしなお、伊邪那美命《いざなみのみこと》は一日に千人もの人を殺すと嚇《おど》かすのですが、伊邪那岐命《いざなきのみこと》はその死に神の迷いをふり祓《はら》って、そうであるならば、一日に千五百人の「いのち」を誕生させるとさらに覚悟を徹底させたのであります。

以上のように伊邪那岐命《いざなきのみこと》が禁忌《きんき》を犯すことによって、次々と恐ろしい事態が展開し、ついには夫婦が離別したというこの「黄泉《よみ》の国」の物語は、伊邪那岐命《いざなきのみこと》の御心《みこころ》の状態を説いたものと考えられます。すなわち、禁忌《きんき》を犯すことによって、次々に禍《わざわ》いが生じ、その御心《みこころ》は異心《ことごころ》に占領されそうになるのですが、「黒御鬘《くろみかづら》」、「湯津津間櫛《ゆつつまぐし》」、「十拳剣《とつかのつるぎ》」、「桃の実《み》」によって、その異心《ことごころ》を祓《はら》って、祓《はら》って、祓《はら》って、ようやく我心我欲を去り、本来の清明な心に立ち返ったのです。

　しかし、異心《ことごころ》を去り清らかな心を取り戻しただけでは不十分なのです。さらに「千引《ちびき》の石《いわ》」と「詔《みことのり》」によって、禁忌《きんき》を犯すような異心《ことごころ》を二度と起さないと覚悟し、それを徹底させたのです。

　このようにして伊邪那岐命《いざなきのみこと》は、ようやく死の国である黄泉《よみ》の世界から解放されるのであります。訳注（岩波文庫）には「人の生と死の起源を説明するのが本義の神話」とありますが、生も死も自らの心にあります。この心の外に生死はありません。一切の根本は、私たちの心です。生死すなわち自我分別《ふんべつ》の心をつくっているのは、この自我・分別《ふんべつ》の異心《ことごころ》であり、私たち自身なのです。したがって、死に神に心を奪われてはならないのであって、いついかなる時であっても天《あま》つ神《かみ》から賜った生命力に満ちあふれた本来の清らかな心を守っていくことが大事なのであります。

　おそらく古代の日本人は直感として死は存在しないことを感じていたのではないでしょうか。つまり、私たちは死によって肉体は消えてしまいますが、霊魂《れいこん》（たましい）は決して消滅することなく生き通しであることを。それが古代人の死生観だったのではないでしょうか。

したがって死を認めてはならないのです。死の異心《ことごころ》が襲ってきたならば、その異心《ことごころ》を斬り捨てなければなりません。なかなかこの境地に至るのは難しいかもしれません。しかし、お互いに日々、祓《はら》えの努力を続け、いつかは到達したいものです。祓《はら》えはどんなに本体を回復しても、それでよいということはありません。なぜなら私たちは本来、神性な存在でありますが、完全無欠の絶対神ではないからです。祓《はら》って清めても、油断するとすぐに異心《ことごころ》が生じます。ですから祓《はら》えは毎日、毎日の決意であり不断の努力なのです。したがって、次の段では伊邪那岐命《いざなきのみこと》の阿波岐原《あわきはら》における徹底した禊祓《みそぎはらえ》が行われるのです。

なお、このようなわけで伊邪那岐命《いざなきのみこと》は黄泉《よみ》の世界からこの世に帰ってこられたのですが、このことを黄泉《よみ》から帰るので「よみがえる」といい、そのことから、一度亡くなった方が息をふきかえして生き返ることを「蘇る《よみがえる》」というようになりました。

第七回　禊祓《みそぎはらえ》と神々《かみがみ》の化生《かせい》

　ここをもちて伊邪那岐大神《いざなきのおほかみ》詔《の》りたまひしく、「吾《あ》はいなしこめしこめき穢《きたな》き國に到りてありけり。故《かれ》、吾《あ》は御身《みみ》の禊為《みそぎせ》む。」とのりたまひて、筑紫《つくし》の日向《ひむか》の橘《たちばな》の小門《をど》の阿波岐原《あはきはら》に到りまして、禊《みそ》ぎ祓《はら》ひたまひき。

　故《かれ》、投げ棄《う》つる御杖《みつえ》に成れる神の名は、衝立船戸神《つきたつふなどのかみ》。次に投げ棄《う》つる御帯《みおび》に成れる神の名は、道之長乳歯神《みちのながちはのかみ》。次に投げ棄《う》つる御嚢《みふくろ》に成れる神の名は、時量師神《ときはかしのかみ》。次に投げ棄《う》つる御衣《みけし》に成れる神の名は、和豆良比能宇斯能神《わづらひのうしのかみ》。次に投げ棄《う》つる御褌《みはかま》に成れる神の名は、道俣神《ちまたのかみ》。次に投げ棄《う》つる御冠《みかがふり》に成れる神の名は、飽咋之宇斯能神《あきくひのうしのかみ》。次に投げ棄《う》つる左の御手《みて》の手纏《たまき》に成れる神の名は、奥疎神《おきざかるのかみ》。次に奥津那芸佐毘古神《おきつなぎさびこのかみ》。次に奥津甲斐辨羅神《おきつかひべらのかみ》。次に投げ棄《う》つる右の御手《みて》の手纏《たまき》に成れる神の名は、邊疎神《へざかるのかみ》。次に邊津那芸佐毘古神《へつなぎさびこのかみ》。次に邊津甲斐辨羅神《へつかひべらのかみ》。

　右の件《くだり》の船戸神《ふなどのかみ》以下《よりしも》、邊津甲斐辨羅神《へつかひべらのかみ》以前《よりさき》の十二神《とをまりふたはしらのかみ》は、身に著《つ》ける物を脱《ぬ》くによりて生《な》れる神なり。

　ここに詔《の》りたまひしく、「上《かみ》つ瀬《せ》は瀬速《せはや》し。下《しも》つ瀬《せ》は瀬弱《せよわ》し。」とのりたまひて、初めて中つ瀬に堕《お》り潜《かづ》きて滌《すす》ぎたまふ時、成りませる神の名は、八十禍津日神《やそまがつひのかみ》。次に大禍津日神《おほまがつひのかみ》。この二神《ふたはしらのかみ》は、その穢繁國《けがらはしきくに》に到りし時の汚垢《けがれ》によりて成れる神なり。次にその禍《まが》を直《なほ》さむとして、成れる神の名は、神直毘神《かむなほびのかみ》。次に大直毘神《おほなほびのかみ》。次に伊豆能賣神《いづのめのかみ》。次に水の底に滌《すす》ぐ時に、成れる神の名は、底津綿津見《そこつわたつみ》神《かみ》。次に底筒之男命《そこつつのをのみこと》。中に滌《すす》ぐ時に、成れる神の名は、中津綿津見神《なかつわたつみのかみ》。次に中筒之男命《なかつつのをのみこと》。水の上に滌《すす》ぐ時に、成れる神の名は、上津綿津見神《うはつわたつみのかみ》。次に上筒之男命《うはつつのをのみこと》。この三柱の綿津見神《わたつみのかみ》は、阿曇連《あづみのむらじ》等《ら》の祖神《おやがみ》と以《も》ち拝《いつ》く神なり。故《かれ》、阿曇連《あづみのむらじ》等は、その綿津見神《わたつみのかみ》の子、宇都志日金拆命《うつしひがなさくのみこと》の子孫《うみのこ》なり。その底筒之男命《そこつつのをのみこと》、中筒之男命《なかつつのをのみこと》、上筒之男命《うはつつのをのみこと》の三柱の神は、墨江《すみのえ》の三前《みまへ》の大神なり。ここに左の御《み》目《め》を洗ひたまふ時に、成れる神の名は、天照大御神《あまてらすおほみかみ》。次に右の御目《みめ》を洗ひたまふ時に、成れる神の名は、月讀命《つくよみのみこと》。次に御鼻《みはな》を洗ひたまふ時に、成れる神の名は、建速須佐之男命《たけはやすさのをのみこと》。

右の件《くだり》の八十禍津日神《やそまがつひのかみ》以下《よりしも》、速須佐之男命《はやすさのをのみこと》以前《よりさき》の十四柱《とをまりよはしら》の神は、御身《みみ》を滌《すす》ぐによりて生《な》れるかみなり。

この時伊邪那岐命《いざなきのみこと》、大《いた》く歓喜《よろこ》びて詔《の》りたまひしく、「吾《あ》は子を生み生みて、生みの終《はて》に三はしらの貴き子を得つ。」とのりたまひて、すなはち御頸珠《みくびたま》の玉《たま》の緒《を》もゆらに取りゆらかして、天照大御神《あまてらすおほみかみ》に賜ひて詔《の》りたまひしく、「汝命《いましみこと》は、高天《たかま》の原を知《し》らせ。」と事依《ことよ》さして賜ひき。故《かれ》、その御頸珠《みくびたま》の名を、御倉板擧之神《みくらたなのかみ》と謂《い》ふ。次に月讀命《つくよみのみこと》に詔《の》りたまひしく、「汝命《いましみこと》は、夜《よる》の食國《をすくに》を知《し》らせ。」と事依《ことよ》さしき。次に建速須佐之男命《たけはやすさのをのみこと》に詔《の》りたまひしく、「汝命《いましみこと》は、海原《うなばら》を知《し》らせ。」と事依《ことよ》さしき。

「禊祓《みそぎはらえ》と神々《かみがみ》の化生《かせい》」の解釈

黄泉《よみ》の国からお帰りになった伊邪那岐命《いざなきのみこと》は、「私は何といやな穢《けが》らわしい国に行ったことだろう。だから、私は身も心も清める禊《みそぎ》をしようと思う」と言われました。そこで筑紫《つくし》の日向《ひむか》の橘《たちばな》の小門《おど》の阿波岐原《あわきはら》においでになって、禊《みそ》ぎ祓《はら》えをなさいました。なお筑紫《つくし》は九州で、日向《ひむか》は日向国《ひゅうがのくに》（宮崎県）とする説と、日向《ひむか》は日に向かう地の意で特定の土地ではないとの説があります。ちなみに宣長《のりなが》は日向国《ひゅうがのくに》の説を採用しています。

そこで、まず投げ捨てられた御杖《みつえ》からお生まれになった神は、衝立舟戸神《つきたつふなどのかみ》です。この神は旅人の安全を守る神、悪霊邪気《あくりょうじゃき》を防ぐ神です。次に投げ捨てられた御帯《みおび》から帯のように長い道を守る道之長乳歯神《みちのながちはのかみ》がお生まれになります。次に投げ捨てられた御袋《みふくろ》から時量師神《ときはかしのかみ》がお生まれになります。なお、宣長《のりなが》は御袋《みふくろ》でなく「御裳《みも》・衣《ころも》」と読んでいます。そして、この神は御裳《みも》を解き置《お》く意味の神であると述べています。

次に投げ捨てられた御衣《みけし》から煩《わずら》わしいことを掌《つかさど》り、それを祓《はら》ってくれる神である和《わ》豆良比能宇斯能神《づらひのうしのかみ》がお生まれになります。次に投げ捨てられた御褌《みはかま》から分かれ道を守る道俣神《ちまたのかみ》がお生まれになります。次に投げ捨てられた冠《かんむり》から人々の罪《つみ》・穢《けが》れを口を開けて食べて清めてくれる飽咋之宇斯能神《あきぐいのうしのかみ》がお生まれになります。次に投げ捨てられた左の御手の腕輪から奥疎神《おきざかるのかみ》、奥津那芸佐毘古神《おきつなぎさびこのかみ》、奥津甲斐辨羅神《おきつかいべらのかみ》がお生まれになります。奥疎神《おきざかるのかみ》は穢《けが》れが沖《おき》に遠ざかる意の神です。奥津那芸佐毘古神《おきつなぎさびこのかみ》は汀《なぎさ》を沖《おき》と海辺《うみべ》に分けると沖《おき》の方の汀《なぎさ》の神です。奥津甲斐辨羅神《おきつかいべらのかみ》は沖《おき》と汀《なぎさ》の間を掌《つかさど》る神です。

次に投げ捨てられた右の御手の腕輪からお生まれになった神は、邊疎神《へざかるのかみ》、邊津那芸佐毘《へつなぎさび》古神《このかみ》、邊津甲斐辨羅神《へつかいべらのかみ》です。邊疎神《へざかるのかみ》以下三神の名の「辺《へ》」は、奥疎神《おきざかるのかみ》以下三神の名の

「奥《おき》」と対照的に用いられています。すなわち邊疎神《へざかるのかみ》は穢《けが》れが海辺《うみべ》に遠ざかる意の神で、邊津那芸佐毘古神《へつなぎさびこのかみ》は海辺《うみべ》の汀《なぎさ》の神、邊津甲斐辨羅神《へつかいべらのかみ》は海辺《うみべ》と汀《なぎさ》の間を掌《つかさど》る神です。

以上の舟戸神《ふなどのかみ》から邊津甲斐辨羅神《へつかいべらのかみ》までの十二神は、身につけていた物を投げ捨てられることによって、お生まれになった神々であります。十二神のうち、前の六神は陸路《くにがのみち》の神、つまり陸上の神です。後の六神は海路《うみつぢ》の神、すなわち海の神になります。

そこで伊邪那岐命《いざなきのみこと》は、「上流は流れが速い。下流は流れが遅い」と言われて、中流の瀬におりて水中にもぐり、心身の穢《けが》れを洗い清められた時に、八十禍津日神《やそまがつひのかみ》と大禍津日神《おほまがつひのかみ》がお生まれになりました。この二神は穢《けが》らわしい黄泉《よみ》の国に行った時の穢《けが》れによってお生まれになった神です。穢《けが》れからも神が生まれるのです。「禍津日《まがつひ》」は災禍《さいか》を起こす神霊《しんれい》の意で、「八十《やそ》」は禍《まが》の数の多いこと。「大《おほ》」は甚だしく禍《まが》が多いことを意味します。宣長《のりなが》は、世間《よのなか》のあらゆる凶悪事邪曲事《あしきことよこしまなこと》などは、すべて元はこの禍津日神《まがつひのかみ》の御霊《みたま》が荒ぶるから起こると述べています。ここは宣長《のりなが》の非常に特徴的な部分です。全ての禍事《まがごと》はこの禍津日神《まがつひのかみ》があらぶるから起こるのだというのです。

次にその禍《まが》を直そうとしてお生まれになった神は、神直毘神《かんなおびのかみ》、大直毘神《おおなおびのかみ》、伊豆能賣神《いずのめのかみ》です。神直毘神《かんなおびのかみ》と大直毘神《おおなおびのかみ》の二神は禍《まが》を清明《せいめい》な状態に直してくれる神です。悪しきことを良い状態に直してくれる神と言えるでしょう。宣長《のりなが》によれば、伊豆能賣神《いずのめのかみ》は「禍《まが》を神直《かむなお》び大直《おほなお》びに直《なお》し清《きよ》めて、直《なほ》く清《きよ》く明《あか》く」ならられた御霊《みたま》であります。

次に水の底にもぐって、身を清められた時にお生まれになられた神は底津綿津見神《そこつわたつみのかみ》と底筒之男命《そこつつのおのみこと》の二神です。綿津見神《わたつみのかみ》は海を主宰する神で、これを底・中・上の三神に分け一組としたものであります。筒之男命《つつのおのみこと》は航海を掌《つかさど》る神で、綿津見神《わたつみのかみ》と同様に底・中・上の三神に分け一組としたものであります。

次に水の中程で身を清められた時に中津綿津見神《なかつわたつみのかみ》と中筒之男命《なかつつのおのみこと》の二神がお生まれになります。次に水の表面で清められた時に上津綿津見神《うわつわたつみのかみ》と上筒之男命《うわつつのおのみこと》の二神がお生まれになります。この三神の綿津見神《わたつみのかみ》は、海人《あま》族の阿曇連《あづみのむらじ》らが祖先神として崇め祭っている神です。そして阿曇連《あづみのむらじ》らは、その綿津見神《わたつみのかみ》の子の宇都志日金拆命《うつしひがなさくのみこと》の子孫であります。また、底筒《そこつつ》之男命《のおのみこと》、中筒之男命《なかつつのおのみこと》、上筒之男命《うわつつのおのみこと》の三柱の神は、住吉大社《すみよしたいしゃ》（大阪市住吉区）に祭られている三座の大神です。この部分は海人《あま》族の阿曇連《あづみのむらじ》が自分たちの祖先は神様であるということを主張しているところなのです。筒之男命《つつのおのみこと》は住吉大社《すみよしたいしゃ》のご祭神で、津守連《つもりのむらじ》によって祀られました。

最後に、伊邪那岐命《いざなきのみこと》が左の御目《みめ》を洗われる時にお生まれになられた神は、天照大御神《あまてらすおおみかみ》であります。次に右の御目《みめ》を洗われた時にお生まれになられた神は、月讀命《つくよみのみこと》です。次に御鼻《みはな》を洗われた時にお生まれになられた神は、建速須佐之男命《たけはやすさのおのみこと》です。

天照大御神《あまてらすおおみかみ》は、高天原《たかまのはら》の主宰神《しゅさいしん》であります天之御中主神《あめのみなかぬしのかみ》の最も尊い化身としてこの現象界に現われた神です。直接的には太陽に象徴される神ですが、単なる太陽神でなく、天之御中主《あめのみなかぬし》神《のかみ》と同じくこの宇宙の本源の神と理解するべきです。天照大御神《あまてらすおおみかみ》は伊勢神宮のご祭神であり、同時にわが国の皇室の皇祖神《こうそしん》なのです。そして、天照大御神《あまてらすおおみかみ》は私たちのご先祖でもあるのです。わが国で最も貴い神様が「禊祓《みそぎはらえ》」でお生まれになられていることは非常に重要です。つまり「禊祓《みそぎはらえ》」が日本という国家の根本であることを如実《にょじつ》に物語っているからです。

月讀命《つくよみのみこと》は、月に象徴される神で、夜の世界を治める神です。また、建速須佐之男命《たけはやすさのおのみこと》は勇猛迅速《ゆうもうじんそく》に荒れすさぶ男神の意であります。この神は本来、出雲《いずも》地方で祖神として信仰されていた神です。

以上、八十禍津日神《やそまがつひのかみ》から建速須佐之男命《たけはやすさのおのみこと》までの十四柱の神々は、御身体を洗い清めることによってお生まれになった神々であります。

この時、伊邪那岐命《いざなきのみこと》は言葉では言えないほどお喜びになって、「私は、わが身の穢《けが》れを祓《はら》って祓《はら》って祓《はら》って、次々に御子《みこ》を生んだが、最後に三柱の貴い御子《みこ》を授けて頂きました」と言われました。そしてただちに御首の首飾りをはずして、その玉の緒をゆらゆらと揺り鳴らしながら、天照大御神《あまてらすおおみかみ》にお授けになられて「あなたは高天原《たかまのはら》をお治めなさい」とご委任になったのであります。そこでその御首にかけていた珠《たま》の名を御倉板擧之神《みくらたなのかみ》といいます。この珠《たま》というのは、単なる首飾りとしての珠ではありません。それは依《よ》り代《しろ》であり、伊邪《いざ》那岐命《なきのみこと》の御霊《みたま》の継受なのです。

つづいて月讀命《つくよみのみこと》には「あなたは夜の世界をお治めなさい」とご委任になられました。

また、建速須佐之男命《たけはやすさのおのみこと》には「あなたは海原《うなばら》をお治めなさい」とご委任になられました。

『古事記』における人間観

先の「黄泉《よみ》の国」の段で伊邪那岐命《いざなきのみこと》は、二度と清らかな御心《みこころ》を傷つけまいと覚悟し、一心を決定いたします。しかし、その御心《みこころ》はどんなに清らかになったとしても油断し、傲慢《ごうまん》になるとすぐに我欲我見の穢《けが》れた異心《ことごころ》に占領されてしまいます。そこでここからは徹底した禊《みそ》ぎ祓《はら》いが示されているのです。

「禊《みそぎ》」とは、「身体を洗い滌《すす》ぐことで、身についた凶事《きょうじ》や罪穢《つみけがれ》を除去して清めること」で、川や海で冷たい水につかったり、滝にうたれたりして、心身を清める、あの「禊《みそぎ》」です。

また「祓《はらえ》」とは「心身についた罪を禊《みそぎ》などの儀礼や唱え言葉によって取りはらい清浄にすること」で、神前で幣帛《へいはく》によって行うものはその象徴的行為であります。禊《みそぎ》と祓《はらえ》は一連の行為・観念であることから、一般には禊祓《みそぎはらえ》と称します。

伊邪那岐命《いざなきのみこと》は徹底した禊祓《みそぎはらえ》の結果、すべての穢《けが》れが洗い流され、最後の最後に、三柱の貴き御子《みこ》をお生みになりました。古代の日本人は、私たちの本体は天《あま》つ神《かみ》から賜った貴い神性な御心《みこころ》であることを信じていたのでしょう。それ故に、徹底した禊祓《みそぎはらえ》をして祓《はら》い清められると、その窮極において、天照大御神《あまてらすおおみかみ》、月讀命《つくよみのみこと》、建速須佐之男命《たけはやすさのおのみこと》の三柱の貴い神々がお生まれになったわけです。つまり、禊祓《みそぎはらえ》によって、伊邪那岐命《いざなきのみこと》は、ご自身の本性に感応《かんのう》し、天《あま》つ神《かみ》の御心《みこころ》と一つになったのです。その本体への感応《かんのう》は、以上のような神々の誕生から考えるならば、幾度《いくたび》も幾度《いくたび》も体認《たいにん》されたことでしょう。そして、最終的な禊祓《みそぎはらえ》の到達点が三柱の貴い神々であると考えられます。「祓《はら》え」というのは不断の努力です。常に「祓《はら》い」し続けることが神道の真髄でもあるのです。もうこれでよい、ということはないのです。そして、祓《はら》いに祓《はら》ったときに、その先に森羅万象の神々がお生まれになったわけです。

このような日本人の人間観を理解するためには、キリスト教やイスラム教などの人間観と比較して考えてみると大変理解しやすいのではないかと思います。

一般にキリスト教は、人間の罪《つみ》を強調する宗教であるといわれています。日本語でいう罪とは、多くの場合、道徳上または法律上の罪を指《さ》しますが、キリスト教における罪とは、日本語の罪の概念と異なり、罪の行為が起こる根源にあるものを指します。

その罪の大本の罪、罪の源は人類の祖先といわれているアダムとイブが、神との契約を破り神に背いて、エデンの園において、禁断の木の実を食べたという行為を指し、これを原罪《げんざい》と言うのであります。知恵の実を食すことで知恵がこの世に生まれ、このことによって神から離れてしまう。それこそが原罪なのです。

神は、この罪《つみ》に対する罰《ばつ》として、アダムとイブをエデンの園から東に追放するとともに、イブには、苦しんで子を産む出産の苦しみを、アダムには苦しんで額に汗《あせ》して働く労働の苦しみを、さらにはアダムとイブとその子孫である人間に死の苦しみを永遠に与えたのです。キリスト教において労働とは罪を犯したことに対する罰なのです。これは日本人の労働観とまったく異なります。日本では本来、働くということは神様の仕事でした。神様が高天原《たかまのはら》で稲作を行っていたのを我々人間にお任せしたのです。ですから日本人の労働観には罰則の観点はなく、逆に働くことが神事でもあったのです。

この原罪《げんざい》は、ユダヤ教とキリスト教の大本であるモーゼの十戒《じっかい》にある親不孝の罪、殺人の罪、姦淫《かんいん》の罪、盗みの罪、偽証《ぎしょう》の罪などのもっと根源にある罪であります。このことは、人間は本来、罪の子であるという人間観が根本にあるのです。

すなわち、人間は、神に対する罪人であった最初の祖先（アダムとイブ）の罪人《ざいにん》の子孫として、生まれながら罪を背負ってこの世に現れて来たものであると考えられています。したがって、人生の目的は、罪を償《つぐな》い、罪を許されることにあるのです。

またイスラム教を考えてみましょう。最後の預言者と考えられているムハンマッド（五七〇年頃～六三二年）によって創始されたイスラム教は、全能にして唯一絶対の創造者、支配者であるアッラーへの絶対服従こそが教えの中心です。イスラムという言葉自体が「絶対服従」という意味なのであります。

イスラム教においては、アダムもノアもアブラハムも、モーゼも、さらにはイエスも、神から遣わされた預言者とみなされていて、そして最後に現れた預言者がムハンマッドというわけなのです。慈悲深い神（アッラー）は、人類を天国に導くために、モーゼを通して律法の書（『旧約聖書』）を、イエスを通して『福音書』を与えたが、人類は唯一絶対の神アッラーに立ち返らずに、ユダヤ教もキリスト教もその本道から逸脱していると見ています。

イスラム教の経典であるコーランには、神は子供など持たない、神に比べうるものは何一つないと神の唯一性《ゆいいつせい》と独自性が強調されています。それ故に、イエスをその本質と栄光において父なる神と等しいとするキリスト教の神観とは、決定的に異なり対立するのです。イスラム教にとっては、イエスも人類を神へと導く預言者の一人にすぎないのです。

イスラム教においてはキリスト教のような救い主はなく、天国に至る道は、人間の努力にかかっていて、戒律《かいりつ》の宗教としての面が強く、礼拝《れいはい》、施《ほどこ》し、食物、その他の日常生活の細部にわたって、守るべき規定が定められています。

救い主を認めないが故に、戒律《かいりつ》がどんなに苦しいものであろうとも律法《りっぽう》への服従のために己の欲望に打ち克つ以外に、天国に至る道はないのです。しかし、罪人である人間は、誰一人、神の律法《りっぽう》を完全に行い得る者はいません。このようにイスラム教の人間観の根底には徹底した罪観があります。

一方、仏教は、輪廻《りんね》と業《ごう》を現実世界の理法と考えています。輪廻《りんね》とは、インド古来の考え方で、生ある者が生死を繰り返すことをいい、衆生《しゅじょう》が迷いの世界に生まれ変わり死に変わりして、車輪の巡るように果てしがないという意味です。仏教においては輪廻《りんね》の世界を三界《さんがい》（欲界・色界《しき》・無色界《むしき》）または六道《ろくどう》（地獄・餓鬼《がき》・畜生・阿修羅《あしゅら》・人・天）として表わしています。

後者を六道輪廻《ろくどうりんね》と言い、地獄がもっとも恐ろしい場所で、天がもっともよき所とされています。このうち、地獄・餓鬼・畜生を三悪道・三悪趣といい、天・人・阿修羅を三善道・三善趣といいますが、この六道《ろくどう》は迷い苦しみの境涯であり、衆生は無限にこの輪廻《りんね》の世界で生死を繰り返していかなければならないのです。

このように輪廻《りんね》のこの世界は、苦しみに満ちている世界でありますが、その苦しみは、しばしば次のような「四苦八苦」というかたちにまとめられています（宮元啓一氏著『古代仏教の世界』参照）。

(1)生苦《しょうく》。生まれるときの産道通過の苦しみ。
(2)老苦。いつまでも若くはいられないという苦しみ。
(3)病苦。病気になる苦しみ。
(4)死苦。死は必然的に訪れるという苦しみ。

以上が「四苦」で、以下の四苦を加えて「八苦」になります。

(5)愛別離苦《あいべつりく》。いとしいものといつかは別れなければならないという苦しみ。
(6)怨憎会苦《おんぞうえく》。いやな人ともつきあわなければならないという苦しみ。
(7)求不得苦《ぐふとっく》。求めるものが得られない苦しみ。

(8)五陰盛苦《ごおんじょうく》。総じて、心身(五陰)の活動が盛んであることによって苦しみが生まれること。

また、インド独自の「業《ごう》」の思想は、この輪廻《りんね》の思想と古くからインド人が考えていた「この世で善い行為を行えば死後に善い状態に、逆に悪い行為を行えば悪い状態に生まれ変わる」という善業善果《ぜんごうぜんか》・悪業悪果《あくごうあっか》の考えを土壌として生まれてきたものです。

仏教を興した御釈迦様もこの考えを受けつぎ、すべては自業自得であるという自己責任説を強調する立場から、特にこの業《ごう》という思想を重視しました。そして御釈迦様は、人間が生存するうえで苦が満ちるのはすべて業《ごう》によると考え、人間の尊さは生まれによるのではなく自らの行為（業《ごう》）によると説きました。

この業の思想こそ、仏教における人間理解の根底にあるものです。とりわけ、眼前の四苦八苦の世界を説明するために、善業よりも悪業を強調し、人間は本来罪深きものと見ています。要するに、人間は自らの業に応じてこの輪廻の苦しみの世界で、生まれ変わり死に変わりを永遠に繰り返していくのです。ですから、仏教においては、この輪廻《りんね》の世界に心を留めることは、人間の心に苦しかもたらさないものとして位置づけられています。この苦難に満ちた世界の生死を断って、迷いと苦しみとを捨てることが解脱《げだつ》であり、それが救いなのです。

これに対して、神道では、というよりも古代の日本人は、と言った方がよいかもしれませんが、日本人は自らを神の生みの子であり、神の子孫であると信じて来たのです。この信仰が人間観の根本にあるのであります。

しかしながら、わが国の記紀古伝承《ききこでんしょう》には、特に人間の誕生について具体的に語っているところはありません。『古事記』では、人間が最初に登場するのは、「黄泉《よみ》の国」の段であります。即ち、伊邪那岐命《いざなきのみこと》が桃の実の「いのちの力」によって、黄泉《よみ》の国の軍隊を退散させるのですが、その助けてくれた桃の実に向かって、「汝《なれ》、吾《われ》を助けしが如く、葦原中国《あしはらのなかつくに》にあらゆる現《うつ》しき青人草《あをひとくさ》の、苦しき瀬に落ちて患《うれ》ひ惚《なや》む時、助くべし」と言われます。この「現《うつ》しき青人草《あをひとくさ》」こそが人間のことなのです。この古伝承《こでんしょう》によれば、人間はすでにこの時点でわが国に存在していたことが知られます。『日本書紀』の古伝承《こでんしょう》も基本的には同じです。

「大八島国《おほやしまぐに》の生成《せいせい》」の段で見ましたように、伊邪那岐命《いざなきのみこと》、伊邪那美命《いざなみのみこと》は、国土だけをお生みになったのではなく、国土とともに人間もお生みになったのであり、人間と国土は切り離されたものではなく、同じ「いのち」なのであります。つまり、大和言葉の「くに」は、漢字の「國《くに》」と同じように、国土と国民と共同体としての秩序とをすでに予想する言葉だったのです。人間は国土とともに神の生みの子として認識されていたのであります。このことは、『古事記』、『日本書紀』ともに、その出現されている神々に対して、各豪族、氏の者たちが、その血縁関係を主張した伝承を記している事実によっても了解されます。

私たちは神の生みの子であり、神の子孫であり、その本性は天之御中主神《あめのみなかぬしのかみ》であり、天《あま》つ神《かみ》なのであります。そして、その清らかな本体を一つも傷つけることなく罪・穢《けが》れから守ることこそが、日本人の道義の根本です。

それ故に、神道にはキリスト教やイスラム教、仏教などのように戒律《かいりつ》として伝承された罪行為についての規定がほとんどありません。

しかし神道に罪の観念、罪に対する意識が全く無いのではありません。それは「大祓《おおはらえの》詞《ことば》」にある天津罪《あまつつみ》、国津罪《くにつつみ》であります。平安時代に編纂《へんさん》されました『延喜式《えんぎしき》』に記載されている「大祓詞《おおはらえのことば》」には、天津罪《あまつつみ》、国津罪《くにつつみ》の詳細な内容が列挙されていますが、明治以降はそれが省略され、天津罪《あまつつみ》、国津罪《くにつつみ》という総括の名称だけが口唱《こうしょう》され、現在に至っています。

神道においては、共同体の存続を危うくする行為等を罪に挙げておりますが、他宗教のように個人が守るべき罪の詳細な規定はほとんどありません。その理由は、先にも述べましたように、人間は神の生みの子であり、神の子孫であり、私たちの本体は天《あま》つ神《かみ》そのものであると信じられてきたからであります。

神道においては、キリスト教のように人間は本来罪人《つみびと》であるとする人間観と根本的に異なり、人間は天《あま》つ神《かみ》の御霊《みたま》を受けて生まれたものであって、本来清らかな存在であると見ているのです。

その清らかな本体が、私見我欲の異心《ことごころ》に掩《おお》われて本来の姿を見失っているがために、その異心《ことごころ》を祓《はら》って祓《はら》って、本来の清らかな本体を取り戻さんと、日々反省努力するのであります。罪《つみ》も穢《けが》れも生まれながらに本来有しているものではなく、あくまでも後天的に人の心に起こったり、身についたりするものです。

禊祓《みそぎはらえ》の真髄

今回の箇所でも禊祓《みそぎはらえ》の結果、全く心身の穢《けが》れが洗い流されると、最も尊い三柱の御子がお生まれになりました。すなわち、天照大御神《あまてらすおおみかみ》、月讀命《つくよみのみこと》、建速須佐之男命《たけはやすさのおのみこと》であります。徹底した禊祓《みそぎはらえ》の結果、伊邪那岐命《いざなきのみこと》の心身が徹底して祓《はら》い清められ、その本体であります天之御中主神《あめのみなかぬしのかみ》、天《あま》つ神《かみ》の御心《みこころ》と完全に一つになったとき、三貴子《さんきし》がお生まれになったのです。

このことは、天照大御神《あまてらすおおみかみ》に対して「あなたは高天原《たかまのはら》を治めなさい」と御委任なさったことによって明瞭でありましょう。天之御中主神《あめのみなかぬしのかみ》は、高天原《たかまのはら》の主宰神《しゅさいしん》でありますが、そのお姿を現象界にあらわすことなく身を隠された神様です。つまり、天照大御神《あまてらすおおみかみ》が高天原《たかまのはら》を治めるということは、伊邪那岐命《いざなきのみこと》が天之御中主神《あめのみなかぬしのかみ》の御心《みこころ》と完全に一つになり、その御神徳《ごしんとく》が現象界に現われたことを意味するからであります。

また、そのことは「大《いた》く歓喜《よろこ》びて詔《の》りたまひしく」という言葉によっても知られます。この世の中で何が一番貴い、何が一番有難いかといえば、我欲我見の異心《ことごころ》をすべて祓《はら》って祓《はら》って祓《はら》った時に、自らの本体と感応《かんのう》した喜びです。言葉では表現のできない、歓喜《かんき》の世界であり、感謝の世界であります。それが、ここで「大《いた》く歓喜《よろこ》びて」という言葉で語られている天之御中主神《あめのみなかぬしのかみ》の世界なのです。

古代の日本人は、私たちの本体は天《あま》つ神《かみ》から賜った貴い貴い「いのち」であることを信じていたのです。それ故に、徹底した禊祓《みそぎはらえ》をした後に、一番貴い神がお生まれになったのであります。三貴子《さんきし》は私たちと切り離された架空《かくう》の神々ではありません。私たちの本体そのもののことです。ここが理解できないと、わが国の記紀古伝承《ききこでんしょう》の尊さはわからないのではないでしょうか。

いずれにいたしましても禊祓《みそぎはらえ》によって三貴子《さんきし》がお生まれになったということは、いかに禊祓《みそぎはらえ》が重大であるかということでしょう。私たちも毎朝、顔を洗うわけですが、これも禊《みそぎ》の一つであります。御日《みめ》を洗った時に、天照大御神《あまてらすおおみかみ》、月読命《つくよみのみこと》が、御鼻《みはな》を洗った時に建速須佐之男命《たけはやすさのおのみこと》がお生まれになったように、心身を清らかにしていきたいものであります。

すべての神々は、私たちのこの身体にご鎮座なさっているのです。神々は私たちから決して切り離されて、別個に存在しているのではありません。

第八回　須佐之男命《すさのおのみこと》の涕泣《ていきゅう》と昇天《しょうてん》

故《かれ》、各依《おのおのよ》さしたまひし命《みこと》の随《まにま》に、知《し》らしめす中《なか》に、速須佐之男命《はやすさのをのみこと》、命《よ》させし國を治《し》らさずて、八《やつ》拳須心《かひげむね》の前《さき》に至《いた》るまで、啼《な》きいさちき。その泣く状《さま》は、青山は枯山《からやま》の如く泣き枯《か》らし、河海《かはうみ》は悉《ことごと》に泣き乾《ほ》しき。ここをもちて悪《あ》しき神の音《こゑ》は、さ蝿《ばへ》如《な》す皆満ち、萬《よろづ》の物の妖《わざはひ》悉《ことごと》に發《おこ》りき。故《かれ》、伊邪那岐《いざなきの》大御神《おほみかみ》、速須佐之男命《はやすさのをのみこと》に詔《の》りたまひしく、「何由《なにし》かも汝《いまし》は事依《ことよ》させし國を治《し》らさずて、哭《な》きいさちる。」とのりたまひき。ここに答へ白《まを》ししく、「僕《あ》は妣《はは》の國根《ね》の堅州國《かたすくに》に罷《まか》らむと欲《おも》ふ。故《かれ》、哭《な》くなり。」とまをしき。ここに伊邪那岐大御神《いざなきのおほみかみ》、大く忿怒《いか》りて詔《の》りたまひしく、「然《しか》らば汝《いまし》はこの國に住むべからず。」とのりたまひて、すなはち神逐《かむや》らひに逐《や》らひたまひき。故《かれ》、その伊邪那岐大神《いざなきのおほかみ》は、淡海《あふみ》の多賀《たか》に坐《ま》すなり。

故《かれ》ここに速須佐之男命《はやすさのをのみこと》言ひしく、「然らば天照大御神《あまてらすおほみかみ》に請《まを》して罷《まか》らむ。」といひて、すなはち天《あめ》に参上《まいのぼ》る時、山川悉《ことごと》に動《とよ》み、國土《くにつち》皆震《なゆ》りき。ここに天照大御神《あまてらすおほみかみ》聞き驚きて詔《の》りたまひしく、「我《あ》が汝弟《なせ》の命《みこと》の上《のぼ》り来《く》る由《ゆえ》は、必ず善《よ》き心ならじ。我が國を奪《うば》はむと欲《おも》ふにこそあれ。」とのりたまひて、すなはち御髪《みかみ》を解《と》きて、御角髪《みみづら》に纏《ま》きて、すなはち左右《ひだりみぎ》の御角髪《みみづら》にも、また御鬘《みかづら》にも、また左右《ひだりみぎ》の御手にも各八尺《おのおのやさか》の勾璁《まがたま》の五百箇《いほつ》の御統《みすまる》の珠《たま》を纏《ま》き持ちて、背《そびら》には千入《ちのり》の靫《ゆぎ》を負《お》ひ、ひらには五百入《いほのり》の靫《ゆぎ》を附け、また稜威《いつ》の高鞆《たかとも》を取り佩《お》ばして、弓腹《ゆはら》振り立てて、堅庭《かたには》は向股《むかもも》に踏《ふ》みなづみ、沫雪《あわゆき》如《な》す蹶散《くえはらら》かして、稜威《いつ》の男建踏《をたけびふ》み建《たけ》びて待《ま》ち問ひたまひしく、「何故《なにしかも》上《のぼ》り来つる。」と、とひたまひき。

ここに速須佐之男命《はやすさのをのみこと》、答へ白《まを》しく、「僕《あ》は邪《きたな》き心無し。ただ大御神《おほみかみ》の命《みこと》もちて、僕《あ》が哭《な》きいさちる事を問ひたまへり。故《かれ》、白《まを》しつらく『僕《あ》は妣《はは》の國に往《ゆ》かむと欲《おも》ひて哭《な》くなり。』とまをしつ。ここに大御神《おほみかみの》詔りたまひしく、『汝《いまし》はこの國に在るべからず。』とのりたまひて、神逐《かむや》らひ逐《や》らひたまへり。故《かれ》、罷《まか》り往《ゆ》かむ状《さま》を請《まを》さむと以為《おも》ひてこそ参上《まいのぼ》りつれ。異心《ことごころ》無し。」とまをしき。

ここに天照大御神《あまてらすおほみかみの》詔りたまひしく、「然らば汝《いまし》の心の清く明《あか》きは何《いか》にして知らむ。」とのりたまひき。

ここに速須佐之男命《はやすさのをのみこと》答へ白《まを》ししく、「各誓《おのおのうけ》ひて子生《う》まむ。」とまをしき。

「須佐之男命《すさのおのみこと》の涕泣《ていきゅう》と昇天《しょうてん》」の解釈

三貴子《さんきし》は、それぞれご委任されたお言葉のままに各々《おのおの》の国を治められましたが、その中で速須佐之男命《はやすさのおのみこと》だけはご委任された国（海原《うなばら》）を治めずに、長いあご鬚《ひげ》が胸元にとどくようになるまでの長い間、激しく涙を流して泣いていました。その泣く有り様は、青々とした山が枯《か》れ木の山のようになるまで泣き枯《か》らし、川や海の水は、泣く勢いですっかり泣き乾《ほ》されてしまったのです。そのために、禍《わざわい》をおこす悪神のさわぐ声は、夏の蝿《はえ》がさわぐようにいっぱいになり、あらゆる禍《わざわい》が一斉に起こりました。これは天《あめ》の石屋戸《いわやと》の段と非常に似通っています。天照大御神《あまてらすおおみかみ》が天《あめ》の石屋戸《いわやと》にお隠れになったとき、世界は真っ暗になりますが、ここと同じような状況が起ります。

そこで伊邪那岐大御神《いざなきのおおみかみ》が速須佐之男命《はやすさのおのみこと》に「どういうわけで、あなたは私の委任した国を治めないで、いつも泣き喚《わめ》いているのか」と尋ねられました。これに対して速須佐之男命《はやすさのおのみこと》は、「私は亡き母のいる黄泉《よみ》の国に行きたいと思うので泣いております」と申します。そこで伊邪《いざ》那岐大御神《なきのおおみかみ》がたいへんお怒りになって「それならば、あなたはこの国に住んではならない」と言われ、ただちに速須佐之男命《はやすさのおのみこと》を追放されたのであります。この後、伊邪那岐大神《いざなきのおおかみ》は、神の仕事を終えられて、近江《おうみ》（滋賀県）の多賀大社《たがたいしゃ》にご鎮座されます。いわばこの追放は命がけだったのです。多賀大社《たがたいしゃ》は伊勢《いせ》、熊野《くまの》と並んで、中世、近世では参拝者が非常に多かったと記録に残っております。天照大御神《あまてらすおおみかみ》の親である伊邪那岐大神《いざなきのおおかみ》がご祭神であることから、「お伊勢へ参らばお多賀へ参れ、お伊勢はお多賀の子でござる」などと民間で歌われました（『神道事典』参照）。

そこで速須佐之男命《はやすさのおのみこと》は、「それでは天照大御神《あまてらすおおみかみ》に事情を申し上げてから、黄泉《よみ》の国に行きます」と言われて、天照大御神《あまてらすおおみかみ》にお会いするために高天原《たかまのはら》に上《のぼ》って行かれました。この時、山や川はことごとく鳴り響き、国土はすべて震動したのであります。

すると、天照大御神《あまてらすおおみかみ》はその音を聞いて驚き、「私の弟が高天原《たかまのはら》に上《のぼ》って来るわけは、きっと清らかな心ではなく、私の国を奪おうと思って来られるのに違いない」と言われ、御髪《みかみ》を解《と》いて角髪《みづら》に束《たば》ね（つまり国を守るために戦う覚悟を示されたのです）、左右の御角髪《みみづら》にも御鬘《みかづら》にも、左右の御手にも、大きな勾玉《まがたま》を数多く一本の緒に貫《つらぬ》き統《す》べたものを巻きつけました。また、背中には千本もの矢が入る靫《ゆぎ》を負い、脇腹には五百本もの矢が入る靫《ゆぎ》をつけ、肘《ひじ》には威勢のよい高鳴りのする鞆《とも》をお着けになりました。

そして、弓を振り立てて、堅い地面に股《もも》まで没するほどに踏み込み、柔らかい雪を蹴散《けち》らすように蹴散《けち》らして、威勢よく勇ましい叫びをあげて、地面をしっかりと踏みしめ待ちうけて、「どういうわけで上《のぼ》って来たのか」と詰問《きつもん》されたのです。

これに対して速須佐之男命《はやすさのおのみこと》は、「私は汚《きたな》い心はありません。ただ伊邪那岐大御神《いざなきのおおみかみ》が、私がなぜ泣きわめいているのかをお尋ねになったので、『私は亡き母のいる黄泉《よみ》の国に行きたいと思って泣いています』と申し上げました。ところが伊邪那岐大御神《いざなきのおおみかみ》は、『そうであるならば、あなたはこの国に住んではならない』と言われて、私を追放されたのです。それで、黄泉《よみ》の国に参ります事の次第を申し上げようと思って参上いたしました。汚れた心はありません。清き心のみであります」と申し上げたのであります。

そこで天照大御神《あまてらすおおみかみ》は、「それならば、あなたの心が清らかで、汚れた心がないということは、どのようにして知ることができるか」と言われました。これに答えて速須佐之男命《はやすさのおのみこと》は、「それぞれ誓約《うけい》をして子供を生みましょう」と申し上げました。

誓約《うけい》とは、吉凶黒白を判断する場合に、必ずかくあるべしと心に期して神意をうかがうやり方です。

須佐之男命《すさのおのみこと》は穢《けが》れていたのか

ここでは須佐之男命《すさのおのみこと》は清らかな心なのか、それとも穢《けが》れた心なのかが問題になっています。ここの解釈は研究者によって異なります。なかには「それぞれ誓約《うけい》をして子供を生みましょう」というところから天照大御神《あまてらすおおみかみ》と須佐之男命《すさのおのみこと》の近親相姦を連想させる研究者もいますが、それは違うのではないかと思います。

一つは須佐之男命《すさのおのみこと》が伊邪那岐命《いざなきのみこと》よりご委任されたご命令に従わなかった結果、どのようなことになったか、ということを考える必要があります。もう一つは、須佐之男命《すさのおのみこと》が天《あま》照大御神《てらすおおみかみ》に会うために高天原《たかまのはら》に昇られた意味について考える必要があります。

まず前者について考えてみたいと思います。先に、「国土《こくど》の修理固成《しゅりこせい》」の段で見ましたように、五柱《いつはしら》の別天《ことあま》つ神《かみ》は、伊邪那岐命《いざなきのみこと》と伊邪那美命《いざなみのみこと》の二柱の神に、「この混沌とした国を秩序ある国へと修《おさ》め理《つく》り固《かた》め成《な》せ」と詔《みことのり》をされ、天《あめ》の沼矛《ぬぼこ》を授けられて、そのことをご委任されました。

要するに伊邪那岐命《いざなきのみこと》、伊邪那美命《いざなみのみこと》は「天《あま》つ神諸《かみもろもろ》の命《みこと》」をもって、この国土《こくど》の修理固《しゅりこ》成《せい》をされたのであり、そこには伊邪那岐命《いざなきのみこと》、伊邪那美命《いざなみのみこと》の私意は全く介在しておらず、大本には「天《あま》つ神諸《かみもろもろ》の命《みこと》」があります。したがって、伊邪那岐命《いざなきのみこと》からご委任されるということは、天《あま》つ神《かみ》よりご委任されたのと同じことであり、「天《あま》つ神諸《かみもろもろ》の命《みこと》」を己の心として「海原《うなばら》を治める」ということなのであります。

「天《あま》つ神《かみ》諸《もろもろ》の命《みこと》」とは、高天原《たかまのはら》の主宰神《しゅさいしん》であります天之御中主神《あめのみなかぬしのかみ》をはじめ、五柱《いつはしら》の別天《ことあま》つ神《かみ》の命《みこと》のことを指しますが、眼前の天地の心と理解してもよいでしょう。それを具体的に申し上げるならば、私たちから有無・善悪などの分別《ふんべつ》の異心《ことごころ》を祓《はら》った時に眼前に見える世界ともいえるでしょう。神々は人間の善悪という分別《ふんべつ》を超えた存在です。例えば太陽の光は善人にも悪人にも等しく与えられています。つまり私たちは生かされて生きている存在なのです。社会秩序を保つために、人間が決めた善悪のルールを守ることは極めて重要なことですが、秩序の根源には私たちを生かしてくれている「いのち」があるのです。その「いのち」に心を合わせて、私たちの祖先は日常生活を営んでいたのです。そして、その自我の奥にある「いのち」を天之御中主神《あめのみなかぬしのかみ》という具体的な人格神としてお呼び申し上げたのです。

須佐之男命《すさのおのみこと》は他の神々と同様に、決して天《あま》つ神《かみ》と切り離されて別個に存在しているのではなく、その御心《みこころ》の内には天《あま》つ神《かみ》がご鎮座されています。なぜなら須佐之男命《すさのおのみこと》は、伊邪那岐命《いざなきのみこと》の徹底した禊祓《みそぎはらえ》によって、伊邪那岐命《いざなきのみこと》の心身が徹底して祓《はら》い清められた結果、その本体であります天之御中主神《あめのみなかぬしのかみ》の御心《みこころ》、天《あま》つ神《かみ》の御心《みこころ》と完全に一つになった時に、お生まれになった神様であるからであります。つまり須佐之男命《すさのおのみこと》の本体は、天之御中主神《あめのみなかぬしのかみ》であり、天《あま》つ神《かみ》そのものといえます。

須佐之男命《すさのおのみこと》ご自身が、私欲私心を全くさしはさむことなく、天《あま》つ神《かみ》より賜った自らの本体と一つになっていれば、伊邪那岐命《いざなきのみこと》より「汝命《いましみこと》は、海原《うなばら》を知《し》らせ」とご委任されたことを真に理解し、体認することができました。しかしながら、須佐之男命《すさのおのみこと》は伊邪那岐命《いざなきのみこと》の命令に服さず、ご委任された国を治めずに、長いあご鬚《ひげ》が胸元に届くようになるまでの長い間、激しく涙を流して泣いていました。つまり、伊邪那岐命《いざなきのみこと》の命令に服さないということは、須佐之男命《すさのおのみこと》の御心《みこころ》が私欲私見の異心《ことごころ》に覆《おお》われて、本来の清らかな本体を見失《みうしな》ってしまっているということなのです。

大調和の世界そのものといえる本来の清らかな心を見失《みうしな》えば、眼前の世界は、その穢《けが》れた異心《ことごころ》のままのことが起こります。すなわち、青山は枯山《からやま》になり、河と海からは水がなくなり、すべての禍《わざわい》が一斉に起こったのであります。この部分は須佐之男命《すさのおのみこと》の異心《ことごころ》の比喩《ひゆ》です。本文に「その泣く状《さま》は、青山は枯山《からやま》の如く泣き枯《か》らし、河海は悉《ことごと》に泣き乾《ほ》しき。ここをもちて悪《あ》しき神の音《こえ》は、さ蝿《ばへ》如《な》す皆満ち、萬《よろづ》の物の妖《わざはひ》悉に發《おこ》りき。」とあるのは、まさに須佐之男命《すさのおのみこと》の御心《みこころ》の状態を象徴的に語っていることでありましょう。この大調和の世界である宇宙空間にあるものは、本来、天之御中主神《あめのみなかぬしのかみ》、天《あま》つ神《かみ》の「いのちの力」によって不生不滅《ふしょうふめつ》、不増不減《ふぞうふげん》であります。たとえば、この地球には大小さまざまな河川があって、毎日、海の方へ向かって流れていますが、その海の水がだんだん多くなって溢《あふ》れるということはありません。流れては帰って来て、また流れては帰ってくるのであります。

今日一日についても同様です。貴い一日が終わってもまた新しい一日が始まります。昼《ちゅう》夜《や》も一理《いちり》（一つの道理）であり、幽明《ゆうめい》も一理《いちり》なのです。これがすべての万物が大調和の状態にある天之御中主神《あめのみなかぬしのかみ》の世界であり、天之御中主神《あめのみなかぬしのかみ》の「いのちの力」なのであります。

この天地の理法に服し、生かされていることに感謝をしながら生活することが根本でありますが、須佐之男命《すさのおのみこと》のように「天《あま》つ神《かみ》の命《みこと》」に服さず、我欲我見の異心《ことごころ》のままに天地の理法に逆行すれば、青山が枯山《からやま》になり、河海の水がなくなるのは当然です。

以上のような意味から、ここで須佐之男命《すさのおのみこと》がご委任されたご命令に従わずに、「黄泉《よみ》の国に行きたいと思う」と言ったことは、まさに須佐之男命《すさのおのみこと》の異心《ことごころ》に覆《おお》われた御心《みこころ》の状態を語っていることが知られます。

須佐之男命《すさのおのみこと》が伊邪那岐命《いざなきのみこと》より統治をご委任されたこの国は、天《あま》つ神《かみ》から賜った生命力に満ちあふれた清らかな心で治めていかなければならない貴い国でありますが、その本旨が分からず我欲によって清らかな心を晦《くら》ますならば、その国は死の国となります。

このことは伊勢神道の『宝基本記《ほうきほんぎ》』の託宣に「有無《うむ》の異名《いめい》を分《わか》ち、心走り使ひし、安き時有ることなし、心臓《しんぞう》傷《やぶ》れて神散去《さんきょ》す、神散《さん》ずれば、則ち身喪《ほろ》ぶ、人は天地の霊氣《れいき》を受けて、霊氣《れいき》の化する所を貴《とうと》ばず、神明《しんめい》の光胤《こういん》を種《つ》ぎて、神明《しんめい》の禁令《きんれい》を信ぜず、故に生死長夜《しょうじちょうや》の闇《やみ》に沈み、根《ね》の國底《そこ》の國に吟《さまよ》ふ。」と明示されている通りです。自分自身の有無の異名《いめい》を分つ異心《ことごころ》が、生死の心を招き、死の国（根《ね》の國底《そこ》の國）へと直結しているのです。したがって、何よりも自分自身の本体を回復することが重要です。畏《おそ》れ多いことではありますが、天皇陛下が天照大御神《あまてらすおおみかみ》が御神の御魂《みかみのみたま》の依《よ》り代《しろ》である「三種の神器《さんしゅのじんぎ》」とともに常におられるというのは、天照大御神《あまてらすおおみかみ》が天皇とともに永遠に生き続けておられることなのです。これがわが国の国柄なのです。

伊邪那岐命《いざなきのみこと》の一喝《いっかつ》

次に、須佐之男命《すさのおのみこと》が天照大御神《あまてらすおおみかみ》にお会いするために高天原《たかまのはら》に参上《まいのぼ》っていかれたことについて考えてみたいと思います。

伊邪那岐命《いざなきのみこと》は無限の慈愛で、じっと我慢をして長い間、須佐之男命の御心が本来の清明な心に立ち返り、ご委任された国を治められることを待っておられました。しかしながら須佐之男命《すさのおのみこと》は「天つ神の命《あまつかみのみこと》」に服さずに、黄泉《よみ》の国に行きたいと語っています。その心が我欲の異心《ことごころ》に覆われてしまったのであります。

そこで伊邪那岐命《いざなきのみこと》は大変にお怒りになられて「この国に住んではならない」と須佐之男命《すさのおのみこと》を追放されました。これは当然です。この伊邪那岐命《いざなきのみこと》の一喝《いっかつ》は、生命《いのち》をかけた一喝《いっかつ》だったのです。これほどの大いなる慈愛はありません。というのは、伊邪那岐命《いざなきのみこと》はこの後、この世での神の仕事を終えられて、近江《おうみ》の多賀大社《たがたいしゃ》にご鎮座されたからであります。

全生命をかけた一喝《いっかつ》だったからこそ、その命《みこと》（御言）は須佐之男命《すさのおのみこと》の本体に届き、これによって須佐之男命《すさのおのみこと》は、はたと気がついてぴたりと泣きやみました。伊邪那岐命《いざなきのみこと》の一喝《いっかつ》によって自分の本性に気づいたから、天照大御神《あまてらすおおみかみ》に暇乞《いとまご》いをしてから黄泉《よみ》の国に行こうとしたのであります。自分の本体に気づかなければ、天照大御神《あまてらすおおみかみ》に向かわずに、直接、黄泉《よみ》の国に行ったでありましょう。

天照大御神《あまてらすおおみかみ》は天之御中主神《あめのみなかぬしのかみ》のご神徳《しんとく》が現象界に現われた神様であり、高天原《たかまのはら》（大宇宙）を治められておりますが、須佐之男命《すさのおのみこと》の本体も本来、天之御中主神《あめのみなかぬしのかみ》そのものなのであります。須佐之男命《すさのおのみこと》が黄泉《よみ》の国にそのまま行かず、その前に天照大御神《あまてらすおおみかみ》の所へ黄泉《よみ》の国に行く事の次第を話しに行くとは、己の本体に返ることであり、天之御中主神《あめのみなかぬしのかみ》に心が向いたことであります。

須佐之男命《すさのおのみこと》は、心の中で正と邪が揺れ動いており、その姿は私たち人間に非常に似ています。そして須佐之男命《すさのおのみこと》は我欲我見の異心《ことごころ》、分別《ふんべつ》の異心《ことごころ》の象徴である黄泉《よみ》の国に行こうとしているのに、そのまま行かないで全く反対の世界、すなわち歓喜《かんき》の世界、「永遠のいのち」が輝いている世界である高天原《たかまのはら》の天照大御神《あまてらすおおみかみ》のところに向かったのであります。やはりこれは、伊邪那岐命《いざなきのみこと》の全生命をかけた一喝《いっかつ》があったからです。伊邪那岐命《いざなきのみこと》のように生命《いのち》をかけた大いなる慈愛でなければ、絶対に本心には届かないのでありましょう。

勇猛迅速《ゆうもうじんそく》に荒れすさぶ須佐之男命《すさのおのみこと》であっても、本来は清らかな心の持ち主であります。高天原《たかまのはら》の天照大御神《あまてらすおおみかみ》のもとに行くということは、本来の清明な心に立ち返ろうとすることの裏返しなのです。

本文に、「すなはち天《あめ》に参上《まいのぼ》る時、山川悉《ことごと》に動《とよ》み、國土《くにつち》皆震《みなゆ》りき。」とありますのは、須《す》佐之男命《さのおのみこと》の我欲我見の異心《ことごころ》が祓《はら》われて、高天原《たかまのはら》（清明な心）に行かれる様《さま》を形容したものであろうと推察《すいさつ》されます。

天照大御神《あまてらすおおみかみ》は我儘な須佐之男命《すさのおのみこと》が委任された国を治めないで、黄泉《よみ》の国に行こうとしていることを知っていたのでありましょう。それ故に天照大御神《あまてらすおおみかみ》は、須佐之男命《すさのおのみこと》が高天《たかま》原《はら》に参い上がって来られる音を聞いて、「須佐之男命《すさのおのみこと》が高天原《たかまのはら》に上《のぼ》って来るわけは、きっと清らかな心ではなく、高天原《たかまのはら》を奪おうと思っているに違いない」と言われたのであります。

高天原《たかまのはら》の国を奪うということは、武力によって国を奪おうとしているという意味ではありません。ではこれはどういう意味なのでしょうか。

それは須佐之男命《すさのおのみこと》の御心《みこころ》が我欲我見の異心《ことごころ》に覆《おお》われて汚れているという意味です。人の心が悪しくなれば、国は滅亡し、すべての禍《わざわい》が起ります。高天原《たかまのはら》の天之御中主神《あめのみなかぬしのかみ》の世界は、「清らかないのち」が永遠に輝き続けている世界であり、その世界は眼前にありますが、須佐之男《すさのお》命《みこと》の本来の清明な御心《みこころ》が、我欲の異心《ことごころ》に晦《くら》まされると、その「永遠のいのち」の世界は暗闇《くらやみ》の世界となります。その状態がまさに高天原《たかまのはら》の国を奪うという意味でありましょう。

高天原《たかまのはら》が須佐之男命《すさのおのみこと》によって奪われ、暗黒の世界になってしまったならば一大事。この大宇宙はすべて暗闇《くらやみ》となり、あらゆる禍《わざわい》が次から次へと起るからであります。

そこで、天照大御神《あまてらすおおみかみ》はこの高天原《たかまのはら》を守るために、その身を男装された上に、弓矢と剣と防具をもって武装されました。その武装とは、天照大御神《あまてらすおおみかみ》の無限の「いのちの力」を象徴的に語っているのであろうと考えられます。

清らかだから強いのです。何よりも清明なのが一番強いのであります。なぜなら、その清明な御心《みこころ》は、この大宇宙の無限の「いのちの力」と一つであるからです。弓も剣も防具も、その力を象徴的に語っているのでしょう。また、そのことは、この高天原《たかまのはら》、すなわち天之御中主神《あめのみなかぬしのかみ》の世界を天照大御神《あまてらすおおみかみ》が命懸けで守るという覚悟の表明でもありましょう。真の神道者の使命は、天照大御神《あまてらすおおみかみ》のように、この天之御中主神《あめのみなかぬしのかみ》の世界を一つも傷つけることなく、守り伝えていくことにあります。それを命懸けで守り伝えていく覚悟にあるのではないでしょうか。

完全武装された天照大御神《あまてらすおおみかみ》は、須佐之男命《すさのおのみこと》に対して「何の目的をもって高天原《たかまのはら》に上って来たのか」と問いただしました。これに対して須佐之男命《すさのおのみこと》は、我見我欲の汚れた異心《ことごころ》はありません。清き心一つでありますと申して、高天原《たかまのはら》に上がってきた事の次第を謙虚に申し上げたのであります。

ここで問われていることは、須佐之男命《すさのおのみこと》の心が穢《けが》れているか否か、なのです。

そこで天照大御神《あまてらすおおみかみ》は、須佐之男命《すさのおのみこと》に、「心が清らかで汚れていないことはどのようにして知ることができるか」と問われました。須佐之男命《すさのおのみこと》は誓約《うけい》して心が清らかなことを証明しますと答えたのであります。つまり、ここの箇所の大事なことは、須佐之男命《すさのおのみこと》の御心《みこころ》が清明であるかどうかということ。御心《みこころ》が清らかであることが何よりも貴いのです。

第九回　誓約《うけい》と須佐之男命《すさのおのみこと》の勝《かち》さび

故《かれ》ここに各《おのおの》天《あめ》の安《やす》の河《かは》を中に置きて誓《うけ》ふ時に、天照大御神《あまてらすおほみかみ》、まづ建速須佐之男命《たけはやすさのをのみこと》の佩《は》ける十拳剣《とつかつるぎ》を乞《こ》ひ度《わた》して、三段《みきだ》に打ち折りて、瓊音《ぬなと》もゆらに、天《あめ》の眞名井《まなゐ》に振り滌《すす》ぎて、さ嚙《が》みに嚙《か》みて、吹《ふ》き棄《う》つる氣吹《いぶき》のさ霧《ぎり》に成れる神の御名《みな》は、多紀理毘賣命《たきりびめのみこと》。亦の御名は奥津島比賣命《おきつしまひめのみこと》と謂ふ。次に市寸島比賣命《いちきしまひめのみこと》。亦の御名は狭依毘賣命《さよりびめのみこと》と謂《い》ふ。次に多岐都比賣命《たきつひめのみこと》。三柱 速須佐之男《はやすさのをの》命《みこと》、天照大御神《あまてらすおほみかみ》の左の御角髪《みみづら》に纏《ま》かせる八尺《やさか》の勾璁《まがたま》の五百箇《いほつ》の御統《みすまる》の珠《たま》を乞《こ》ひ度《わた》して、瓊音《ぬなと》もゆらに、天《あめ》の眞名井《まなゐ》に振り滌《すす》ぎて、さ嚙《が》みに嚙《か》みて、吹《ふ》き棄《う》つる氣吹《いぶき》のさ霧《ぎり》に成れる神の御名は、正勝吾勝勝速日天之忍穂耳命《まさかつあかつかちはやひあめのおしほみみのみこと》。また右の御角髪《みみづら》に纏《ま》かせる珠《たま》を乞《こ》ひ度《わた》して、さ嚙《が》みに嚙《か》みて、吹《ふ》き棄《う》つる氣吹《いぶき》のさ霧《ぎり》に成れる神の御名は、天之菩卑能命《あめのほひのみこと》。また御髻《みかづら》に纏《ま》かせる珠《たま》を乞《こ》ひ度《わた》して、さ嚙《か》みに嚙《か》みて、吹《ふ》き棄《う》つる氣吹《いぶき》のさ霧《ぎり》に成れる神の御名は、天津日子根命《あまつひこねのみこと》。また左の御手に纏《ま》かせる珠《たま》を乞《こ》ひ度《わた》して、さ嚙《が》みに嚙《か》みて、吹《ふ》き棄《う》つる氣吹《いぶき》のさ霧《ぎり》に成れる神の御名は、活津日子根命《いくつひこねのみこと》。また右の御手に纏《ま》かせる珠《たま》を乞《こ》ひ度《わた》して、さ嚙《が》みに嚙《か》みて、吹《ふ》き棄《う》つる氣吹《いぶき》のさ霧《ぎり》に成れる神の御名は、熊野久須毘命《くまのくすびのみこと》。併《あは》せて五柱《いつはしら》なり。ここに天照大御神《あまてらすおほみかみ》、速須佐之男命《はやすさのをのみこと》に告《の》りたまひしく、「この後《のち》に生《あ》れし五柱《いつはしら》の男子《をのこご》は、物實《ものざね》我が物によりて成れり。故《かれ》、自《おのづか》ら吾《あ》が子ぞ。先《さき》に生《あ》れし三柱《みはしら》の女子《をみなご》は、物實汝《ものざねいまし》が物によりて成れり。故《かれ》、すなわち汝《いまし》が子ぞ。」かく詔《の》り別《わ》けたまひき。

故《かれ》、その先《さき》に生《あ》れし神、多紀理毘賣命《たきりびめのみこと》は、胸形《むなかた》の奥津宮《おきつみや》に坐《ま》す。次に市寸島比賣命《いちきしまひめのみこと》は、胸形《むなかた》の中津宮《なかつみや》に坐《ま》す。次に田寸津比賣命《たきつひめのみこと》は、胸形《むなかた》の邊津宮《へつみや》に座《ま》す。この三柱の神は、胸形君《むなかたのきみ》等《ら》のもち拜《いつ》く三前《みまへ》の大神なり。故《かれ》、この後《のち》に生《あ》れし五柱《いつはしら》の子の中《なか》に、天菩比命《あめのほひのみこと》の子、建比良鳥命《たけひらとりのみこと》、こは出雲國造《いつものくにのみやつこ》、无邪志國造《むざしのくにのみやつこ》、上菟上國造《かみつうなかみのくにのみやつこ》、下菟上國造《しもつうなかみのくにのみやつこ》、伊自牟國造《いじむのくにのみやつこ》、津島縣直《つしまのあがたのあたひ》、遠江國造《とほつあふみのくにのみやつこ》等《ら》が祖《おや》なり。

次に天津日子根命《あまつひこねのみこと》は、凡川内國造《おふしかふちのくにのみやつこ》、額田部湯坐連《ぬかたへのゆゑのむらし》、茨木國造《いばらきのくにのみやつこ》、倭田中直《やまとのたなかのあたひ》、山代國造《やましろのくにのみやつこ》、馬来《まく》田國造《たのくにのみやつこ》、道尻岐閇國造《みちのしりのきへのくにのみやつこ》、周芳國造《すおうのくにのみやつこ》、倭淹知造《やまとのあむちのみやつこ》、高市縣主《たけちのあがたぬし》、蒲生稲寸《かまふのいなき》、三枝部造《さきくさへのみやつこ》等《ら》が祖《おや》なり。

ここに速須佐之男命《はやすさのをのみこと》、天照大御神《あまてらすおほみかみ》に白《まを》ししく、「我《あ》が心清く明《あか》し。故《かれ》、我《あ》が生める子は手弱女《たわやめ》を得つ。これによりて言《まを》さば、自《おのづか》ら我《われ》勝ちぬ。」と云《まを》して、勝《かち》さびに、天照大御神《あまてらすおほみかみ》の營田《つくだ》の畔《あ》を離《はな》ち、その溝《みぞ》を埋《うづ》め、またその大嘗《おほにへ》を聞《き》こしめす殿《との》に屎《くそ》まり散らしき。汝《かれ》、然為《しかす》れども天照大御神《あまてらすおほみかみ》は咎《とが》めずて告《の》りたまひしく、「屎如《くそな》すは、酔《よ》ひて吐き散らすとこそ、我《あ》が汝弟《なせ》の命《みこと》、かく為《し》つらめ。また田の畔《あ》を離《はな》ち、溝《みぞ》を埋《うづ》むるは、地《ところ》を惜《あたら》しとこそ、我《あ》が汝弟《なせ》の命《みこと》、かく為《し》つらめ。」と詔《の》り直《なほ》したまへども、なほその悪しき態《わざ》止《や》まずて轉《うたて》ありき。天照大御神《あまてらすおほみかみ》、忌服屋《いみはたや》に坐《ま》して、神御衣《かむみそ》織《お》らしめたまひし時、その服屋《はたや》の頂《むね》を穿《うか》ち、天《あめ》の斑馬《ふちこま》を逆剥《さかは》ぎに剥《は》ぎて堕《おと》し入るる時に、天《あめ》の服織女《はたおりめ》見驚きて、梭《ひ》に陰上《ほと》を衝《つ》きて死にき。

「誓約《うけい》と須佐之男命《すさのおのみこと》の勝《かち》さび」の解釈

天照大御神《あまてらすおおみかみ》と須佐之男命《すさのおのみこと》は、高天原《たかまのはら》にある天《あめ》の安《やす》の河《かわ》を中にはさんで、誓約《うけい》をされました。誓約《うけい》とは善悪あるいは正邪を判断しようとするとき、あらかじめ決めたとおりの結果が現れるか否かを見て判断するものです。この場合は生まれる子どもが男か女かで決めています。『古事記』では女性が生まれたので、須佐之男命《すさのおのみこと》の身の潔白が証明されます。ところが伝承に混乱があるのか、『日本書紀』では男性が生まれており、『古事記』とは逆になっています。

まず、天照大御神《あまてらすおおみかみ》が須佐之男命《すさのおのみこと》の帯びている十拳剣《とつかのつるぎ》を受け取って、これを三つに打ち折り、手に巻いている玉の緒がゆれて玉が音を立てるほど、高天原《たかまのはら》にある神聖な「天《あめ》の真《ま》名井《ない》」の水でふりすすぎ清められた剣（これは須佐之男命《すさのおのみこと》の御魂《みたま》の依《よ》り代《しろ》である剣です）を、かみにかんで吐き出された息吹《いぶき》の霧の中から、お生まれになった神の御名は、多紀理《たきり》毘賣命《びめのみこと》、またの御名は奥津島比賣命《おきつしまひめのみこと》と申します。

次にお生まれになった神は、市寸島比賣命《いちきしまひめのみこと》、またの御名は狭依毘賣命《さよりびめのみこと》と言います。次にお生まれになりました神は、多岐都比賣命《たきつひめのみこと》であります。以上、十拳剣《とつかのつるぎ》からは三柱の女神《めがみ》がお生まれになりました。これがいわゆる宗像三女神《むなかたさんにょしん》です（宗像大社のご祭神）。

次に須佐之男命《すさのおのみこと》が、天照大御神《あまてらすおおみかみ》の左の角髪《みづら》に巻いておられる多くの勾玉《まがたま》を貫き通した長い玉の緒を受け取り、玉の緒がゆれて玉が音を立てるほど、神聖な「天《あめ》の真名井《まない》」の水に振り濯《すす》いで清められたのを、かみにかんで吐き出された息吹《いぶき》の霧の中からお生まれになった神の御名は、正勝吾勝勝速日天之忍穂耳命《まさかつあかつかちはやひあめのおしほみみのみこと》であります。そして、正勝吾勝勝速日天之忍穂耳命《まさかつあかつかちはやひあめのおしほみみのみこと》の御子が邇邇芸命《ににぎのみこと》で、後に高天原《たかまのはら》から筑紫《つくし》の日向《ひむか》の高千穂《たかちほ》に天降《あまくだ》ることになります。

また、右の角髪《みづら》に巻いておられる玉の緒を受け取って、これをかみにかんで吐き出された息吹《いぶき》の霧の中からお生まれになった神の御名は、天之菩卑能命《あめのほひのみこと》であります。天之菩卑能命《あめのほひのみこと》は「天穂日命《あめのほひのみこと》」とも記し、出雲国造《いずもこくそう》をはじめ、出雲系諸氏族の祖神となります。『古事記』には皇祖神の系列と出雲の系列の神が並列して登場しているのです。しかも天之忍穂耳命《あめのおしほみみのみこと》と天之菩卑能命《あめのほひのみこと》が兄弟なのと同じように、皇祖神である天照大御神《あまてらすおおみかみ》と出雲系である須佐之男命《すさのおのみこと》は姉弟なのです。

また、御鬘《みかづら》に巻いておられる玉の緒を受け取って、かみにかんで吐き出された息吹《いぶき》の霧の中からお生まれになった神の御名は、天津日子根命《あまつひこねのみこと》であります。

また、左の御手に巻いておられる玉の緒を受け取って、かみにかんで吐き出された息吹《いぶき》の霧の中からお生まれになった神の御名は、活津日子根命《いくつひこねのみこと》です。また、右の御手に巻いておられる玉の緒を受け取って、かみにかんで吐き出された息吹《いぶき》の霧の中からお生まれになった神の御名は熊野久須毘命《くまのくすびのみこと》であります。以上、珠《たま》からは合わせて五柱の男神がお生まれになりました。

そこで天照大御神《あまてらすおおみかみ》は、須佐之男命《すさのおのみこと》に「この後でお生まれになった五柱の男の子は、私の物である珠《たま》を物実《ものざね》（神様が生まれてくる物種《ものだね》）としてお生まれになった神でありますから当然私の子です。先にお生まれになった三柱の女の子は、あなたの物である剣を物実《ものざね》としてお生まれになった神でありますからあなたの子です」と言われて、それぞれ御子を別《わ》けられました。

そこで須佐之男命《すさのおのみこと》は、天照大御神《あまてらすおおみかみ》に「私の心が清らかだったので、私の生んだ子はやさしい女の子だった。この結果から言えば、当然、私の心の清明なことが証明された」と言って、その証明された勢いに任せて乱暴を働き始めるのです。

須佐之男命《すさのおのみこと》は天照大御神《あまてらすおおみかみ》が耕作されている田の畔《あぜ》を壊したり、田に水を引く畔《あぜ》を埋めたりし、また大御神《おおみかみ》が新嘗祭《にいなめさい》の新穀を召しあがる御殿に、屎《くそ》をまきちらかしました。しかしながら天照大御神《あまてらすおおみかみ》は、これをすこしもお咎《とが》めにならないで「あの屎《くそ》のように見えるのは、酒に酔ってつい吐きもどしてしまったのでしょう。また、田の畔《あぜ》をこわしたり、溝《みぞ》を埋めたりしたのは、耕作地にできるのに土地が惜しいことだと考えたからでしょう」と善いほうに言い直しされました。

しかし、須佐之男命《すさのおのみこと》の乱暴なふるまいは止むことなく、ますます甚《はなは》だしくなったのであります。天照大御神《あまてらすおおみかみ》が清らかな機屋《はたや》においでになって、神様に献る御衣を織らせておられた時、須佐之男命《すさのおのみこと》は、その機屋《はたや》の屋根に穴をあけて、まだら毛の馬の皮を逆さに剥《は》ぎ取って、穴から落とし入れたので、機織女《はたおりめ》はこれを見て驚いて、梭《ひ》（機《はた》の横糸を通す道具）で陰部を突いて死んでしまいました。須佐之男命《すさのおのみこと》はまさに悪逆非道の限りを尽くすのです。

「誓約《うけい》」の古伝承《こでんしょう》の意味

要点の第一はこの誓約《うけい》の古伝承《こでんしょう》は神秘的な内容に書かれていますが、その主眼は、あくまでも須佐之男命《すさのおのみこと》の御心《みこころ》が清明であるかどうか、異心《ことごころ》がないかどうかを見ることです。

第二は、誓約《うけい》によって須佐之男命《すさのおのみこと》は、その御心《みこころ》の清らかさが証明された瞬間、謙虚さを失い、その御心《みこころ》は傲慢《ごうまん》な汚れた異心《ことごころ》にたちまち占領され、乱暴の限りを働いたことでありましょう。一度御心《みこころ》がきれいになったにもかかわらず、誓約《うけい》の結果に安心したのか一転して異心《ことごころ》に支配されてしまう。このあたりは神様にもかかわらず非常に人間的です。そして、ついには天照大御神《あまてらすおおみかみ》が天《あめ》の石屋戸《いわやと》におこもりになるという最悪の結果を招いてしまったのであります。

そこでまず、誓約《うけい》によって剣と玉を物実《ものざね》として須佐之男命《すさのおのみこと》から三柱の女神《めがみ》が、天照大御神《あまてらすおおみかみ》から五柱の男神《おがみ》がお生まれになり、須佐之男命《すさのおのみこと》の御心《みこころ》の清らかさが証明されたことについて考えてみましょう。

ここで重要なことは、神代《かみよ》においては神様の真偽《しんぎ》を見極めるのに、外面的形象によってではなく、あくまでその心が清らかであるかどうかの一点において判断していることであります。天《あま》つ神《かみ》から賜ったまっすぐで清らかな心が汚れていないかどうか、天地の理法に心が合っているかどうかを見ています。

ただし、ここで注意しなければならないことは、この誓約《うけい》は、あくまでも須佐之男命《すさのおのみこと》の御心《みこころ》の清濁《せいだく》の誓いであり、天照大御神《あまてらすおおみかみ》のお誓いではないことです。そのことは、前の段で天照大御神《あまてらすおおみかみ》が須佐之男命《すさのおのみこと》に「然《し》からば汝《いまし》の心の清く明《あか》きは何《いか》にして知らむ」と語っていることによっても明瞭に知られます。

須佐之男命《すさのおのみこと》の御心《みこころ》が清明であるかどうか、汚れていないかどうかを見るためには、一点の曇りもない明鏡にその心を映し出してみれば明らかです。鏡は全てを映し出してくれます。中国の戦国時代（前四〇三～前二二一）の思想家である荘子《そうし》の著書『荘子』に「人は流水《りゅうすい》に鑑《かんが》みる莫《な》くして、止水《しすい》に鑑《かんが》みる。唯《た》だ止《し》のみ能《よ》く衆止《しゅうし》を止《とど》む」という孔子の言葉があります。「だれでも流れている水に姿を映せば、それは、たとえば塵《ちり》やゴミで曇っているような鏡であるから真の姿は映らない。しかし、静止している水に姿を映せば、それは曇りのない明鏡のような状態であるから、その姿の善し悪しが手に取るように分かる。したがって、私たちも常に止水《しすい》のような静かに明るく落ち着いた心を持っていれば、世の中の色々なものの定まった姿を自分の心に映すことができる」という意味であります。

このような観点からこの誓約《うけい》を考えれば、高天原《たかまのはら》にある清らかな水の湧きでる「天《あめ》の真名《まな》井《い》」とは、高天原《たかまのはら》の主宰神《しゅさいしん》であります天之御中主神《あめのみなかぬしのかみ》の「いのちの力」が湧《わ》きでている清心《せいしん》の源《みなもと》の井戸で、まさに鏡にたとえるならば明鏡そのもののような状態の井戸でありましょう。

そして、須佐之男命《すさのおのみこと》の十拳剣《とつかのつるぎ》は須佐之男命《すさのおのみこと》の御魂《みたま》の依《よ》り代《しろ》であり、その御心《みこころ》の象徴といえます。同様に天照大御神《あまてらすおおみかみ》の八尺《やさか》の勾玉《まがたま》の五百箇《いほつ》の御統《みすまる》の珠《たま》は、天照大御神《あまてらすおおみかみ》の御魂《みたま》の依《よ》り代《しろ》であり、その御心《みこころ》そのもののことであると考えられます。

須佐之男命《すさのおのみこと》の御心《みこころ》が、本当に清明であるかどうかを見極めるためには、須佐之男命《すさのおのみこと》の御心《みこころ》を「天《あめ》の真名井《まない》」に相照らし合わせてみれば、明瞭に知ることができます。

本来、須佐之男命《すさのおのみこと》の本体は天之御中主神《あめのみなかぬしのかみ》そのものでありますから、その心に汚れた異《こと》心《こころ》が無ければ、天之御中主神《あめのみなかぬしのかみ》の「いのちの力」であります「天《あめ》の真名井《まない》」と合わせれば、ぴたりと一つ心に合うはずです。そのことは、あたかも明鏡と明鏡とを相照らすならば、中心に少しも影が映ることなく完全に一つの状態になるのと同じことであります。もし、須佐之男命《すさのおのみこと》に邪《きたな》き異心《ことごころ》があるならば、「天《あめ》の真名井《まない》」はそれを映し出し、完全に一つの心にはなりません。

ここで神々が生まれる鉄則を思い出してください。天《あま》つ神《かみ》の御心《みこころ》と一つにならないと、神様は誕生しないのです。「火神被殺《ひのかみひさつ》」の段で見ましたように、神々の誕生について重要なことは、必ず「天《あま》つ神《かみ》の命《みこと》を請《こ》う」ことによって、御心《みこころ》に全く私心を挟むことなく、天《あま》つ神《かみ》の御心《みこころ》、すなわち天之御中主神《あめのみなかぬしのかみ》の御心《みこころ》と己の心を一つにしなければならないという鉄則があることであります。

眼前の存在世界は、一切が私たちの心の反映であり、すべては私たちの心が映し出されているのです。須佐之男命《すさのおのみこと》の御心《みこころ》が異心《ことごころ》なく清らかな状態であることを映し出したのが、十拳剣《とつかのつるぎ》からお生まれになった宗像大社《むなかたたいしゃ》の三女神です。高天原《たかまのはら》の主宰神《しゅさいしん》であります天之御中主《あめのみなかぬしの》神《かみ》の御心《みこころ》と須佐之男命《すさのおのみこと》の御心《みこころ》が完全に一つにならなければ、清明な御子は誕生しないのです。

ここの箇所は、文章の意味だけを解していくと、須佐之男命《すさのおのみこと》が天照大御神《あまてらすおおみかみ》の御魂の八尺《やさか》の勾玉《まがたま》を「天《あめ》の真名井《まない》」に振り滌《すす》ぎ、さがみにかんでその息吹の中から五柱の男神がお生まれになりました。また、天照大御神《あまてらすおおみかみ》が須佐之男命《すさのおのみこと》の御魂《みたま》の剣《つるぎ》を「天《あめ》の真名井《まない》」に振り滌《すす》ぎ、さがみにかんでその息吹《いぶき》の中から三柱の女神がお生まれになったとあることから、天照大御神《あまてらすおおみかみ》と須佐之男命《すさのおのみこと》の近親相姦《きんしんそうかん》的な交わりを論じていると誤解することにもなりますので、特に注意しなければなりません。しかし、私はその説は全く違うと考えています。『古事記』の古伝承《こでんしょう》は安易な合理主義では解釈できないのです。

須佐之男命《すさのおのみこと》の「傲《おご》り」

次に誓約《うけい》によって、須佐之男命《すさのおのみこと》の御心《みこころ》が清らかであることを証明された瞬間、須佐之男命《すさのおのみこと》は勝ち叫び、傲慢《ごうまん》になりあらゆる悪行《あくぎょう》の限りを働いたことについて考えてみましょう。

本居宣長《もとおりのりなが》はこの箇所について、「須佐之男命《すさのおのみこと》は傲《おご》りによって悪心が起こった」と説いております。ここは非常に大事なところです。それは、どれほど清らかな心を持っていても、瞬時でも油断し、慎みを忘れ、感謝を忘れると、たちまち汚れた異心《ことごころ》（傲慢《ごうまん》）が本来の清明な心を占領し悪行となって現れるということであるからです。それ故に、たとえ大悟《たいご》し、心が明鏡のような状態になっていたとしても、常に用心しながら自らの心の汚れを祓《はら》い続けなければならないのです。だからこそ、神道は祓《はら》えにはじまり、祓《はら》えに終わると言われるのです。

須佐之男命《すさのおのみこと》は、伊邪那岐命《いざなきのみこと》の一喝《いっかつ》によって、自らの本体にはっと気づき、それまで我欲我見に覆われて汚れていた異心《ことごころ》が祓《はら》われます。分別《ふんべつ》の異心《ことごころ》の象徴といえる黄泉《よみ》の国に行かないで、全く反対の「永遠のいのち」が輝いている世界であります高天原《たかまのはら》の天照大御《あまてらすおおみ》神《かみ》のところに参上いたしました。そして謙虚に高天原《たかまのはら》に上がってきた事の次第を天照大御《あまてらすおおみ》神《かみ》にご報告申し上げたのであります。

しかしながら須佐之男命《すさのおのみこと》は、その御心《みこころ》の清らかさが証明された瞬間、再び慎みを忘れ傲慢《ごうまん》になり、本来の清明な御心《みこころ》が我欲の異心《ことごころ》に晦《くら》まされてしまいました。傲慢《ごうまん》はすべてを滅亡へと導くかのように、須佐之男命《すさのおのみこと》の悪行《あくぎょう》は益々エスカレートいたしました。ここであらゆる悪逆非道の限りを尽くすのです。

『日本書紀』には、この他にも、春は種を重《かさ》ね播《ま》きし、あるいは田の用水路を壊したりなどした。秋は、まだらの毛の馬を放して、田の中を荒らした。さらには秋の刈り入れのときに、縄《なわ》を引き渡して、その田を犯したり田に串をさしたり（領有権の主張）したことなどが記されてあります。

また、『古語拾遺《こごしゅうい》』には、『古事記』と『日本書紀』をまとめて、「畔放《あはなち》、溝埋《みぞうみ》、樋放《ひはなち》、頻《しき》播《まき》、串刺《くしさし》、生剥《いけはぎ》、逆剥《さかはぎ》、屎戸《くそと》なり」と一括して記されています。これが、「大祓詞《おおはらえのことば》」の中にある「天津罪《あまつつみ》・国津罪《くにつつみ》」のうちの「天津罪《あまつつみ》」であり、とりわけ農業妨害の罪がその中心をなしているのです。

いずれにいたしましても、この誓約《うけい》の段は、どんなに「清らかな心」を持っていても、瞬時でも油断して慎《つつし》みを忘れて傲慢《ごうまん》になると、たちまち我欲によって心は暗黒世界となることを教えてくれています。このことは、欲望の制御が出来ずに苦しみ悩んでいる今日の近代合理主義社会の行き詰まりを予言しているかのようでもあります。

この箇所は自らの問題として十分考えなければならない大切な所であります。どんなに大悟《たいご》し、心が明鏡のような状態になったといたしましても、油断するならば、すぐに傲慢《ごうまん》な異心《ことごころ》が襲ってきます。常に用心をして自らの心を点検の上にも点検を重ね、感謝の一つ心で生きることが必要なのです。

第十回　天《あめ》の石屋戸《いわやと》

故《かれ》ここに天照大御神《あまてらすおほみかみ》見畏《みかしこ》みて、天《あめ》の石屋戸《いはやと》を開きてさし籠《こも》りましき。ここに高天《たかま》の原《はら》皆暗《くら》く、葦原中国《あしはらのなかつくに》悉《ことごと》に闇《くら》し。これによりて常夜《とこよ》往《ゆ》きき。ここに萬《よろづ》の神の聲《こゑ》は、さ蝿《ばへ》なす満《み》ち、萬《よろづ》の妖《わざはひ》悉《ことごと》に發《おこ》りき。ここをもちて八百万《やほよろづ》の神、天《あめ》の安《やす》の河原《かはら》に神集《かむつど》ひ集《つど》ひて、高御産巣日神《たかみむすひのかみ》の子、思金神《おもひかねのかみ》に思はしめて、常世《とこよ》の長鳴鳥《ながなきどり》を集めて鳴かしめて、天《あめ》の安《やす》の河《かは》の河上《かはかみ》の天《あめ》の堅石《かたしは》を取り、天《あめ》の金山《かなやま》の鐵《まがね》を取りて、鍛人天津麻羅《かぬちあまつまら》を求《ま》ぎて、伊斯許理度賣命《いしこりどめのみこと》に科《おほ》せて鏡を作らしめ、玉祖命《たまのやのみこと》に科《おほ》せて、八尺《やさか》の勾璁《まがたま》の五百箇《いほつ》の御統《みすまる》の珠を作らしめて、天児屋命《あめのこやねのみこと》、布刀玉命《ふとだまのみこと》を召《め》して、天《あめ》の香山《かぐやま》の眞男鹿《まをしか》の肩《かた》を内抜《うつぬ》きに抜きて、天《あめ》の香山《かぐやま》の天《あめ》の朱櫻《ははか》を取りて、占合《うらな》ひまかなはしめて、天《あめ》の香山《かぐやま》の五百箇眞賢木《いほつまさかき》を根《ね》こじにこじて、上枝《ほつえ》に八尺《やさか》の勾璁《まがたま》の五百箇《いほつ》の御統《みすまる》の玉を取り著《つ》け、中枝《なかつえ》に八尺鏡《やたのかがみ》を取り繋《か》け、下枝《しづえ》に白和幣《しらにきて》、青和幣《あをにきて》を取り垂《し》でて、この種種《くさぐさ》の物は、布刀玉命《ふとだまのみこと》、太御幣《ふとみてぐら》と取り持ちて、天児屋命《あめのこやねのみこと》、太詔戸言《ふとのりとごと》禱《ほ》き白《まを》して、天手力男神《あめのたぢからをのかみ》、戸の掖《わき》に隠《かく》り立ちて、天宇受賣《あめのうずめの》命《みこと》、天《あめ》の香山《かぐやま》の天《あめ》の日影《ひかけ》を手次《たすき》に繋《か》けて、天《あめ》の真拆《まさき》を鬘《かづら》として、天《あめ》の香山《かぐやま》の小竹葉《ささば》を手草《たぐさ》に結《ゆ》ひて、天《あめ》の石屋戸《いはやと》に槽《うけ》伏《ふ》せて踏《ふ》み轟《とどろ》こし、神懸《かむがか》りして、胸乳《むなち》をかき出《い》で裳緒《もひも》を陰《ほと》に押《お》し垂《た》れき。ここに高天《たかま》の原《はら》動《とよ》みて、八百万《やほよろづ》の神共《とも》に咲《わら》ひき。

ここに天照大御神《あまてらすおほみかみ》、怪《あや》しと以為《おも》ほして、天《あめ》の石屋戸《いはやと》を細めに開きて、内より告《の》りたまひしく、

「吾《わ》が隠《こも》りますによりて、天《あま》の原自《おのづか》ら闇《くら》く、また葦原中国《あしはらのなかつくに》も皆闇《くら》けむと以為《おも》ふを、何由《なにのゆゑ》にか、天宇受賣命《あめのうずめのみこと》は楽《あそび》をし、また八百万《やほよろづ》の神も諸咲《もろもろわら》へる。」とのりたまひき。ここに天宇受賣命《あめのうずめのみこと》白《まを》しく、「汝命《いましみこと》に益《ま》して貴き神坐《いま》す。故《かれ》、歓喜《よろこ》び咲《わら》ひ楽《あそ》ぶぞ。」とまをしき。かく言《まを》す間に、天児屋命《あめのこやねのみこと》、布《ふ》刀玉命《とだまのみこと》、その鏡を指《さ》し出《いだ》して、天照大御神《あまてらすおほみかみ》に示《み》せ奉《まつ》る時、天照大御神《あまてらすおほみかみ》、いよよ奇《あや》しと思ほして、稍《やや》戸より出《い》でて臨《のぞ》みます時に、その隠《かく》り立てりし天手力男神《あめのたぢからをのかみ》、その御手《みて》を取りて引き出《いだ》す即ち、布刀玉命《ふとだまのみこと》、尻《しり》くめ縄《なは》をその御後方《みしりへ》に控《ひ》き度《わた》して白《まを》しく、「これより内にな還《かへ》り入りそ。」とまをしき。故《かれ》、天照大御神《あまてらすおほみかみ》出でましし時、高天《たかま》の原も葦原中国《あしはらのなかつくに》も、自《おのづか》ら照《て》り明《あか》りき。

ここに八百万《やほよろづ》の神共《とも》に議《はか》りて、速須佐之男命《はやすさのをのみこと》に千位《ちくら》の置戸《おきど》を負《おほ》せ、また鬚《ひげ》を切り、手足の爪も抜かしめて、神逐《かむや》らひ逐《や》らひき。

「天《あめ》の石屋戸《いわやと》」の解釈

須佐之男命《すさのおのみこと》の乱暴が益々激しくなり、ついに機織女《はたおりめ》が梭《ひ》で陰部を突いて死んでしまったので、天照大御神《あまてらすおおみかみ》は、これを見て恐れおののき、天《あめ》の石屋戸《いわやと》を開いて中にお隠れになりました。そのために、高天原《たかまのはら》もこの下界もことごとく暗闇《くらやみ》のようになります。そしてあらゆる神々の騒ぐ声は、夏の蝿のようにいっぱいになり、あらゆる禍《わざわい》が一斉に起ったのであります。そこでこの状況を打開するために、多くの神々が天《あめ》の安《やす》の河《かわ》の河原《かわら》にお集まりになって、高御産巣日神《たかみむすひのかみ》の子の思金神《おもいかねのかみ》（知恵の神様）に考えさせて、まず、常世《とこよ》の長鳴鳥《ながなきどり》を集めて鳴かせました。

伊勢神宮の式年遷宮でも、「鶏鳴三声《けいめいさんせい》」という儀式が行われています。「カケコー」という鶏《にわとり》の鳴き声が三回唱えられ、つづく勅使の「出御《しゅつぎょ》」の声とともに、神霊が新宮に遷られるのです。鶏《にわとり》というのは神様と非常に密接な関係にある鳥なのです。

次に、天《あめ》の安《やす》の河《かわ》の川上にある堅い岩を取り、また天《あめ》の金山《かなやま》の鉄を採って、鍛冶師《かじし》の天《あま》津麻羅《つまら》という人を探し求め、伊斯許理度賣命《いしこりどめのみこと》に命じて鏡を作らせ、玉祖命《たまのやのみこと》に命じて、大きな勾玉《まがたま》がたくさんついている長い玉の緒を作らせました。

次に、天児屋命《あめのこやねのみこと》（中臣《なかとみ》《藤原》氏の先祖。春日大社の御祭神）と布刀玉命《ふとだまのみこと》（忌部《いんべ》氏の先祖）を呼んで天《あめ》の香山《かぐやま》の雄鹿《おすしか》の肩骨を丸抜きにして、天《あめ》の香山《かぐやま》の朱桜《ははか》を取り、その鹿の肩の骨を朱桜《ははか》の皮で焼いて占わせました。

次に、天《あめ》の香山《かぐやま》の枝葉の繁った賢木《さかき》を根のまま掘り取って、上の枝に大きな勾玉《まがたま》がたくさんついている長い玉の緒をかけました。中の枝には、大きな鏡をかけました。下の枝には、楮《こうぞ》の繊維で織った白い布と麻の糸で織った青い布をつけて垂らしました。これらの物は、布刀玉命《ふとだまのみこと》が大御神《おおみかみ》に献《たてまつ》る神聖な供え物として捧げ持ち、天児屋命《あめのこやねのみこと》は祝福の祝詞《のりと》を奏上いたしました。

そして天手力男神《あめのたぢからをのかみ》が、天《あめ》の石屋戸《いわやと》の入口の横に隠れて立ち、天宇受賣命《あめのうずめのみこと》が天《あめ》の香山《かぐやま》の日陰の蔓《かづら》をたすきにかけ、真拆《まさき》の葛《かづら》を頭にかざり、天《あめ》の香山《かぐやま》の笹の葉を束ねて手に持ち、天《あめ》の石屋戸《いわやと》の前に桶《おけ》をふせて、これを踏み鳴らし、神が人に乗り移った時の状態になって（つまり神懸《かみがか》りであり、忘我の状態です）、乳房を出し、裳《も》の紐《ひも》を陰部が見えるほど垂らしました。すると、高天原《たかまのはら》が鳴り響くばかりに、八百万《やおよろず》の神々が一斉に笑いました。

そこで、天照大御神《あまてらすおおみかみ》は不思議に思われて、天《あめ》の石屋戸《いわやと》を細めに開けて中から、「私がここに隠れているので高天原《たかまのはら》は自然に暗くなり、また、葦原中国《あしはらのなかつくに》もすべて暗闇《くらやみ》であろうと思うが、どういう訳で天宇受賣命《あめのうずめのみこと》は歌い踊り、八百万《やおよろず》の神々はみな笑っているのだろうか」と言われました。

これに対して天宇受賣命《あめのうずめのみこと》は、「あなた様よりも貴い神様がおいでになりますので、皆、喜び笑って楽しく歌ったり、踊ったりしているのです」とお答え申し上げました。このようにお答え申し上げている間に、天児屋命《あめのこやねのみこと》と布刀玉命《ふとだまのみこと》とが、榊《さかき》の枝につるした八尺《やた》鏡《かがみ》をさし出して、天照大御神《あまてらすおおみかみ》にお見せ申し上げると、天照大御神《あまてらすおおみかみ》はいよいよ不思議に思われて、天《あめ》の石屋戸《いわやと》から少し出て、鏡をのぞき見られました。

その時、石屋戸《いわやと》の入口の横に隠れて立っていた天手力男神《あめのたぢからおのかみ》（戸隠《とがくし》神社のご祭神）が、天照大御神《あまてらすおおみかみ》の御手を取って外へ引き出し申し上げ、布刀玉命《ふとだまのみこと》がすばやく後ろにまわり、注連縄《しめなわ》を引き渡して、「ここから内には、二度とお入りにならないようにお願いします」と申し上げました。

このようにして天照大御神《あまてらすおおみかみ》が再びお出ましになると、高天原《たかまのはら》も葦原中国《あしはらのなかつくに》も自然ともとのように太陽が輝き、明るくなったのであります。そこで八百万《やおよろず》の神々がご一緒に相談されて、須佐之男命《すさのおのみこと》の罪穢《つみけが》れを祓《はら》うために、多くの台の上に沢山《たくさん》の品物を提出させ、また鬚《ひげ》と手足の爪とを切って、高天原《たかまのはら》から追放されました。

天《あめ》の石屋戸《いわやと》古伝承《こでんしょう》は今日《こんにち》の神社祭祀の起源と言われています。現在でも古代に発する同じ祭りが連綿として執り行われています。つまり神代《かみよ》の祭祀が今に続いているのです。まさに奇蹟としかいえないのではないでしょうか。全国の神社で毎日執《と》り行われている祭祀の大本になるものが天《あめ》の石屋戸《いわやと》古伝承《こでんしょう》なのです。

なぜ天照大御神《あまてらすおおみかみ》はお隠れになったのか

ここで疑問なのは、天照大御神《あまてらすおおみかみ》が天《あめ》の石屋戸《いわやと》を開いて中にお隠れになったのはなぜか、ということではないでしょうか。それを明らかにすることが『古事記』を読み解くことの大きなポイントの一つです。

第一に、物語の流れから推測するならば、須佐之男命《すさのおのみこと》の御心《みこころ》が再び傲慢《ごうまん》な我欲の異心《ことごころ》に覆《おお》われてしまい、あらゆる罪（天津罪《あまつつみ》）を犯したことが、天照大御神《あまてらすおおみかみ》の天《あめ》の石屋戸《いわやと》隠れの原因になったと考えられます。要するに、須佐之男命《すさのおのみこと》の御心《みこころ》が再び我欲の異心《ことごころ》に覆われて暗闇《くらやみ》となったことが、天照大御神《あまてらすおおみかみ》の天《あめ》の石屋戸《いわやと》隠れの根本的原因なのです。しかし、古伝承《こでんしょう》というものは隠喩《いんゆ》なので、その隠喩《いんゆ》が何を指しているのかを考えなければなりません。
高天原《たかまのはら》の「清らかないのち」が永遠に輝き続けている世界は眼前にありますが、須佐之男《すさのおの》命《みこと》の本来の「清明な御心《みこころ》」が我欲の異心《ことごころ》に晦《くら》まされると、その「永遠のいのち」の世界は暗闇《くらやみ》の世界に覆われて、すべての禍《わざわい》が一斉に起こります。本来、天地はあるがままの一心の状態でありますが、私たちの心に我欲が生じ、本来の一心の状態から異心《ことごころ》の状態になれば、眼前の天地を見ても、それは異心《ことごころ》の状態から見た天地であり、本来の天地ではありません。

その状態がまさに高天原《たかまのはら》の国が奪われたということであり、具体的には須佐之男命《すさのおのみこと》ご自身が、本来の御心《みこころ》の御扉を閉じてしまった結果、天之御中主神《あめのみなかぬしのかみ》、天照大御神《あまてらすおおみかみ》の「いのちの力」によって生かされていることが見えなくなった状態のことであります。言い換えれば、そのような状態こそが、天照大御神《あまてらすおおみかみ》がまさに天《あめ》の石屋戸《いわやと》にお隠れになったということでありましょう。つまり、天照大御神《あまてらすおおみかみ》の天《あめ》の石屋戸《いわやと》隠れとは、天照大御神《あまてらすおおみかみ》がお隠れになられたのではなく、須佐之男命《すさのおのみこと》ご自身が天《あま》つ神《かみ》から賜った「清らかないのち」の御扉を閉じてしまったことと考えられます。

もう一つの天照大御神《あまてらすおおみかみ》が天《あめ》の石屋戸《いわやと》にお隠れになった理由として考えられることは、それは八百万《やおよろず》の神々に対する教えのためではなかったか、否、八百万《やおよろず》の神々もまた須佐之《すさの》男命《おのみこと》と同じように自らの心中に居ます神明の御戸《みと》を閉じたことではないか、ということです。

高天原《たかまのはら》であらゆる乱暴な振る舞いを働いたのは、須佐之男命《すさのおのみこと》お一人だけであり、先に伊《い》邪那岐命《ざなきのみこと》が須佐之男命《すさのおのみこと》を追放されたように、須佐之男命《すさのおのみこと》だけを高天原《たかまのはら》から追放すれば問題は解決しました。天照大御神《あまてらすおおみかみ》が天《あめ》の石屋戸《いわやと》にお籠《こも》りになれば、何よりも善良な八百万《やおよろず》の神々がお困りになります。事実、この世界はことごとく暗黒世界となり、諸々の禍《わざわい》が次々に起り、八百万《やおよろず》の神々は大変にお困りになりました。

江戸時代前期の垂加《すいか》神道の創始者・山崎闇齋《やまざきあんさい》（一六一八〜八二年）がその『神代記垂加《じんだいきすいか》翁講義《おうこうぎ》』において指摘しているように、須佐之男命《すさのおのみこと》が悪行《あくぎょう》を働いた時、須佐之男命《すさのおのみこと》がどれほど勇猛であったとしても、八百万《やおよろず》の神々が一つ心になって力を合わせれば、その行いを正すことが出来たはずであります。このことは、後で八百万《やおよろず》の神々がご一緒に相談されて、須佐之男命《すさのおのみこと》に千位《ちくら》の置戸《おきど》を負せ、また鬚《ひげ》を切り、手足の爪も抜いて追放したことからも知られます。

しかし、その行動を八百万《やおよろず》の神々はしませんでした。あらゆる乱暴な振る舞いを行ったのは須佐之男命《すさのおのみこと》お一人だけでありますから、その意味では諸悪の根源は須佐之男命《すさのおのみこと》だけであります。

しかしながら、八百万《やおよろず》の神々の眼前に展開している存在世界は、どのような理由があったとしても、八百万《やおよろず》の神々の心の反映であり、その心が映しているのです。本来、八百万《やおよろず》の神々も天照大御神《あまてらすおおみかみ》もその本体は同一であり、天之御中主神《あめのみなかぬしのかみ》、天《あま》つ神《かみ》から賜わった「清らかな心」であるはずです。天照大御神《あまてらすおおみかみ》は眼前の須佐之男命《すさのおのみこと》の乱暴を見て見ぬふりをしている八百万《やおよろず》の神々もまた、須佐之男命《すさのおのみこと》と同じく本来有している「清らかな心」が我欲の異心《ことごころ》に覆われ暗闇《くらやみ》の世界になっていると見たのではないでしょうか。

そこで天照大御神《あまてらすおおみかみ》は、八百万《やおよろず》の神々に、その本体である「清らかな心」を自覚させるために、須佐之男命《すさのおのみこと》一人だけを追放するのでなく、八百万《やおよろず》の神々もお困りになるように天《あめ》の石屋戸《いわやと》にお隠れになられたのではないでしょうか。ただし、この天《あめ》の石屋戸《いわやと》隠れは、天照大御神《あまてらすおおみかみ》が意識的にされたのではなく、八百万《やおよろず》の神々が「清らかな心」を失って異心《ことごころ》の状態となり、その心中の神明の御扉を閉じたことが即、天照大御神《あまてらすおおみかみ》の天《あめ》の石屋戸《いわやと》隠れになったとも解されるでしょう。

眼前の存在世界は、すべて自らの心が造っています。この時点で八百万《やおよろず》の神々は、自らの本体を真に自覚していなかったと考えられます。そして、八百万《やおよろず》の神々も須佐之男命《すさのおのみこと》と同じように、その心が我欲の異心《ことごころ》に覆《おお》われて、その本体である自らの「清らかな心」の岩戸を閉じてしまったのです。

以上のように、天照大御神《あまてらすおおみかみ》が天《あめ》の石屋戸《いわやと》にお隠れになったことは、八百万《やおよろず》の神々に対してその本体を自覚させるためであり、換言すれば、八百万《やおよろず》の神々が心中の天照大御神《あまてらすおおみかみ》を見失ってしまったことを意味しているとも考えられます。

このように往々にして私たちは、八百万《やおよろず》の神々のように眼前で悪事が行われている場合であっても、自分に全く関係がないかのように無関心を装い、誰か第三者が正してくれるだろう、と自分は一歩退いて内に引きこもる所があります。そのような眼前の悪に負ける善人、たとえ一般的に善人と言われていても、自分の本体から発していない善は、真の意味で善とは言わないのであります。

勇猛果敢で勇ましいことだけがよいのではなく、自身の中の異心《ことごころ》を克服すること、異《こと》心《ごころ》に負けないことこそが尊いことなのではないでしょうか。

天《あめ》の石屋戸《いわやと》の意味と感謝の心

さて、天照大御神《あまてらすおおみかみ》が天《あめ》の石屋戸《いわやと》に籠《こも》られるという最悪の状況になり、ここで初めて、先には須佐之男命《すさのおのみこと》の傍若無人《ぼうじゃくぶじん》な行いを傍観《ぼうかん》していた八百万《やおよろず》の神々は、天《あめ》の安河《やすのかわ》の河原《かわら》に集り真剣に協議をしました。この天《あめ》の石屋戸《いわやと》の段は、今日の神社祭祀《さいし》の原型と言われておりますが、八百万《やおよろず》の神々は天《あめ》の石屋戸《いわやと》にお隠れになった天照大御神《あまてらすおおみかみ》を引き出そうとあらゆる手をうちました。

この天《あめ》の石屋戸《いわやと》の段について、江戸時代前期の伊勢《いせ》神宮外宮祠官《げくうしかん》の度会延佳《わたらいのぶよし》（一六一五～

九〇年）は、その『日本書紀神代講述鈔《にほんしょきじんだいこうじゅつしょう》』において、「心の上にていへば、悪念《あくねん》おこりて本心くらきは、日神天磐戸《にっしんあまのいわと》を閉給《とじたまひ》て、国土常闇《こくどとこやみ》となりしなり。又日蝕《またにっしょく》をいふとの説あり。さも有《ある》べし。但し神代《かみよ》の事跡《じせき》、比喩《ひゆ》あまたあれば、よく察《さっ》すべし。磐戸《いわと》を閉給《とじたま》ふは人躰《じんたい》の日神。世界常闇《せかいとこやみ》となりしは、天にまします日神。磐戸《いわと》の前に掛《かけ》し御鏡《みかがみ》は、地《ち》におはします日神也。これ等又天地人を配合して云り。神代《かみよ》の事跡これらを以て類推すべし。是は素戔嗚尊《すさのをのみこと》の悪逆の故に、天照大御神《あまてらすおほみかみ》怒《いかり》を含て、天下の政《まつりごと》をきこしめさぬを、比喩《ひゆ》していひたる歟《や》。」と述べています。また、宣長《のりなが》も、「天石屋戸《あめのいはやと》は、必ずしも實《まこと》の岩窟《いはや》には非《あら》じ、石《いは》とはただ堅固《かたき》を云《いえ》るにて、天之石位《あめのいはくら》天之石靫《あめのいはゆぎ》天磐船《あめのいはふね》などの類にて、ただ尋常の殿《との》をかく云るなるべし」と説かれております。

延佳《のぶよし》、宣長《のりなが》が述べるように、天《あめ》の石屋戸《いわやと》は眼前の岩屋《いわや》ではありません。伊勢《いせ》神道では「心はすなわち神明の主たり」、吉田神道でも「心は即ち神明の御舎《みあらか》」と主張していますが、これは八百万《やおよろず》の神々一人ひとりの心、そして私たち一人ひとりの心のことを語った比喩《ひゆ》でありましょう。

それでは、この天《あめ》の石屋戸《いわやと》の神事の眼目とは何でありましょうか。それは天照大御神《あまてらすおおみかみ》が石屋戸《いわやと》に籠《こも》られたことを、八百万《やおよろず》の神々が自らの問題として自分自身の心を見つめた時、天《あま》つ神《かみ》から賜わった本来の清明な心を我欲の異心《ことごころ》で覆《おお》い、須佐之男命《すさのおのみこと》の乱暴な振る舞いを誰か正してくれるだろうと心の御戸《みと》を閉じてしまった結果、このような事態になったのだと自分自身に対して深く反省したことである、と考えられます。常世《とこよ》の長鳴鳥《ながなきどり》、御幣《みてぐら》（神様に献る供え物の総称）、太祝詞言《ふとのりとごと》、天宇受賣命《あめのうずめのみこと》の神懸《かみがか》り、これらのすべてが、八百万《やおよろず》の神々の「清らかな心」の鏡を二重、三重に取り巻いている我欲という「ほこり」を取り払うための祓《はら》えの所作であろうと推考されます。天照大御神《あまてらすおおみかみ》の御前で一心不乱に祈り、欲得の心をすべて抛《なげはな》った時、あたかも夢から覚《さ》めるように、自らの心の鏡についていた我執という「ほこり」が祓《はら》われ、ようやく自らの内にある生死を越えた永遠不滅の本体に気づいたことでありましょう。

このことは、実は「天宇受賣命《あめのうずめのみこと》の神懸《かみがか》り」という状態によって知られます。「神懸《かみがか》り」とは、「清らかな心」の状態の象徴的な言葉であり、天之御中主神《あめのみなかぬしのかみ》、天《あま》つ神《かみ》の心と一つになったことであると推察されます。

今までは異心《ことごころ》の状態であったので、眼前の須佐之男命《すさのおのみこと》の悪行を憂えたとしても、一歩退いて内に引きこもってしまい、正しい行動を起こすことが出来なかったのです。自分の我欲が障害となっていたのであります。

さらに、「八百万《やおよろず》の神共《とも》に咲《わら》ひき」とありますが、神事に「笑い祭」があるように、笑いは祓《はら》えに通じ、それは異心《ことごころ》の状態ではなく、本体の天之御中主神《あめのみなかぬしのかみ》、天《あま》つ神《かみ》の御心《みこころ》と一つになった状態を語っているのでしょう。それは「咲《わら》い」は「笑《わら》い」の古字で、手元の『新選漢和辞典』（小学館）によれば、花のつぼみが開くという意味があり、笑いが花の咲くことにもたとえられています。そこでこの箇所の意味を考えるならば、「咲《わら》い」によってつぼみが開き、新しい世界が開けることではないでしょうか。

要するに八百万《やおよろず》の神々全員が、天宇受賣命《あめのうずめのみこと》と同一の心になり、自らの本体に感応したという意味と解されます。この時の感動はいかばかりであったか、察するに余り有ります。

その論拠は、この感激を天宇受賣命《あめのうずめのみこと》が、「汝命《いましみこと》に益《ま》して貴《とうと》き神坐《いま》す。故《かれ》、歓喜《よろこ》び咲《わら》ひ楽《あそ》ぶぞ」と述べていることによって知られます。ただ「汝命《いましみこと》に益《ま》して貴《とうと》き神」とは、具体的にどの神を指すかは明確ではありません。

しかし、天照大御神《あまてらすおおみかみ》は、高天原《たかまのはら》の中心の主宰神《しゅさいしん》である天之御中主神《あめのみなかぬしのかみ》の御神徳《ごしんとく》が現象界に現われた神様でありますから、当然、その神とは天照大御神《あまてらすおおみかみ》の大本である天之御中主《あめのみなかぬしの》神《かみ》であり、天《あま》つ神《かみ》を指していると考えられます。

天之御中主神《あめのみなかぬしのかみ》と天照大御神《あまてらすおおみかみ》は私たちと隔絶した神様ではなく、私たちの先祖であり、その本質なのです。ですから、一心不乱にお祈りするならば、神様は必ず感応されるのです。

これが伊勢《いせ》神道における大事な教えです。

この天之御中主神《あめのみなかぬしのかみ》の世界とは、「歓喜《よろこ》び咲《わら》ひ楽《あそ》ぶぞ」とあるように、歓喜の世界であり、あたかも母の慈愛の御手に包まれて生かされているような、ただただ感謝の世界なのでありましょう。

この世界について『古語拾遺《こごしゅうい》』によると「此れの時に当りて、上天《あめ》初めて晴れ、衆倶《もろもろとも》に相見《あひ》て、面皆明白《おもみなしろ》し。手を伸《の》して歌ひ舞ふ。相与《あいとも》に称曰《たたえい》はく、阿波礼《あはれ》。阿那於茂志呂。阿那《あな》多能志《たのし》。阿那佐夜憩《あなさやけ》。飫憩《おけ》。」と記されています。つまり、「天晴《あっぱ》れ、あな面白《おもしろ》、あな手伸《たの》し、あな清《さや》け、おけ」と歌い踊りたくなるような永遠に輝き続ける感謝、歓喜の世界なのであります。

八百万《やおよろず》の神々は天照大御神《あまてらすおおみかみ》の御前で、自らの我欲我見の異心《ことごころ》を祓《はら》って祓《はら》った時、その眼前には須佐之男命《すさのおのみこと》の乱暴によって暗黒世界となっていた状態と全く異なる歓喜の世界が現出しました。しかし、外面のものは何一つ変化していません。変わったのは、八百万《やおよろず》の神々の心の方なのです。不足、不満、我欲の異心《ことごころ》を祓《はら》った時に、歓喜の世界が現れたわけです。

その世界は、今ここに有りますが、私たちは分別《ふんべつ》の異心《ことごころ》で見ているので理解できないのであります。それは、私たちから最も近いところにあるのです。私たちは神様と同体なのです。今すでに、私たちは神々の慈愛に包まれているのです。

八百万《やおよろず》の神々は、自らの分別《ふんべつ》の異心《ことごころ》を祓《はら》った時、その大本に天之御中主神《あめのみなかぬしのかみ》が実在していることを体認し、実感したのであります。本文に「天児屋命《あめのこやねのみこと》、布刀玉命《ふとだまのみこと》、その鏡を指《さ》し出《いだ》して、天照大御神《あまてらすおおみかみ》に示《み》せ奉《まつ》る」とありますように、鏡とは八百万《やおよろず》の神々が感応した本体の御魂の依《よ》り代《しろ》のことであり、それを天照大御神《あまてらすおおみかみ》に差し出して、八百万《やおよろず》の神々の祓《はら》えの努力をご照覧仰いだのでありましょう。

この感動こそが、わが国の歴史の本源に流れている天《あま》つ神《かみ》の「永遠のいのち」であり、この感動を伝えていくのが真の神道者の使命であると思います。そして、天《あめ》の石屋戸《いわやと》の古《こ》伝承《でんしょう》の意義もこのところにあります。

天之御中主神《あめのみなかぬしのかみ》より賜わった自らの本体である「永遠のいのち」を、少しも我欲我見という異心《ことごころ》によって傷つけることなく、後世に守り伝えていくことが大事なのです。ここが天《あめ》の石屋戸《いわやと》の部分の一番の眼目だと思います。そして、天《あめ》の石屋戸《いわやと》に張りめぐらした注連縄《しめなわ》こそは、この永遠の感動を今後、絶対に傷を付けまいとする八百万《やおよろず》の神々の覚悟の表明とも考えられます。

さらに、八百万《やおよろず》の神々が共議して須佐之男命《すさのおのみこと》を高天原《たかまのはら》から追放したことは、神々の心に映っていた乱暴な須佐之男命《すさのおのみこと》を完全に祓《はら》ったことを意味しているのでありましょう。

天《あめ》の石屋戸《いわやと》の古伝承《こでんしょう》というのは、ただ単に天照大御神《あまてらすおおみかみ》が天《あめ》の石屋戸《いわやと》にお隠れになったのではなく、八百万《やおよろず》の神々が自らの心中の天照大御神《あまてらすおおみかみ》を見失ったのを天照大御神《あまてらすおおみかみ》の御前で一心不乱に祈ることによって、その本体を取り戻し、天照大御神《あまてらすおおみかみ》、天之御中主神《あめのみなかぬしのかみ》と再び一体となった。そのことこそが、日本人の一番深いところに流れているもの、祖先が後世に伝えようとしたことではないかと思います。

第十一回　五穀《ごこく》の起原《きげん》と大蛇《おろち》退治《たいじ》

　また食物《をしもの》を大氣津比賣神《おほげつひめのかみ》に乞《こ》ひき。ここに大氣都比賣《おほげつひめ》、鼻口《はなくち》また尻《しり》より、種種《くさぐさ》の味物《ためつもの》を取り出《いた》して、種種《くさくさ》作り具《そな》へて進《たてまつ》る時に、速須佐之男命《はやすさのをのみこと》、その態《しわざ》を立ち伺《うかが》ひて、穢汚《けが》して奉進《たてまつ》るとおもひて、すなはちその大宜津比賣神《おほげつひめのかみ》を殺しき。故《かれ》、殺さえし神の身に生《な》れる物は、頭《かしら》に蠶《かひこ》生《な》り、二つの目に稲種《いなたね》生《な》り、二つの耳に粟《あは》生《な》り、鼻に小豆《あづき》生《な》り、陰《ほと》に麦《むぎ》生《な》り、尻《しり》に大豆《まめ》生《な》りき。故《かれ》ここに神産巣日《かみむすひ》の御祖命《みおやのみこと》、これを取らしめて、種《たね》と成《な》しき。

　故《かれ》、避追《やら》はえて、出雲國《いつものくに》の肥《ひ》の河上《かはかみ》、名は鳥髪《とりかみ》といふ地《ところ》に降《くだ》りたまひき。この時箸《はし》その河より流れ下《くだ》りき。ここに須佐之男命《すさのをのみこと》、人その河上《かはかみ》にありと以為《おも》ほして、尋《たづ》ね覓《もと》めて上《のぼ》り往きたまへば、老《お》夫《きな》と老女《おみな》と二人ありて、童女《をとめ》を中に置きて泣けり。ここに「汝等《なれども》は誰ぞ。」と問ひたまひき。故《かれ》、その老夫《おきな》答へ言《まを》ししく、「僕《あれ》は國つ神、大山津見神《おほやまつみのかみ》の子ぞ。僕《あ》が名は足名椎《あしなづち》と謂ひ、妻《め》の名は手名椎《てなづち》と謂ひ、女《むすめ》の名は櫛名田比賣《くしなだひめ》と謂ふ。」とまをしき。また「汝《な》が哭《な》く由《ゆゑ》は何ぞ。」と問ひたまへば、答へ白《まを》ししく、「我が女《むすめ》は、本《もと》より八稚女《やをとめ》ありしを、この高志《こし》の八俣《やまた》の大蛇《をろち》、年毎《としごと》に来て喫《くら》へり。今そが来《く》べき時なり。故《かれ》、泣く。」とまをしき。ここに「その形は如何《いかに》。」と問ひたまへば、答へ白《まを》ししく、「その目は赤《あか》かがちの如くして、身一つに八頭《やかしら》八尾《やを》あり。またその身に蘿《こけ》と檜榲《ひすぎ》と生《お》ひ、その長《たけ》は谿《たに》八谷《やたに》峡《を》八尾《やを》に度《わた》りて、その腹を見れば、悉《ことごと》に常に血《ち》爛《たた》れつ。」とまをしき。

ここに赤かがちと謂へるは、今の酸醤《ほおづき》なり。

ここに速須佐之男命《はやすさのをのみこと》、その老夫《おきな》に詔《の》りたまひしく、「この汝《な》が女《むすめ》をば吾《あれ》に奉らむや。」とのりたまひしに、「恐《かしこ》けれども御名《みな》を覺《し》らず。」と答へ白《まを》しき。ここに答へ詔《の》りたまひしく、「吾《あ》は天《あま》照大御神《てらすおほみかみ》の同母弟《いろせ》なり。故《かれ》今、天《あめ》より降《くだ》りましつ。」とのりたまひき。ここに足名椎手名椎神《あしなづちてなづちのかみ》、「然《しか》まさば恐《かしこ》し。立奉《たてまつ》らむ。」と白《まを》しき。ここに速須佐之男命《はやすさのをのみこと》、すなはち湯津爪櫛《ゆつつまぐし》にその童女《をとめ》を取り成《な》して、御角髪《みみづら》に刺《さ》して、その足名椎手名椎神《あしなづちてなづちのかみ》に告《の》りたまひしく、「汝等《なれども》は、八鹽折《やしほをり》の酒を釀《か》み、また垣を作り廻《もとほ》し、その垣に八門《やかど》を作り、門毎《かどごと》に八棧敷《やさずき》を結《ゆ》ひ、その棧敷毎《さずきごと》に酒船《さかぶね》を置きて、船毎《ふねごと》にその八鹽折《やしほをり》の酒を盛《も》りて待ちてよ。」とのりたまひき。故《かれ》、告《の》りたまひし隨《まにま》に、かく設《ま》け備へて待ちし時、その八俣大蛇《やまたのをろち》、信《まこと》に言ひしが如《ごとき》来つ。すなわち船毎《ふねごと》に己《おの》が頭《かしら》を垂入《たれい》れて、その酒を飲みき。ここに飲み酔《ゑ》ひて留《とど》まり伏《ふ》し寝《ね》き。ここに速須佐之男命《はやすさのをのみこと》、その御佩《みはか》せる十拳剣《とつかつるぎ》を抜きて、その蛇《をろち》を切り散《はふ》りたまひしかば、肥河《ひのかは》血に變《な》りて流れき。故《かれ》、その中の尾を切りたまひし時、御刀《みはかし》の刃毀《はか》けき。ここに怪《あや》しと思ほして、御刀《みはかし》の前《さき》もちて刺し割《さ》きて見たまへば、都牟刈《つむがり》の大刀《たち》ありき。故《かれ》、この大刀を取りて、異《あや》しき物と思ほして、天照大御神《あまてらすおほみかみ》に白《まを》し上げたまひき。こは草薙《くさなぎ》の大刀《たち》なり。

故《かれ》ここをもちてその速須佐之男命《はやすさのをのみこと》、宮造《みやつく》るべき地《ところ》を出雲國《いづものくに》に求《ま》ぎたまひき。ここに須賀《すが》の地《ところ》に到《いた》りまして詔《の》りたまひしく、「吾《あれ》此地《ここ》に来て、我《あ》が御心《みこころ》すがすがし。」とのりたまひて、其地《そこ》に宮を作りて坐《ま》しき。故《かれ》、其地《そこ》をば今に須賀《すが》と云ふ。この大神、初めて須賀の宮を作りたまひし時、

其地より雲立ち騰《のぼ》りき。ここに御歌を作《よ》みたまひき。その歌は、

八雲立つ　出雲八重垣《いづもやへがき》　妻籠《つまご》みに　八重垣《やへがき》作る　その八重垣《やへがき》を

ぞ。ここにその足名椎神《あしなづちのかみ》を喚《よ》びて、「汝《な》は我が宮の首任《おびとた》れ。」と告《の》りたまひ、また名を負《おほ》せて、稲田《いなだのみや》宮主須賀之八耳神《ぬしすがのやつみみのかみ》と號《なづ》けたまひき。

故《かれ》、その櫛名田比賣《くしなだひめ》をもちて、隠所《くみど》に起《お》こして、生める神の名は、八島士奴美神《やしまじぬみのかみ》と謂ふ。また大山《おほやま》津見神《つみのかみ》の女《むすめ》、名は神大市比賣《かむおほいちひめ》を娶《めと》して生《う》める子は、大年神《おほとしのかみ》。次に宇迦之御魂神《うかのみたまのかみ》。二柱　兄八島士奴《あにやしまじぬ》美神《みのかみ》、大山津見神《おほやまつみのかみ》の女《むすめ》、名は木花知流比賣《このはなのちるひめ》を娶《めと》して生める子は、布波能母遅久奴須奴神《ふはのもぢくぬすぬのかみ》。この神、淤迦美神《おかみのかみ》の女《むすめ》、名は日河比賣《ひかはひめ》を娶《めと》して生める子は、深淵之水夜禮花神《ふかぶちのみづやれはなのかみ》。この神、天之都度《あめのつど》閇知泥神《へちねのかみ》を娶《めと》して生める子は、淤美豆奴神《おみづぬのかみ》。この神、布怒豆怒神《ふのづののかみ》の女《むすめ》、名は布帝耳神《ふてみみのかみ》を娶《めと》して生める子は、天之冬衣神《あめのふゆきぬのかみ》。この神、刺國大神《さしくにおほのかみ》の女《むすめ》、名は刺國若比賣《さしくにわかひめ》を娶《めと》して生める子は、大國《おほくに》主神《ぬしのかみ》。亦の名は大穴牟遅神《おほなむぢのかみ》と謂ひ、亦の名は葦原色許男神《あしはらしこをのかみ》と謂ひ、亦の名は八千矛神《やちほこのかみ》と謂ひ、亦の名は宇都志國玉神《うつしくにだまのかみ》と謂ひ、併《あは》せて五つの名あり。

「五穀《ごこく》の起原《きげん》と大蛇退治《おろちたいじ》」の解釈

まず「五穀《ごこく》の起原《きげん》」の箇所ですが、ここは前後のストーリーから遊離《ゆうり》していると言われている古伝承《こでんしょう》です。いわゆる遊離《ゆうり》神話とよばれている箇所です。突然ここで穀物の起源が

語られているので、注意して見ていきたいと思います。

須佐之男命《すさのおのみこと》は、食物を大気津比賣神《おおげつひめのかみ》に求めました。そこで大気都比賣《おおげつひめ》は、鼻や口、また尻から様々なおいしい食べ物を取り出して、様々な方法で調理して差し上げられました。

この時、須佐之男命《すさのおのみこと》は、その大気都比賣《おおげつひめ》の振る舞いをのぞいて、きたないことをして食べ物を食べさせると思って、その大宜津比賣神《おおげつひめのかみ》を殺してしまいました。

そこで殺された大宜津比賣神《おおげつひめのかみ》の身体からいろいろな穀物がお生まれになりました。頭に蚕《かいこ》が生まれ、二つの目に稲の種が生まれ、二つの耳に粟《あは》が生まれ、鼻に小豆《あづき》が生まれ、陰部に麦が生まれ、尻に大豆《まめ》が生まれました。そこで神産巣日《かみむすひ》の御祖神《みおやのみこと》がこれをお取りになって五穀《ごこく》の種となさったのです。

ここで五穀の起源の話は終わり、次は「天《あめ》の石屋戸《いわやと》」の段の続きとなり、八百万《やおよろず》の神々より高天原《たかまのはら》から追放された須佐之男命《すさのおのみこと》の話に戻ります。

このようにして須佐之男命《すさのおのみこと》は、高天原《たかまのはら》を追放されて、出雲国《いずものくに》の肥河《ひかわ》の川上《かわかみ》の鳥髪《とりかみ》という所にお降りになりました（氷川《ひかわ》神社の氷川《ひかわ》の名称は、この出雲の肥河《ひかわ》・簸川《ひかわ》に由来します）。

ちなみに関東ですと埼玉県さいたま市にある氷川神社《ひかわじんじゃ》（ご祭神は須佐之男命《すさのおのみこと》、稲田姫命《いなだひめのみこと》、大己貴命《おおなむちのみこと》）が有名です。関東平野、武蔵国《むさしのくに》というのは出雲族の人が開いたといわれています。土地を開拓するときには、人間の力だけでなく、神様と一緒に行ったのです。ですから地元の神社に祀《まつ》られている神様をみれば、その土地がどのような由来をもっているかが分かるのはこういう理由からなのです。

この時、箸がその河の河上から流れて来ました。そこで須佐之男命《すさのおのみこと》は、河上に人が住んでいると思って、尋ね探して上って行かれると、おじいさんとおばあさんの二人がいて、少女を間に置いて泣いていたのであります。

そこで須佐之男命《すさのおのみこと》が、「あなた方は誰ですか」とお尋ねになりました。するとおじいさんが答えて「私は国つ神の大山津見神《おおやまつみのかみ》の子です。私の名前は、足名椎《あしなづち》といい、妻の名前は手名椎《てなづち》、娘の名前は櫛名田比賣《くしなだひめ》といいます」と申し上げました。

また、「どういうわけであなたは泣いているのですか」とお尋ねになりました。これに答えて「私の娘は、もともと八人おりましたが、それを高志《こし》の八俣《やまた》の大蛇《おろち》が毎年襲ってきて食べてしまいました。今年もまた、その大蛇《おろち》がやって来る時期なので泣いております」と申し上げました。

さらに須佐之男命《すさのおのみこと》が、「その八俣《やまた》の大蛇《おろち》は、どういう形をしていますか」とお尋ねになりました。これに答えて、「その目は、赤く熟した酸漿《ほおずき》のようで、身体一つに頭が八つ、尾が八つあります。またその身体には蘿《こけ》や檜《ひのき》・杉の木が生え、その長さは八つの谷、八つの峰に渡り、腹を見れば、いつも血が垂《ただ》れて爛れております」と申し上げました。

そこで須佐之男命《すさのおのみこと》がその老人に、「このあなたの娘を私に下さらないですか」と言われると、老人は、「恐れ多いことですが、あなたはどなた様ですか」とお答えいたしました。

すると須佐之男命《すさのおのみこと》は答えて、「私は天照大御神《あまてらすおおみかみ》の弟です。今、高天原《たかまのはら》から降って来たところです」と言われました。そこで足名椎《あしなづち》・手名椎神《てなづちのかみ》が「それならば恐れ多いことです。娘を差し上げましょう」と申し上げました。

よって須佐之男命《すさのおのみこと》は、その娘を清らかな爪形《つめがた》の櫛《くし》に姿をかえさせて、御角髪《みみづら》に刺し、その足名椎《あしなづち》・手名椎神《てなづちのかみ》に「あなた方は、八遍《はっぺん》（何度も何度も）も繰り返して醸造《じょうぞう》した強い酒を造り、また垣根《かきね》を作り廻《めぐ》らし、その垣根《かきね》に八つの門を作り、門ごとに八つの桟敷《さじき》を作り、その桟敷《さじき》ごとに酒を入れる槽《おけ》を置いて、槽《おけ》ごとにその強い酒を満たして待ち受けるように」と言われました。

そこで言われたままに、そのように準備して待ち受けていると、その八俣《やまた》の大蛇《おろち》が本当に言われた通りに現れたのであります。大蛇《おろち》は酒槽《さかおけ》ごとに自分の頭を垂れ入れて酒を飲みました。そして酒に酔って、その場に留まって寝てしまいました。

そこで須佐之男命《すさのおのみこと》は、身につけておられた十拳剣《とつかのつるぎ》を抜いて、その大蛇《おろち》をずたずたにお斬りになったので、肥河《ひのかわ》が血の川のようになって流れました。

そして大蛇《おろち》の中ほどの尾をお斬りになった時、十拳剣《とつかのつるぎ》の刃《は》が少し欠けました。これは怪しいと思われて、御剣の先で尾を刺し割《さ》いてご覧になると、すばらしい太刀《たち》がありました。

そこでこの太刀《たち》を取り出して、不思議なものだとお思いになり、天照大御神《あまてらすおおみかみ》にこのことの事情を申し上げて献上されました。これが草薙《くさなぎ》の剣《つるぎ》です。これは熱田神宮（愛知県名古屋市）

のご神体の御剣でもあります。天孫降臨《てんそんこうりん》の際に、三種《さんしゅ》の神器《じんぎ》が天照大御神《あまてらすおおみかみ》から邇邇芸命《ににぎのみこと》に授けられますが、御鏡《みかがみ》と御剣は第十代崇神《すじん》天皇のときに神威《しんい》を畏れて宮中より出て、やがて伊勢神宮に祀《まつ》られます。さらに第十二代景行《けいこう》天皇のとき、御剣は尾張の熱田《あつた》神宮に祀《まつ》られ、今日に至っています。

さて、このようにして須佐之男命《すさのおのみこと》は、新居の宮を造るべき所を出雲国《いずものくに》にお求めになりました。そして須賀《すが》の地（島根県雲南市）においでになって、「私はここに来て、我が御心《みこころ》がすがすがしい」と言われて、その地に宮殿をお造りになりました。すがすがしいから「すが」なのです。そこで、その地を今でも須賀《すが》というのです。ここに須佐之男命《すさのおのみこと》と稲田姫命《いなだひめのみこと》を祀《まつ》る須我《すが》神社があります。

須佐之男命《すさのおのみこと》が初めて須賀《すが》の宮をお造りになったとき、その地から雲が立ちのぼりました。そこで御歌をお詠みになりました。その御歌が、

八雲《やくも》立つ　出雲八重垣《いずもやえがき》　妻籠《つまご》みに　八重垣《やえがき》作る　その八重垣《やえがき》を

です。そこで足名椎神《あしなづちのかみ》をお呼びになって、「あなたを私の宮の首長《しゅちょう》に任じよう」と言われ、またの名を与えて稲田宮主須賀之八耳神《いなだのみやぬしすがのやつみみのかみ》と名付けられました。そして、須佐之男命《すさのおのみこと》が妻の櫛名田比賣《くしなだひめ》と夫婦の交わりをして、お生みになった神様の名は八島士奴美神《やしまじぬみのかみ》といいます。

また、大山津見神《おおやまつみのかみ》の娘の神大市比賣《かむおおいちひめ》と結婚してお生みになった子は、大年神《おおとしのかみ》（年穀《ねんこく》を掌《つかさど》る神、年は稲《いね》の稔《みの》りのこと）。稲とは一年かかって取り入れることから穀物の象徴です。次に、

宇迦之御魂神《うかのみたまのかみ》（食物の御魂の神）の二柱であります。兄の八島士奴美神《やしまじぬみのかみ》が、大山津見神《おおやまつみのかみ》の娘の木花知流比賣《このはなのちるひめ》と結婚してお生みになった子は、布波能母遲久奴須奴神《ふはのもじくぬすぬのかみ》です。

この神が淤迦美神《おかみのかみ》の娘の日河比賣《ひかわひめ》と結婚してお生みになった子は、深淵之水夜禮花神《ふかぶちのみずやれはなのかみ》です。この神が天之都度閇知泥神《あめのつどへちねのかみ》と結婚してお生みになった子は、淤美豆奴神《おみずぬのかみ》といいます。この神が、布怒豆怒神《ふのずののかみ》の娘の布帝耳神《ふてみみのかみ》と結婚してお生みになった子は、天之冬衣神《あめのふゆきぬのかみ》です。

この神が刺国大神《さしくにおおのかみ》の娘の刺国若比賣《さしくにわかひめ》と結婚してお生みになった子は、大国主神《おおくにぬしのかみ》です。この大国主神《おおくにぬしのかみ》は、またの名が大穴牟遲神《おおなむじのかみ》、葦原色許男神《あしはらしこおのかみ》、八千矛神《やちほこのかみ》、宇都志国玉神《うつしくにだまのかみ》と併せて五つのお名前を持っています。これだけの多くの名を持っている理由は、大国主神《おおくにぬしのかみ》がまさに英雄だからです。

五穀豊穣《ごこくほうじょう》の重要性

今回の要点は五穀《ごこく》の起源の意義と須佐之男命《すさのおのみこと》の八俣《やまた》の大蛇退治《おろちたいじ》の意義の二つです。まず、五穀《ごこく》の起源の意義について見てみたいと思います。

今日の箇所も「火神被殺《ひのかみひさつ》」の段と同じ構造で、眼前の大気都比賣神《おおげつひめのかみ》を殺したのではなく、須佐之男命《すさのおのみこと》の御心《みこころ》に映った大気都比賣神《おおげつひめのかみ》を殺したのであります。すなわち、大気都比賣神《おおげつひめのかみ》は須佐之男命《すさのおのみこと》のために、鼻や口、また尻から様々なおいしい食べ物を取り出し、調理して差し上げられたのですが、須佐之男命《すさのおのみこと》は、その大気都比賣神《おおげつひめのかみ》のふるまいを汚らわしいことをして食べさせると思ったのです。この時点で須佐之男命《すさのおのみこと》は、本来の天《あま》つ神《かみ》の御心《みこころ》から離れてしまいました。天《あま》つ神《かみ》の御心《みこころ》から離れれば、「神《かん》ながらの道」ではないのです。そこで、その須佐之男命《すさのおのみこと》の御心《みこころ》に映った「汚らわしいことをして食べさせると思った心」を殺して祓《はら》ったのであります。これは「神《かん》ながらの道」の視点からでないと理解できないと思います。

古代の日本人には、第四回の「神々《かみがみ》の生成《せいせい》」の段で見ましたように、「たぐり」も「屎《くそ》」も「尿《ゆまり》」も、決して汚らわしいものとしてではなく、神々として、神性なものとして見る素直な心を持っていました。森羅万象《しんらばんしょう》、この宇宙に存在しているものすべてが、天之御中主神《あめのみなかぬしのかみ》、天《あま》つ神《かみ》の御心《みこころ》によりて成らざるものは一つもないのであります。鼻にも口にも、そして尻にもすべて神々が宿っています。それを汚れていると感じるのは、その人の心が汚れていて清らかでないからであり、外面的なものに貴い心が使われている証拠です。眼前のものの姿や形、動きなどに心が使われ、そのように思ってしまうから、そのように念じてしまうからこそ、汚らわしいものに見えるのであります。外面のものに私たちの貴い心が使われてはなりません。心は、ただ感謝の一念のみであります。

先に「大八島国《おほやしまのくに》の生成《せいせい》」の段で見ましたように、神々の誕生は必ず「天《あま》つ神《かみ》の命《みこと》を請《こ》う」ことによって行われ、御心《みこころ》に全く私心を挟むことなく、天《あま》つ神《かみ》の御心《みこころ》と己の心を一つにしなければならないのであります。

ですから、須佐之男命《すさのおのみこと》はその心の中の大気都比賣神《おおげつひめのかみ》を汚らわしいと思う異心《ことごころ》を斬って殺して祓《はら》い、自らの本体である天《あま》つ神《かみ》の御心《みこころ》と一つになり、その結果、蚕《かいこ》、稲種《いなだね》、粟《あわ》、小豆《あずき》、麦《むぎ》、大豆《まめ》がお生まれになったと考えられます。

五穀《ごこく》は、須佐之男命《すさのおのみこと》の御心《みこころ》の祓《はら》えによって誕生したことをこの古伝承《こでんしょう》は伝えています。それ故に、貴いのであります。根本は私たち一人ひとりの心です。すべては、この一心であり、私たちの心が清められ、自らの本体であります天之御中主神《あめのみなかぬしのかみ》とその心が一つになった時、眼前の万物が、単なる物ではなく、神々そのものであることが了解されるでしょう。これが大事なことです。

なお『日本書紀』の一書には、月夜見尊《つくよみのみこと》が保食神《うけもちのかみ》（食物の神）のしわざを汚らわしいと怒り、剣を抜いて、この神を殺したとあります。そして、保食神《うけもちのかみ》の屍体《したい》の頭に牛馬、額《ひたい》に粟《あわ》、眉《まゆ》に蚕《かいこ》、眼に稗《ひえ》、腹に稲《いね》、陰部《ほと》に麦《むぎ》と大豆《まめ》と小豆《あずき》が化生《けしょう》したと伝えられています。

須佐之男命《すさのおのみこと》の「人間味」

次に八俣《やまた》の大蛇退治《おろちたいじ》の意義についてです。

須佐之男命《すさのおのみこと》は高天原《たかまのはら》を追放されて出雲国《いずものくに》の肥河《ひかわ》の川上にお降りになりますが、『日本書紀』の一書によれば、「須佐之男命《すさのおのみこと》は苦労に苦労を重ねながら、お降りになった」とあります。やはり本当のことというのは、苦労を自ら体験した者だけにしか分からないのではないでしょうか。それ故に、苦労は苦しみではなく、修行であり、本当はとても有り難いことなのであります。それは心の持ち方一つです。なお宣長《のりなが》は、もともと『古事記』にも、この『日本書紀』の一書にある説話と同様のものがあったが、それが抜け落ちているのではないか、と指摘しております。また、須佐之男命《すさのおのみこと》の御心《みこころ》の懊悩《おうのう》だけを追ってみるならば、以下のようになるでしょう。伊邪那岐命《いざなきのみこと》の徹底した禊祓《みそぎはらえ》によってお生まれになった時には、水晶《すいしょう》のように一点の曇りもない天《あま》つ神《かみ》の御心《みこころ》そのものでありましたが、成長するにしたがって、我欲我見の異心《ことごころ》が頭をもたげていき、本来の姿を見失って我欲の異心《ことごころ》の象徴であります黄泉《よみ》の国に行きたいと激しく泣き叫びました。しかしながら、伊邪那岐命《いざなきのみこと》の一喝《いっかつ》によって、自らの本体にはっと気づき、それまで我欲我見の異心《ことごころ》に覆われて汚れていた心が祓《はら》われ、天《あま》つ神《かみ》から賜った本来の清らかな御心《みこころ》を取り戻すことができました。それによって、分別《ふんべつ》の異心《ことごころ》の象徴であります黄泉《よみ》の国に行かず、全く反対の「永遠のいのち」が輝いている歓喜の世界であります高天原《たかまのはら》の天照大御神《あまてらすおおみかみ》のところに参上しました。

しかし、須佐之男命《すさのおのみこと》は誓約《うけい》によって、その御心《みこころ》の清らかさが証明された瞬間、慎みを忘れ傲慢《ごうまん》となり、その御心《みこころ》は、再び我欲の異心《ことごころ》に覆《おお》われて暗闇《くらやみ》となりました。そして、天《あめ》の石屋《いわや》戸《と》の前の神事により、八百万《やおよろず》の神々が本来の清明な御心《みこころ》を取り戻すことによって、須佐之男《すさのお》命《みこと》は、その八《や》百万《およろず》の神々によって祓《はら》い清められ、高天原《たかまのはら》から追放されたのであります。

つまり須佐之男命《すさのおのみこと》は、お生まれになった時は天《あま》つ神《かみ》の御心《みこころ》そのものでありましたが、すぐに我欲我見の異心《ことごころ》に覆われてしまいました。伊邪那岐命《いざなきのみこと》のご慈愛によって本来の清らかな御心《みこころ》を取り戻しますが、再び慎みを忘れ傲慢《ごうまん》になり我欲の異心《ことごころ》に覆《おお》われてしまいます。このように須佐之男命《すさのおのみこと》は、その御心《みこころ》が本来の清明な御心《みこころ》と我欲の汚れた異心《ことごころ》との間を行ったり来たり揺れ動く、非常に人間的な、私たちに一番身近な神様といえるでしょう。

このような祓《はら》えの観点から本日の「五穀《ごこく》の起原《きげん》」の古伝承《こでんしょう》を見るならば、この箇所は一般には遊離《ゆうり》神話と言われていますが、前後のストーリーから少しも遊離《ゆうり》していないことが知られます。祓《はら》えの観点から考えるならば、少しも遊離《ゆうり》していないのです。

高天原《たかまのはら》で祓《はら》い浄められて追放された須佐之男命《すさのおのみこと》は、苦労しながら葦原中国《あしはらのなかつくに》にお降りになられたのですが、その途中、大気津比賣神《おおげつひめのかみ》に食物をお求めになられた時、汚らわしいと思ったその異心《ことごころ》をすぐに斬って祓《はら》って祓《はら》って浄められました。たとえ祓《はら》って大悟《たいご》したからといって、その祓《はら》えの努力を止めたらすぐに「自分が」という我欲の異心《ことごころ》が私たちの心を襲います。永遠とは、永遠に我欲我見の異心《ことごころ》を祓《はら》い続ける不断の努力の中にあります。

八俣《やまた》の大蛇《おろち》は何を意味するか

八俣《やまた》の大蛇《おろち》の解釈については、古来よりさまざまな説があります（『神話に学ぶ』参照）。その代表的なものは第一に「盗賊説《とうぞく》」です。本文に「高志《こし》の八俣《やまた》の大蛇《をろち》」とあるところから、越《こし》（北陸）の地方からやって来た八箇軍団の盗賊《とうぞく》連合軍であるというものです。

第二は、八俣《やまた》の大蛇《おろち》というのは、斐伊川《ひいかわ》の氾濫《はんらん》を形容したものだとする「洪水説《こうずい》」です。それは、頭が八つというのは斐伊川《ひいかわ》が宍道湖《しんじこ》に注ぐ河口がいくつにも分かれていることの例《たと》えであり、また尾が八つというのも、末端が多くの支流に分かれていることの例《たと》えで、この川が毎年大洪水を起して大事な稲田を押し流してしまうことを言っているのであろう、というものであります。

第三に、八俣《やまた》の大蛇《おろち》は、本来は水田農業に重要な関係をもつ水の精霊《せいれい》、水神《すいじん》であって、畏《かし》み祭られる存在であるとする説です。すなわち、櫛名田比賣《くしなだひめ》のような処女の神女に奉仕させて稲作の豊饒《ほうじょう》を求めたものであり、須佐之男命《すさのおのみこと》はこの神女との聖なる結婚によって水を支配する神力を得、稲作の豊饒《ほうじょう》を守る農耕神となったのでありますが、自然に対する人間の優越が自覚されるにしたがって、次第にそのような古い形がくずれて、退治するような伝承へと変化していったのであろう、とする説であります。この他にも諸説ありますが、大まかに言うならこの三つの説に集約されます。

私は、確たる論拠はありませんが、①櫛名田比賣《くしなだひめ》が、『日本書紀』では奇稲田姫《くしいなだひめ》とあり、稲田《いなだ》の擬人化と考えられること。②今日でも河川に隣接している地域の政治の眼目は、治《ち》山治水《さんちすい》にあること。③須佐之男命《すさのおのみこと》、稲田姫命《いなだひめのみこと》、大己貴命《おおなむちのみこと》をご祭神とする氷川《ひかわ》神社の氷川《ひかわ》の名称が出雲《いずも》の斐伊川《ひいかわ》（簸川《ひかわ》）に由来すること等を考えると、第二の洪水《こうずい》説を支持したいと思います。

ただ、それはあくまでも外面的な目に見える部分のことであり、重要なことは須佐之男命《すさのおのみこと》の内面の部分であろうと考えます。先ほども見ましたように、須佐之男命《すさのおのみこと》の御心《みこころ》は本来の清明な御心《みこころ》と我欲の汚れた異心《ことごころ》との間を行ったり来たり揺れ動いていて、ついには高天原《たかまのはら》での悪行《あくぎょう》のために、高天原《たかまのはら》から追放されたのであります。そして苦労しながら出雲国《いずものくに》の肥河《ひかわ》の川上にお降りになったのでありますが、そのお降りになった処《ところ》では、足名椎《あしなづち》、手名椎《てなづち》、櫛名田比賣《くしなだひめ》が毎年襲ってくる八俣《やまた》の大蛇《おろち》のために大変にお困りになっていました。そこで須佐之男命《すさのおのみこと》は、八俣《やまた》の大蛇《おろち》の悪行《あくぎょう》に対して、それを自らの問題として考え、自分の責任としてその退治にあたられたのでありましょう。

一切の根本は人心を正すことです。須佐之男命《すさのおのみこと》は、あれほど高天原《たかまのはら》でやりたい放題の悪行《あくぎょう》を働きますが、八百万《やおよろず》の神々によって祓《はら》い浄められ、さらに自分自身の心中の汚らわしいと思う異心《ことごころ》（大気都比賣神《おおげつひめのかみ》）を祓《はら》って祓《はら》って、苦労を重ねながら天降《あまくだ》ってきました。高天原《たかまのはら》で悪行《あくぎょう》を働いていた時の須佐之男命《すさのおのみこと》とは全く異なり、その御心《みこころ》は清らかに澄んできたのであります。

それ故に、須佐之男命《すさのおのみこと》は、その御心《みこころ》に映った足名椎《あしなづち》、手名椎《てなづち》、櫛名田比賣《くしなだひめ》の苦しみは自分自身の苦しみであり、眼前の乱暴な八俣《やまた》の大蛇《おろち》の問題を自分自身の問題として考えられたのでありましょう。そして、眼前の悪である八俣《やまた》の大蛇《おろち》を退治すると同時に、須佐之男命《すさのおのみこと》の御心《みこころ》に映っている八俣《やまた》の大蛇《おろち》という異心《ことごころ》をずたずたに斬って斬って祓《はら》い浄められたのであります。

　須佐之男命《すさのおのみこと》は、ここにおいてついに自らの異心《ことごころ》をすっかりと祓《はら》い改め、天下の悪の象徴である八俣《やまた》の大蛇《おろち》を完全に亡ぼし、その御心《みこころ》は天之御中主神《あめのみなかぬしのかみ》、天《あま》つ神《かみ》と一つになったといえます。

　大蛇《おろち》の中から取り出した都牟刈《つむがり》の太刀《たち》とは、須佐之男命《すさのおのみこと》が天《あま》つ神《かみ》より賜った貴い貴い御心《みこころ》の依《よ》り代《しろ》のことであり、須佐之男命《すさのおのみこと》の清らかな御魂《みたま》そのもののことであると考えられます。そのことは、本文に「吾此《あれここ》地に来て、我《あ》が御心《みこころ》すがすがし」とあることによっても知られます。

　須佐之男命《すさのおのみこと》は自らの我欲我見の異心《ことごころ》を祓《はら》って祓《はら》って祓《はら》った清らかな御心《みこころ》を都牟刈《つむがり》の太《た》刀《ち》（草薙剣《くさなぎのつるぎ》）を依《よ》り代《しろ》として、天照大御神《あまてらすおおみかみ》に差し出し、その苦労に苦労を重ねた祓《はら》えの努力をご照覧《しょうらん》仰いだのでしょう。なお、これは「天《あめ》の石屋戸《いわやと》」の段において、八百万《やおよろず》の神々が清明になった御心《みこころ》を御鏡《みかがみ》を依《よ》り代《しろ》として天照大御神《あまてらすおおみかみ》に差し出したのと同じ構造になっています。したがって、三種《さんしゅ》の神器《じんぎ》のうち八尺の勾玉《まがたま》だけは当初から天照大御神《あまてらすおおみかみ》の玉体と一緒であったと推察《すいさつ》されます。この清らかな天之御中主神《あめのみなかぬしのかみ》の心こそが、すべての人に等しくすでに与えられている宝物なのです。

江戸時代中期の垂加《すいか》神道家である若林強斎《わかばやしきょうさい》は、本当の神道について、

神道ノ大事ハ、吾ガ心ヲ吾ガ心ト思ハズ、天神ノ賜ヂヤト思フガ、爰ガ、大事ゾ。サウ思ヒナスデハナイ、真実ニソレ。カウ云フコトヲ寝テモ覚メテモ大事ニスルヨリナイ。是程ノ宝物頂戴シテ居ナガラ井戸茶碗程ニモ思ハヌハ、ウロタヘゾ

と述べています。

その宝物が分からなくなる、つまり恵みを遮《さえぎ》っているのは、「自分が」という我欲であり、分別《ふんべつ》の意識があるからであります。自らが播《ま》き、自らが招《まね》いて天之御中主神《あめのみなかぬしのかみ》の恵みを遮っているのです。

私たちは、富める人、貧しい人、名のある人、名のない人に関係なく、すべての人が貴い貴い存在なのに、自分で自分の心を勝手に小さな存在にし、卑下《ひげ》しているのです。『古事記』を学ぶということは、そこに語られている説話を通して自分自身の本質、本当の自分とは何かを学ぶことであるのではないでしょうか。須佐之男命《すさのおのみこと》のように何度も何度も失敗を繰り返しながらでも、いつかは自分の本体と出会いたいものです。

第十二回　稲羽《いなば》の素兎《しろうさぎ》と八十神《やそがみ》の迫害《はくがい》

大国主神《おおくにぬしのかみ》
稲羽《いなば》の素兎《しろうさぎ》

故《かれ》、この大國主神《おほくにぬしのかみ》の兄弟《あにおと》、八十神《やそがみ》坐《ま》しき。然《しか》れども皆國《みなくに》は大國主神《おほくにぬしのかみ》に避《さ》りき。避《さ》りし所以《ゆゑ》は、その八十神《やそがみ》、各《おのおの》稲羽《いなば》の八上比賣《やがみひめ》を婚《よば》はむ心ありて、共に稲羽《いなば》に行きし時、大穴牟遲神《おほなむぢのかみ》に帒《ふくろ》を負《おほ》せ、従者《ともびと》として率《ゐ》て往きき。ここに氣多《けた》の前《さき》に到りし時、裸《あかはだ》の兎《うさぎ》伏《ふ》せりき。ここに八十神《やそがみ》、その兎に謂ひしく。「汝《なれ》爲《せ》むは、この海鹽《うしほ》を浴《あ》み、風の吹くに當たりて、高山の尾の上《へ》に伏せれ。」といひき。故《かれ》、その兎、八十神《やそがみ》の教へに従ひて伏しき。ここにその鹽《しほ》乾《かは》く隨《まにま》に、その身の皮悉《ことごと》に風に吹き拆《さ》かえき。故《かれ》、痛み苦しみて泣き伏せれば、最後《いやはて》に來たりし大穴牟遲神《おほなむちのかみ》その兎を見て、「何由《なにしか》も汝《な》は泣き伏せる。」と言ひしに、兎答へ言《まを》ししく、「僕《われ》淤岐《おき》の島にありて、この地《ところ》に度《わた》らむとすれども、度らむ因《よし》無かりき。故《かれ》、海の鮫《わに》を欺《あざむ》きて言ひしく、『吾《あ》と汝《な》と競《くら》べて、族《うがら》の多き少なきを計《かぞ》へてむ。故《かれ》、汝《な》はその族《うがら》のありの隨《まにま》に、悉に率《ゐ》て来て、この島より氣多《けた》の前《さき》まで、皆列《な》み伏し度れ。ここに吾《あれ》その上を蹈みて、走りつつ讀み度らむ。ここに吾《あ》が族《うがら》と孰《いづ》れか多きを知らむ。』といひき。かく言ひしかば、欺かえて列《な》み伏せりし時、吾《あれ》その上を蹈みて、讀み度り來て、今地《つち》に下《お》りむとせし時、吾《あれ》云ひしく、『汝《な》は我に欺かえつ。』と言ひ竟《を》はる卽ち、最端《いやはし》に伏せりし鮫《わに》、我《あ》を捕へて悉に我が衣服《きもの》を剥《は》ぎき。これによりて泣き患《うれ》ひしかば、先《さき》に行きし八十神《やそがみ》の命《みこと》もちて、『海鹽《うしほ》を浴み、風に當たりて伏せれ。』と誨《をし》へ告《の》りき。故《かれ》、敎への如くせしかば、我が身悉に傷《そこな》はえつ。」とまをしき。ここに大穴牟《おほなむ》遲神《ぢのかみ》、その兎に敎へ告りたまひしく、「今急《すみや》かにこの水門《みなと》に往き、水をもちて汝《な》が身を洗ひて、すなはちその水門の蒲黄《かまのはな》を取りて、敷き散らして、その上に輾轉《こいまろ》べば、汝が身本《もと》の膚《はだ》の如《ごと》、必ず差《い》えむ。」とのりたまひき。故、敎への如《ごと》せしに、その身本《もと》の如くになりき。これ稻羽《いなば》の素兎《しろうさぎ》なり。今者《いま》に兎神《うさぎがみ》と謂ふ。故、その兎、大穴牟遲神《おほなむぢのかみ》に白ししく、「この八十神《やそがみ》は、必ず八上《やがみ》比賣《ひめ》を得じ。帒《ふくろ》を負へども、汝命《いましみこと》獲たまはむ。」とまをしき。

八十神《やそがみ》の迫害《はくがい》

ここに八上比賣《やがみひめ》、八十神《やそがみ》に答へて言ひしく、「吾は汝等《いましたち》の言《こと》は聞かじ。大穴牟遲神《おほなむぢのかみ》に嫁《あ》はむ。」といひき。故ここに八十神《やそがみ》怒りて、大穴牟遲神《おほなむぢのかみ》を殺さむと共に議《はか》りて、伯伎《ははきの》國の手間《てま》の山本に至りて云ひしく、「赤き猪この山にあり。故《かれ》、われ共に追ひ下《お》しなば、汝《な》待ち取れ。もし待ち取らずは、必ず汝《なれ》を殺さむ。」と云ひて、火をもちて猪に似たる大石を焼きて、轉《まろ》ばし落しき。ここに追ひ下《お》すを取る時、すなはちその石に焼き著《つ》かえて死にき。ここにその御祖《みおや》の命、哭《な》き患《うれ》ひて、天《あめ》に参上《まゐのぼ》りて、神産巣日之命《かみむすひのみこと》に請《まを》しし時、すなはち𧏛貝比賣《きさがひひめ》と蛤貝比賣《うむぎひめ》とを遣はして、作り活《い》かさしめたまひき。ここに𧏛貝比賣《きさがひひめ》、刮《きさ》げ集めて、蛤貝比賣《うむぎひめ》、待ち承《う》けて、母《おも》の乳汁《ちしる》を塗りしかば、麗《うるは》しき壮夫《をとこ》に成りて、出で遊行《あそ》びき。

「稲羽《いなば》の素兎《しろうさぎ》と八十神《やそがみ》迫害」の解釈

ここからは出雲系《いずもけい》の英雄であります大国主神《おおくにぬしのかみ》の伝承です。大国主神《おおくにぬしのかみ》の兄弟は、八十神《やそがみ》もの多くの神々がおられました。「八十神《やそがみ》」とは、八十柱の神様の意味ではなく、多くの神々という意味です。また、ここの兄弟とは、同じ母親から生まれた兄弟ではなく、異母兄弟《いぼきょうだい》をさします。神代《かみよ》・古代では、一夫多妻《いっぷたさい》の風習があり、血統を尊《とうと》び血統を絶やさないようにしたためです。大国主神《おおくにぬしのかみ》は天之冬衣神《あめのふゆきぬのかみ》が父神《ちちかみ》で、刺国若比売《さしくにわかひめ》が母神《ははがみ》でありますが、『古事記』に伝えられていない女神が多くあり、それらの一切の兄弟の神々をさしているのであります。しかし、そのすべての神々が国を大国主神《おおくにぬしのかみ》にお譲りになりました。原文ではお譲りした訳は次の通りですと、まず始めに結論を述べ、その理由は「避りし所以」以下の通りであることを述べているのです。つまり、大国主神《おおくにぬしのかみ》は多くの試練を乗り越えられて、更に須佐之男命《すさのおのみこと》の御霊代《みたましろ》も受け継ぎ、ついには八十神《やそがみ》を追い払って、国づくりの大御業《おおみわざ》に向かわれたのですが、その事の次第の結果をまず先に述べられているのであります。

八十神《やそがみ》たちは、みなそれぞれ稲羽国《いなばのくに》の八上《やがみ》というところに住んでおられた絶世の女神である八上比売《やがみひめ》と結婚したいという心を持っていて、皆で一緒に稲羽国《いなばのくに》に行った時、大穴牟遅神《おおなむじのかみ》（大国主神《おおくにぬしのかみ》となる前の名前。以下、大穴牟遅神《おおなむじのかみ》が大国主神《おおくにぬしのかみ》にまで成長する過程が語られている）に袋を背負わせ、従者として連れて行ったのです。

当時、旅の袋は身分の低い者に背負わせるのが普通ですから、大国主神《おおくにぬしのかみ》は兄弟としてではなく、賤《いや》しい身分のお供の者として連れて行かれたのです。

ここが大国主神《おおくにぬしのかみ》の偉い所であります。縁の下の力持ちの役割に進んで当たられているからです。どうしても私たちは、八十神《やそがみ》のように重い荷物を他人に担がせ、苦しいことは避けて楽をして生きようとしがちです。ですが、下につく時は、大国主神《おおくにぬしのかみ》のように喜んで下につくことが何よりも大切であります。苦労しないと本当のことは分からないからです。

そして、稲羽国気多郡《いなばのくにけたぐん》の浜辺の岬に着いた時に、毛をむしり取られて何も着ていない丸裸《まるはだか》の兎《うさぎ》が横たわっておりました。そこで八十神《やそがみ》たちは、その兎に「お前がその身体を治すには、この海水を浴びて、風の強く吹きあたる高い山の頂に寝ていると治るぞ」と言いました。そこでその兎は、八十神《やそがみ》たちの教えのとおりにして山の上に寝ていました。

ところが、海水が乾くにしたがって、兎の身体の皮膚がすっかり風に吹かれてひび割れになってしまったのです。それでその痛みに苦しんで、泣き伏していると、八十神《やそがみ》たちより遅れて最後に、大穴牟遅神《おおなむじのかみ》がやって来られました。大穴牟遅神《おおなむじのかみ》は八十神《やそがみ》たちの重たい大きな袋を背負っていたので、八十神《やそがみ》たちからだいぶ遅れてやってきたのです。

大穴牟遅神《おおなむじのかみ》は、その兎をご覧になって、「どういうわけで、お前は泣き伏しているのか」と尋ねられました。

兎《うさぎ》が答えて申すには、「私は隠岐《おき》の島に住んでいて、この稲羽国《いなばのくに》に渡りたいと思いましたが、渡る方法がありませんでした。そこで海にいる鮫《わに》（これは熱帯地方の河沼にすむ鰐《わに》でなく、ワニザメのことです。『出雲国風土記《いずものくにふどき》』によれば、鮫《さめ》や鱶《ふか》をワニと呼んでいます）を騙して、『私たち兎とあなた方鮫《わに》とくらべて、どちらの一族が多いかを数えてみたい。あなたは一族のある限り全員を連れてきて、この島から気多《けた》の岬まで、全員一列に並んで伏してください。そうしたら、私がその上を踏み跳びながら、数えて渡ることにしよう。そうすれば、私たち兎の数とどちらが多いかを知ることができるだろう』と言いました。」

なお白兎《しろうさぎ》が住んでいた「淤岐《おき》の島」の所在地につきましては、二説あります。一つは、気多《けた》の岬から北方一五〇メートル沖合にある小島で、現在も淤岐之島《おきのしま》と言われています。その淤岐《おき》之島《のしま》の北側と南側には波食棚《はしょくだな》（波の浸食作用によって平坦な棚が形成される）があり、その波《は》食棚《しょくだな》が干潮時には海面上に現われ、鮫《わに》（ワニザメ）の背中のように見えるそうです。もう一つは、島根県の隠岐島《おきのしま》という説です。実証的に考えるならば、気多《けた》の岬の沖合にある小島と思われますが、島根県の隠岐島と解釈する方が気宇壮大《きうそうだい》で大国主神《おおくにぬしのかみ》の古伝承《こでんしょう》にふさわしいと私は考えます。

「そして、鮫《わに》が騙されているとは知らず、みんな並んで伏している時、私はその上を踏んで、数えながら渡って来て、今、まさに最後の鮫の上から気多《けた》の岬に降りようとした時、私が『あなたは私に騙されたのだよ』と言い終わるやいなや、一番端に伏していた鮫《わに》が私を捕まえて、私の着物をすっかり剥《は》ぎ取りました。（つまり、兎は毛をむしり取られ丸裸にされたのです。）そのために泣いて悲しんでおりましたところ、先においでになった八十神《やそがみ》たちが、『海水を浴びて、風にあたって寝ておれ』と教えてくださいました。それで教えの通りにしましたら、私の身体はすっかり傷だらけになりました」と申し上げました。

そこで大穴牟遅神《おおなむじのかみ》は、その兎に「今すぐに、この河口に行って、真水であなたの身体を洗って、その河口の蒲《がま》の穂（花粉）を取って敷き散らして、その上に寝ころがれば、あなたの身体はもとの膚《はだ》のように必ず治るだろう」と親切にやさしく教えられました。それで教えの通りにしたところ、兎の身体は元通りに治りました。

ちなみに、白兎が傷口を洗った「水門《みなと》」は、いま白兎《はくと》神社の境内にある「不増不減《ふぞうふげん》の池《いけ》」で、池の周囲には蒲草《あやめぐさ》が多く密生していたと伝えられています。太古は内海池《うちうみいけ》の流出口にあたっていたので、水門と呼んでいたそうです。周囲一〇〇メートルあまりの小さな池ですが、大雨が降っても水位は上がらず、また、日照《ひで》りが続いても水位がほとんど下がることがない不思議な池です。

真水で傷口を洗うのは一つの消毒法であり、また蒲の穂（花粉）を傷口につけることは血止め、痛み止め等の効能があると言われています。太古において医療を施す能力のある者は、国民から特に尊敬されていたのです。

ここは大国主神《おおくにぬしのかみ》が医療の祖神《おやがみ》であることを最初に伝えたところですが、大国主神《おおくにぬしのかみ》が医療の神であったということは、最終的に大国主神《おおくにぬしのかみ》となるための必要な条件であったのであります。『日本書紀』には大国主神《おおくにぬしのかみ》が人間だけでなく動物にまで病気の治療方法を教えられたとあります。

話を元に戻します。これが稲羽《いなば》の素兎《しろうさぎ》というものです。今では兎神《うさぎがみ》といっております。素《しろ》兎《うさぎ》とは、裸の兎、毛のない兎のことですが、素は白と同じなので、元の状態に戻ったことを意味します。このような古伝承《こでんしょう》が古くからこの地方に伝わっていたと考えられます。

その兎神《うさぎがみ》が大穴牟遅神《おおなむじのかみ》に、「あの八十神《やそがみ》たちは、決して八上比売《やがみひめ》と結婚することはできないでしょう。袋を背負って賤《いや》しい風をしているけれども、あなた様が八上比売《やがみひめ》を妻となさるでしょう」と申し上げました。

これは兎神《うさぎがみ》の神言であり、託宣《たくせん》であります。その兎神《うさぎがみ》の言った通り、八上比売《やがみひめ》は八十神《やそがみ》たちの求婚（プロポーズ）に答えて「私はあなた方の求婚は受けません。大穴牟遅神《おおなむじのかみ》と結婚します」と申されました。八上比売《やがみひめ》は心が清明な神様で本質を見抜くことができる女神と考えられます。

さて、大穴牟遅神《おおなむじのかみ》に八上比売《やがみひめ》を取られてしまったので、八十神《やそがみ》たちは怒り、大穴牟遅神《おおなむじのかみ》を殺そうと相談します。そして伯耆国《ほうきのくに》の手間《てま》の山のふもとにやって来たときです。手間《てま》の山は、伯《ほう》者《き》と出雲《いずも》の国境にありますから、稲羽《いなば》の八上比売《やがみひめ》のところを去って出雲《いずも》に帰る途中のことと考えられます。

八十神《やそがみ》は大穴牟遅神《おおなむじのかみ》に「この山には赤い猪《いのしし》がいる。われわれが一緒に猪を追いおろすから、お前は下で待ち受けて捕まえろ。もし待ち受けて捕まえなかったら、必ずお前を殺すぞ」と言って、猪に似ている大きな石を火で焼いて、転がし落としました。

これは当時、赤い猪が手間《てま》の山にいて、山間部で生活する方々が、丹精込めて育ててきた農作物をその赤猪に荒らされるという被害に悩まされていたのでしょう。しかし、その赤猪は、とても獰猛《どうもう》で、これを討ち取ろうとしてもなかなか討ち取れないので、地元の方々が八十神《やそがみ》に頼んだと考えられます。今日でも猪、鹿、猿などの野生動物の被害は深刻で、山間部の方々を悩ませています。秋の収穫時期になるとイモなどを掘り返し、田畑を荒らすのでその被害は甚大《じんだい》なのです。神代《かみよ》も今も同じ問題で悩まされているのです(以上『古事記精講』参照)。

そして、八十神《やそがみ》たちが火で焼いた大きな石を追い落としたので、大穴牟遅神《おおなむじのかみ》がその石を待ち捕らえた時、その石に焼きつかれて死んでしまいました。

大穴牟遅神《おおなむじのかみ》は騙《だま》されても決して恨まない性格です。素直で正直で、いつでも世のため、人のためのことには「いのち」がけなのです。

ですから、真っ赤に焼けて落ちてくる大石を全身で受け止め、死んでしまったのです。しかし、この無私の心がやがて大国主神《おおくにぬしのかみ》として大成して行くために大切な心です。この心は、天地一貫《てんちいっかん》の「いのち」であり、天《あま》つ神《かみ》の御心《みこころ》だからです。天《あま》つ神《かみ》の御心《みこころ》から離れた計算高い、疑い深い、小賢《こざか》しい性格では決して大成しないと思います。

大穴牟遅神《おおなむじのかみ》が亡くなったことを知らされた御母神《おんははがみ》の刺国若比売《さしくにわかひめ》は、声をあげて泣き悲しんで、高天原《たかまのはら》に上って行って、神産巣日神《かみむすひのかみ》に助けを求めました。

高天原系《たかまのはらけい》の神々の上に一大事が起きた時に御加護《ごかご》を賜わるのは高御産巣日神《たかみむすひのかみ》ですが、出雲系《いずもけい》の神々の場合は、神産巣日神《かみむすひのかみ》が御加護を賜わります。後述いたしますが、大国主神《おおくにぬしのかみ》の国づくりの最大の協力者である少名毘古那神《すくなびこなのかみ》も神産巣日神《かみむすひのかみ》の御子神《みこがみ》と伝えられています。

しかし、何よりも最大の助けは、御母神《おんははがみ》の刺国若比売《さしくにわかひめ》です。何とかわが子を蘇《よみがえ》らせたいと願う一念、わが子に対する無限の愛情、祈りが神産巣日神《かみむすひのかみ》に届いたのです。わが子を思う無条件の愛こそが、この大宇宙に初めから存在している天地の心であり、神産巣日神《かみむすひのかみ》の御心《みこころ》だからです。この天《あま》つ神《かみ》の御心《みこころ》に私たちは初めから包まれて生きているのです。つまり、御母神《おんははがみ》の刺国《さしくに》若比売《わかひめ》は、一心不乱の祈りによって、その天《あま》つ神《かみ》の御心《みこころ》と一つになられたのです。

そこで神産巣日神《かみむすひのかみ》は、ただちに𧏛貝比売《きさがいひめ》と蛤貝比売《うむがいひめ》を遣わして、大穴牟遅神《おおなむじのかみ》の火傷《やけど》を治療して生き返らせました。𧏛貝比売《きさがいひめ》は赤貝を擬人化した女神です。また蛤貝比売《うむがいひめ》は蛤《はまぐり》を擬人化した女神です。

そのとき𧏛貝比売《きさがいひめ》は、自分自身の身を削った貝殻《かいがら》の粉を集め（集は焦の誤りで、赤貝の貝殻をすり削って焼き焦がして、と宣長は解釈しています）、蛤貝比売《うむがいひめ》がこれを自身の貝殻に待ち受けて、蛤の汁で溶いて、母乳のようにして塗ったところ、大穴牟遅神《おおなむじのかみ》は蘇生《そせい》して立派な男になって、元気に外に出歩くようになりました。

ここは古代において、蛤の分泌液は火傷の治療薬として用いられたことを伝えているとともに、大穴牟遅神《おおなむじのかみ》が医療の神であったことと深く関係していると考えられます。

しかし大事なことは、御母神《おんははがみ》の無限のご慈愛と神産巣日神《かみむすひのかみ》の御加護によって蘇《よみがえ》ったということです。私たちは、自分の力だけで生きているのでなく、初めから存在している天地一貫《てんちいっかん》の「いのち」、神々の御加護によって生かされているということに気づくことが何よりも大事なのです。

稲羽《いなば》の素兎《しろうさぎ》と八十神《やそがみ》迫害の意味

稲羽《いなば》の素兎《しろうさぎ》が兎神《うさぎがみ》になるこの伝承は、須佐之男命《すさのおのみこと》の八俣《やまた》の大蛇退治《おろちたいじ》の伝承と非常に似ています。須佐之男命《すさのおのみこと》は高天原《たかまのはら》であらゆる乱暴な振る舞いを働きますが、八百万《やおよろず》の神々によって祓《はら》い浄《きよ》められ、苦労に苦労を重ねながら出雲国《いずものくに》の肥河《ひかわ》の川上にお降りになります。

つまり、須佐之男命《すさのおのみこと》は苦労することによって性格が一変して、今までの荒ぶる神から最も貴い神に変身し、後世、多くの人々より篤《あつ》い信仰を受けるようになるのです。ですから本当のこととは、自分自身が苦労した分、涙を流した分しか分からないのです。

須佐之男命《すさのおのみこと》は苦労することによって、その御心《みこころ》に映った足名椎《あしなづち》、手名椎《てなづち》、櫛名田比賣《くしなだひめ》の悲しみ、苦しみを自分の身体の痛みのごとくに感じる心が出てきて、眼前の乱暴な八俣《やまた》の大蛇《おろち》の問題を自分自身の問題として考えられたのであります。

それ故に天下の悪の象徴《しょうちょう》であります八俣《やまた》の大蛇《おろち》を退治したということは、同時に須佐之男命《すさのおのみこと》の御心《みこころ》に映っている八俣《やまた》の大蛇《おろち》という異心《ことごころ》、仏教で言うなら八大煩悩をずたずたに斬って祓《はら》い浄《きよ》められたのです。大蛇の中から取り出した都牟刈《つむがり》の太刀（草薙剣《くさなぎのつるぎ》）とは、須佐之男命《すさのおのみこと》の初心の清らかな御魂《みたま》そのもののことであると考えられます。

この稲羽《いなば》の素兎《しろうさぎ》の物語も同様の趣旨《しゅし》と言えるでしょう。当初、白兎は隠岐《おき》の島から稲羽国《いなばのくに》に渡りたいという自らの欲望を達成させるために、ワニザメを騙《だま》してしまうという罪を犯します。悪いのは白兎だったのです。それに対してワニザメは白兎の毛をむしり取ったということは、結果として白兎の禊祓《みそぎはらえ》に通じていると考えられます。これが第一の禊祓《みそぎはらえ》です。

しかし、白兎は反省をしていますが、まだ異心《ことごころ》の状態にあります。そこで八十神《やそがみ》により更なる試練が与えられたと読み取ることができるでしょう。強烈な第二の禊祓《みそぎはらえ》です。ですが、ここでは禊祓《みそぎはらえ》の苦痛の方が先に立ち、その苦痛、苦難という自らの異心《ことごころ》を完全に祓《はら》い浄《きよ》めることができていない状況です。天地に初めから存在していない、後天的に私たちがつくり出している苦痛、苦難、四苦八苦の心は、すべて異心《ことごころ》です。そこに大国主神《おおくにぬしのかみ》が来られて、清明な水で罪穢《つみけが》れ（異心《ことごころ》）を洗い流されたので、白兎はようやく自らの本性に復帰することができたと考えられます。これが第三の禊祓《みそぎはらえ》です（以上『古事記精講』参照）。

このように自らの異心《ことごころ》を祓《はら》うということは簡単なことではなく、極めて苦悩、苦難の連続の末なのです。ですから、昔から「若い時の苦労は買ってでもせよ」と言われてきたのです。しかしながら、自己の本性への回帰《かいき》を自分の外にあって対象として考え、外に探し求めている間は全く駄目です。対象でなく自分自身の心の問題だからです。

初めから天地に存在している温かい心には、苦悩、苦痛の異心《ことごころ》は入っていません。罪穢《つみけが》れ（異心《ことごころ》）は、外から私たちの心に入るのでなく、私たちの自我の異心《ことごころ》が、製造し出しているものが世の中を穢《けが》しているのです。その自らの異心《ことごころ》は、後天的に自分自身が作っているのです。

その異心《ことごころ》の存在に気づくためには、どうしても辛苦を経験し、その異心《ことごころ》を斬り捨てて祓《はら》わなければならないのです。逆説的なようですが、苦悩の経験を経《へ》ないと、どうしても異心《ことごころ》の存在が真に分からないでしょう。そして、何よりもその苦悩の原因が対象にあると考えているうちは、何年考えても自己の本性の感得は極めて難しいです。

なぜなら、天地は初めから存在していて、私たちはその中で生かされている存在だからです。初めから天地は一つの状態であり、私たちが対象として認識していることも実は、自分の心境が映していることだからであります。したがって、苦悩の原因が自分自身にあることに気づき、その苦悩の異心《ことごころ》を捨て去った時、初めから存在している自己の本性（天地の心）に回帰《かいき》することができるのです。

これが神社神道の根幹にある大祓詞《おおはらえのことば》の眼目《がんもく》でもあります。わが国の神様を本当に知るためには、客観的対象として知識のみの考察では難しいのです。それは、初めから天地の神々に抱きかかえられ、包まれ、その中で私たちは生きているからです。まさに体認《たいにん》の世界なのです。

したがって白兎は、異心《ことごころ》を祓《はら》って祓《はら》って、第一の禊祓《みそぎはらえ》、第二の禊祓《みそぎはらえ》を経たからこそ、清明《せいめい》の御心《みこころ》が現れた。それが大国主神《おおくにぬしのかみ》とも読み取れると思います。いずれにしても白兎はここで本体を回復し、兎神《うさぎがみ》になったのであります。現在も鳥取市の白兔海岸《はくとかいがん》には白兎神社《はくとじんじゃ》があり、稲羽《いなば》の白兎《しろうさぎ》をお祀りしています。

また、この稲羽《いなば》の素兎《しろうさぎ》の問題を大国主神《おおくにぬしのかみ》の側から考えるならば、以下のようにも推察《すいさつ》できると思います。

『古事記』『日本書紀』によれば、大国主神《おおくにぬしのかみ》は天照大御神《あまてらすおおみかみ》の弟神である須佐之男命《すさのおのみこと》の御子《みこ》。また六代、七代の子孫と伝えられています。つまり、須佐之男命《すさのおのみこと》の血統を受け継いだ正統の後継者なのです。何不自由なくお育ちになったお坊ちゃんと言ってもよいと思います。

そのお坊ちゃんが、一つも特別の扱いを受けず、八十神《やそがみ》の従者として重い袋を背負って行かれたのです。大国主神《おおくにぬしのかみ》は八十神《やそがみ》のこのような酷い仕打ちに、愚痴、嫉妬、不平不満を持つことなく、下につくときは喜んで下についているのです。下座行《げざぎょう》も下座行《げざぎょう》、一番底辺からの出発です。素直だから受け入れがよいのです。

しかし、実際は大変だったと推察《すいさつ》いたします。道中、何で自分だけこのような苦労をしなければならないのかと嫌になる異心《ことごころ》もきっと出たでしょう。ですが、その嫌になる異心《ことごころ》を祓《はら》って、これも修行だと自分に言い聞かせ、苦労に苦労を重ねながら稲羽国《いなばのくに》までやってきたのです。

その苦労を経験することによって、異心《ことごころ》が祓《はら》われ、弱い稲羽《いなば》の素兎《しろうさぎ》の問題を自分自身の問題として考え、心から同情し、救いの手を差し伸べるという心が出てきたのでしょう。大国主《おおくにぬしの》神《かみ》は八十神《やそがみ》の酷い苛《いじ》めを経験することによって、白兎の身体の痛みを自分の身体の痛みのように感じる心が出てきたのです。

もし、大国主神《おおくにぬしのかみ》が苦労を経験することなく、他人の痛みを全く知らないお坊ちゃんのままであったならば、稲羽《いなば》の素兎《しろうさぎ》の悲しみ、苦しみに同情を寄せることなく、見て見ぬふりをして、先を急いだと考えられます。なぜなら、目的は八上比売《やがみひめ》と結婚することだからです。稲羽《いなば》の素兎《しろうさぎ》に本当に同情するということは、自らが稲羽《いなば》の素兎《しろうさぎ》になった経験のある者でなければ無理なのです（以上『神話に学ぶ』参照）。

他人の痛みは、自分自身が同じ苦労をしたから分かるのです。残念ながら本当のことは、自分自身が涙を流した分しか分からないのです。ですから、先にも述べましたが、若い時の苦労は買ってでもした方がよいのです。これが大国主神《おおくにぬしのかみ》の袋背負いの精神です。

まさにこの箇所は、先述の稲羽《いなば》の素兎《しろうさぎ》と同様に大国主神《おおくにぬしのかみ》の方から見ても、須佐之男命《すさのおのみこと》が高天原《たかまのはら》を追放されて、苦労を重ねながら、出雲国《いずものくに》の肥河《ひかわ》の川上《かわかみ》にお降りになり、性格が一変することによって、眼前の悪の象徴である八俣《やまた》の大蛇《おろち》を退治された伝承と同じ構造になっています。

また、赤猪抱《あかいだ》きにおいて大事なことは、御母神《おんははがみ》の無限のご慈愛と神産巣日神《かみむすひのかみ》の御守護によって蘇ったということです。その神産巣日神《かみむすひのかみ》、天つ神《あまつかみ》の「いのち」は、私たちの身体の中にも流れています。なぜなら、神々は私たちの先祖だからです。しかし、初めから生かされている私たちの本体の境地を感得することは極めて難しいのです。その「いのち」は、自我の奥に隠れているからです。

荒唐無稽《こうとうむけい》といわれる説話が多い神代《かみよ》の古伝承《こでんしょう》ですが、その眼目は自我の異心《ことごころ》を祓《はら》って、その奥に隠れている天地一貫《てんちいっかん》の「いのち」と一つになることを繰り返し語っているのです。大国主神《おおくにぬしのかみ》の袋背負い、赤猪抱《あかいだ》きの精神もこの一点にあります。とりわけ赤猪抱《あかいだ》きにおいては、大国主神《おおくにぬしのかみ》は完全に亡くなっております。大国主神《おおくにぬしのかみ》が亡くなったということは、その自我の異心《ことごころ》を完全に祓《はら》ったということを意味しているのでしょう。

既述の黄泉《よみ》の国の段によれば、二神が黄泉比良坂《よもつひらさか》において別れの言葉を交わした時、伊邪那美命《いざなみのみこと》は「一日に千人の人を殺す」と言います。これに対して伊邪那岐命《いざなきのみこと》は「私は一日に千五百人の子を誕生させましょう」と言い返しました。

ここは一般的に人間の生と死の起源を説明したところと言われていますが、生死は対極にあるのでなく、初めから死は生の中に内包されていることをこの古伝承《こでんしょう》は教えてくれています。天地初発の時の「いのち」に生死はないです。初めから永遠の「いのち」が存在しているのです。生死をつくっているのは、私たちの自我の異心《ことごころ》です。ですから、たとえ肉体は滅んでも、決して「いのち」は滅びないのであります。

そのことを証明しているのが、全国約八万の神社の存在です。神社には神代《かみよ》の神々が、今でも祀《まつ》られています。神々がいまもなお生きているから神職は毎朝、お食事を差し上げているのです。しかし、この天地一貫《てんちいっかん》の「いのち」の境地を知ることは、かなり至難《しなん》のわざなのであります。繰り返しになりますが、それは初めから天地の神々に包まれ、その中で私たちは生かされているからです。客観的対象のみの考察では不可能なのです。体認《たいにん》の世界だからであります。誤解を恐れずに言うならば、完全に死なないと私たちの本体は明らかにならないのです。しかし、この場合の死とは肉体の死ではなく、異心《ことごころ》を死却《しきゃく》することなのです。

武士道《ぶしどう》とは、死ぬことである。生か死かいずれか一つを選ぶとき、まず死をとることである。（中略）毎朝毎夕、心を正しては、死を思い死を決し、いつも死身になっているときは、武士道とわが身は一つになり、一生失敗を犯すことなく職務《しょくむ》を遂行することができるのだ。

という『葉隠《はがくれ》』の有名な言葉も同じ意味です。ここで述べている「死ぬこと」とは、実際に命を断つことではなく、利己的な自分がという異心《ことごころ》を祓《はら》うことです。

また、神の定義、人間観など神道とは本質的に全く異なる信仰であるキリスト教において、イエスが弟子に説いた「十字架を背負う」ということもその宗教的境地は同一と言えるでしょう。つまり、異心《ことごころ》を死却《しきゃく》し、迷いや執着を祓《はら》うことは、逃げ場のあるうちは無理なのです。逃げ場があるということは、逃げようとする異心《ことごころ》があるからであります。

ですから退路を絶って、苦難の原因である自らの異心《ことごころ》を斬って消し去るしか方法がないのです。苦難の原因は対象にあるのでなく、自分自身の異心《ことごころ》にあります。しかし、私たちの自我の奥に隠れている天地一貫《てんちいっかん》の「いのち」を言葉化し、物語で伝えることは極めて難しいのであります。

一元（生死一如）の世界の言葉化はできないからです。それ故に、大国主神《おおくにぬしのかみ》は一度亡くなりましたが、再び蘇《よみがえ》って立派な男になったということは、亡くなることによって異心《ことごころ》を祓《はら》い、本来の清々しい境地を感得したと解釈できるでしょう。

しかしながら、神々は唯一絶対神ではありませんから、油断すると再び異心《ことごころ》に覆《おお》われてしまいます。したがって、更なる試練が待ち受けているのです。神代《かみよ》の古伝承《こでんしょう》の解読で大切なことは、私たちの身体の中に流れている天地一貫《てんちいっかん》の「いのち」の境地《きょうち》を先にして、物語の背後に流れている「いのち」を読んでいくことが大事なのであります。神代《かみよ》の古伝承《こでんしょう》は、言葉化できない世界の言葉化だからです。

第十三回　大国主神《おおくにぬしのかみ》の根《ね》の国訪問と歌物語

根《ね》の国訪問

ここに八十神《やそがみ》見て、また欺きて山に率《ゐ》て入りて、大樹《おほき》を切り伏せ、茹矢《ひめや》をその木に打ち立て、その中に入らしむる卽《すなわ》ち、その氷目矢《ひめや》を打ち離ちて、拷《う》ち殺しき。ここにまた、その御祖《みおや》の命、哭《な》きつ求《ま》げば、見得《みえ》て、すなはちその木を折《を》りて取り出で活《い》かして、その子に告げて言ひしく、「汝此間《いましこ》にあらば、遂に八十神《やそがみ》のために滅ぼさえなむ。」といひて、すなはち木國《きのくに》の大屋毘古神《おほやびこのかみ》の御所《みもと》に違《たが》へ遣《や》りき。ここに八十神《やそがみ》覓《ま》ぎ追ひ臻《いた》りて、矢刺《やざ》し乞《こ》ふ時に、木の俣《また》より漏《く》き逃《に》がして云《の》りたまひしく、「須佐能男命《すさのをのみこと》の坐《ま》します根《ね》の堅州《かたす》國に参向《まゐむか》ふべし。必ずその大神、議《はか》りたまひなむ。」とのりたまひき。故《かれ》、詔《の》りたまひし命《みこと》の随《まにま》に、須佐之男命《すさのをのみこと》の御所《みもと》に参至《まゐいた》れば、その女《むすめ》須勢理毘賣《すせりびめ》出で見て、目合《まぐはひ》して、相婚《あ》ひたまひて、還り入りて、その父に白《まを》ししく、「甚《いと》麗しき神來《き》ましつ。」とまをしき。ここにその大神出で見て、「こは葦原色許男《あしはらしこを》と謂ふぞ。」と告《の》りたまひて、すなはち喚《よ》び入れて、その蛇《へみ》の室《むろや》に寝しめたまひき。ここにその妻須勢理毘賣命《すせりびめのみこと》、蛇の領巾《ひれ》をその夫《ひこぢ》に授けて云《の》りたまひしく、「その蛇咋《く》はむとせば、この領巾を三たび擧《ふ》りて打ち撥《はら》ひたまへ。」とのりたまひき。故《かれ》、教への如《ごと》せしかば、蛇自ら静まりき。故《かれ》、平《やす》く寝《ね》て出でたまひき。また來る日の夜は、呉公《むかで》と蜂との室に入れたまひしを、また呉公蜂《むかではち》の領巾を授けて、先《さき》の如《ごと》教へたまひき。故《かれ》、平《やす》く出でたまひき。また鳴鏑《なりかぶら》を大野の中に射入れて、その矢を採らしめたまひき。故《かれ》、その野に入りし時、すなはち火をもちてその野を廻《もとほ》し焼きき。ここに出でむ所を知らざる間に、鼠來て云ひけらく、「内はほらほら、外《と》はすぶすぶ。」といひき。かく言へる故に、其處《そこ》を蹈みしかば、落ちて隠《かく》り入りし間に火は焼け過ぎき。ここにその鼠、その鳴鏑《なりかぶら》を咋《く》ひ持ちて、出で來て奉りき。その矢の羽は、その鼠の子等《こども》皆喫《く》ひつ。

ここにその妻須世理毘賣《すせりびめ》は、喪具《はふりつもの》を持ちて、哭きて來《き》、その父の大神は、已に死《みまか》りぬと思ひて、その野に出で立ちたまひき。ここにその矢を持ちて奉りし時、家に率て入りて、八田間《やたま》の大室《おほむろや》に喚《よ》び入れて、その頭《かしら》の虱《しらみ》を取らしめたまひき。故《かれ》ここにその頭を見れば、呉公《むかで》多《さは》なりき。ここにその妻、椋《むく》の木の實と赤土《はに》とを取りて、その夫《ひこぢ》に授けつ。故《かれ》、その木の實を咋《く》ひ破り、赤土《はに》を含《ふふ》みて唾《つば》き出《いだ》したまへば、その大神、呉公を咋ひ破りて唾き出すと以爲《おも》ほして、心に愛《は》しく思ひて寝ましき。ここにその神の髪を握《と》りて、その室の椽毎《たりきごと》に結《ゆ》ひ著《つ》けて、五百引《いほびき》の石《いは》をその室の戸に取り塞《さ》へて、その妻須世理毘賣《すせりびめ》を負ひて、すなはちその大神の生大刀《いくたち》と生弓矢《いくゆみや》と、またその天《あめ》の詔琴《のりごと》を取り持ちて逃げ出でます時、その天《あめ》の詔琴樹《のりごとき》に拂《ふ》れて地動《つちとよ》み鳴りき。故《かれ》、その寝ませる大神、聞き驚きて、その室を引き仆《たふ》したまひき。然れども椽《たりき》に結《ゆ》ひし髪を解かす間に、遠く逃げたまひき。故ここに黄泉《よもつ》比良坂《ひらさか》に追ひ至りて、遥《はろばろ》に望《みさ》けて、大穴牟遲神《おほなむちのかみ》を呼ばひて謂《い》ひしく、「その汝《いまし》が持てる生大刀《いくたち》・生弓《いくゆみ》矢《や》をもちて、汝が庶兄弟《ままあにおと》をば、坂の御尾《みを》に追ひ伏せ、また河の瀬に追ひ撥《はら》ひて、おれ大國主神《おほくにぬしのかみ》となり、また宇都志國玉神《うつしくにたまのかみ》となりて、その我が女《むすめ》須世理毘賣《すせりびめ》を嫡妻《むかひめ》として、宇迦《うか》の山の山本に、底《そこ》つ石《いは》根《ね》に宮柱《みやばしら》ふとしり、高天《たかま》の原《はら》に氷椽《ひぎ》たかしりて居れ。この奴《やっこ》。」といひき。故、その大刀・弓を持ちて、その八十神《やそがみ》を追ひ避《さ》くる時に、坂の御尾《みを》毎に追ひ伏せ、河の瀬毎に追ひ撥ひて、始めて國を作りたまひき。故《かれ》、その八上比賣《やがみひめ》は、先《さき》の期《ちぎり》の如くみとあたはしつ。故《かれ》、その八上比賣《やがみひめ》をば率《ゐ》て來ましつれども、その嫡妻須世理毘賣《むかひめすせりびめ》を畏《かしこ》みて、その生める子をば、木の俣《また》に刺し挾《はさ》みて返りき。故、その子を名づけて木俣神《きのまたのかみ》と云ひ、亦の名を御井神《みゐのかみ》と謂ふ。

大国主神《おおくにぬしのかみ》の根《ね》の国訪問の解釈

ところが八十神《やそがみ》たちは、この様子を見て、また大穴牟遅神《おおなむじのかみ》を山に連れて行って、大きな樹を切り倒し、その木にヒメ矢という楔を打ち込んでおいて、その割れ目の間に大穴牟遅神《おおなむじのかみ》を入らせるとすぐに、そのヒメ矢（楔）を引き抜いて打ち殺してしまいました。そこでまた、御母神《おんははがみ》が大声で泣きながら大穴牟遅神《おおなむじのかみ》を捜したところ、見つけ出して、その木を裂いて、中から取り出して生き返らせました。

ここの箇所について宣長《のりなが》は、今回も赤猪《あかい》抱《だ》きの時と同じように完全に死んだのを神産巣日神《かみむすひのかみ》にお願いして、その御加護によって蘇生したのだが、それが伝えられていないのだろうと述べています。

完全に亡くなったのか、それとも仮死状態だったのかについて見解は分かれますが、大事なことは大国主神《おおくにぬしのかみ》が、二度もわが身を死却《しきゃく》するほどの苦難を克服したということです。辛苦を重ねる度に大国主神《おおくにぬしのかみ》は異心《ことごころ》が祓《はら》われ、よりたくましい男神へと成長して行くのであります。

しかし、御母神《おんははがみ》は心配でたまりません。そこで大穴牟遅神《おおなむじのかみ》に「あなたがここにいたら危険です。ついには八十神《やそがみ》によって完全に滅ぼされてしまうでしょう」と言って、すぐに紀伊《きい》の国（和歌山県）の大屋毘古神《おおやびこのかみ》のもとに逃がしてやりました。

ところが、八十神《やそがみ》たちは捜し求めて追いかけて来て、弓に矢をつがえて大穴牟遅神《おおなむじのかみ》を引き渡すように要求してきました。そこで大屋毘古神《おおやびこのかみ》は大穴牟遅神《おおなむじのかみ》を木の股の間からこっそり逃がして、「須佐之男命《すさのおのみこと》のおられる根《ね》の堅州国《かたすくに》に参り向かいなさい。きっとその大神《おおかみ》がよいように考えて下さるでしょう」と仰《おっしゃ》いました。

宣長は大屋毘古神《おおやびこのかみ》を『日本書紀』に須佐之男命《すさのおのみこと》の御子《みこ》と伝える五十猛神《いたけるのかみ》と同神と述べています。五十猛神《いたけるのかみ》は木の神で、たくさんの樹を日本全国に植えられた神様であります。その妹神を大屋津姫命《おおやつひめのみこと》と申したので、五十猛神《いたけるのかみ》を大屋毘古神《おおやびこのかみ》と申し上げたのだろうと言われています。和歌山県和歌山市の伊太祁曽神社《いたきそじんじゃ》などのご祭神です。

そこで仰せの通りに須佐之男命《すさのおのみこと》のおられる根《ね》の堅州国《かたすくに》に行きますと、その娘の須勢理毘売《すせりびめ》が出迎えてくれたのですが、大穴牟遅神《おおなむじのかみ》と須勢理毘売《すせりびめ》は、目と目が合っただけで心が通じ結婚を言い交わしました。

このように大国主神《おおくにぬしのかみ》が根《ね》の国の須佐之男命《すさのおのみこと》のところに行くということは、実は簡単なことでなく、行くこと事態がまさに「いのち」がけのことなのです。根《ね》の国は黄泉《よみ》の国《くに》とも言われているように死者の国ですから、行けば必ず葦原中国《あしはらのなかつくに》に戻れるという保証がなく、状況によっては永遠に帰って来れなくなるからです。

大国主神《おおくにぬしのかみ》は今までも袋背負い、赤猪抱《あかいだ》き、大木の割れ目に入れられたりと「いのち」がけの連続でしたが、根《ね》の国訪問は正しく「いのち」をかけたということです。大国主神《おおくにぬしのかみ》は疑うという異心《ことごころ》がないのです。とても素直なのです。素直な正直の心が一番強い心です。大宇宙の躍動したエネルギーが満ちているからです。

しかし八十神《やそがみ》たちは、根《ね》の国までは追いかけて行けなかったのです。「いのち」をかけることができないのです。ここが大国主神《おおくにぬしのかみ》と八十神《やそがみ》の決定的な違いです。やはり本当のことというのは、「いのち」をかけないと分からないのです。「いのち」をかけるとは、自分がという自己中心的な異心《ことごころ》を完全に祓《はら》うということです。

そこで須勢理毘売《すせりびめ》は、家に引き返して須佐之男命《すさのおのみこと》に、「たいそう立派な神様が来ておられます」と申し上げました。すると須佐之男命《すさのおのみこと》が出て一目見て、「これは葦原色許男神《あしはらしこおのかみ》（大国主《おおくにぬしの》神《かみ》の一名。色許男《しこお》とは日本一の色男という意味もありますが、醜男《しこお》とも考えられます。醜とは非常に強いという意味です。日本一の好男子《こうだんし》で強い神様と理解してよいと思います）という神だ」と仰いました。

須佐之男命《すさのおのみこと》がちょっと見ただけで分かったということは、大国主神《おおくにぬしのかみ》が赤猪抱《あかいだ》きなどの試練を経て、今や出雲《いずも》を中心とする山陰地方において将来有望な神様として大変なうわさになっていることを須佐之男命《すさのおのみこと》はすでに知っていたと考えられます。同時に、一目見てこれは、鍛《きた》えたらものになる男神であることを須佐之男命《すさのおのみこと》は見抜いたのでしょう。また、ひょっとしたら、須佐之男命《すさのおのみこと》は大国主神《おおくにぬしのかみ》のような男神を待っていたのかもしれません。それは天《あま》つ神《かみ》の御心《みこころ》が分かる素直な男神でなければ、須佐之男命《すさのおのみこと》の後継者として、葦原中国《あしはらなかつくに》を平定するという大事業を成し遂げることは極めて難しいからです。ですから、到着したその晩から徹底《てってい》した修行が始まるのです。まさに「鉄は熱いうちに打て」なのです。

まず、蛇の一杯入っている室《むろ》（温度や湿度を一定にするために、壁でかこった所）に寝させられました。この場合の蛇とは、無毒の青大将《あおだいしょう》や縞蛇《しまへび》でなく蝮《まむし》と思われます。そこで妻の須勢《すせ》理毘売《りびめ》は、蛇の害を祓《はら》う領巾《ひれ》を大穴牟遅神《おおなむじのかみ》に渡して、「蛇がかみつこうとしたら、この領巾《ひれ》を三度振って打ち払いなさい」と言われました。大穴牟遅神《おおなむじのかみ》は教えられた通りにしたところ、蛇は自然に鎮《しず》まりました。大穴牟遅神《おおなむじのかみ》はおかげでぐっすり寝て、その室《むろ》を出られたのです。

領巾《ひれ》とは、古代の女性が首にかけて左右に長く垂らした薄い布で、現在のマフラーやショールのようなものです。諸《もろもろ》の禍を祓《はら》う霊力を持ったものです。それを三度振ったのです。

現在の神社祭祀《さいし》における修祓《しゅばつ》でも神職は、大麻《おおぬさ》で祓いを受ける方を左右左と三度振って、罪《つみ》穢《けが》れを祓《はら》います。なぜ祓《はら》えをするのかというと、私たちの本性は、神々と寸分違わない神性な存在だから、その離れた異心《ことごころ》を祓《はら》って本性に復するためです。

そのように考えるとここでは、蛇を祓《はら》ったと同時に、大国主神《おおくにぬしのかみ》自身の中にある蛇に対する恐怖の心を祓《はら》ったとも考えられるのではないでしょうか。先述の「天《あめ》の石屋戸《いわやと》」の段によれば、眼前の大宇宙は喜びと感謝のみの世界だからです。

恐怖の心は、元々眼前の安らかな世界にはないからです。後天的に私たちの異心《ことごころ》がつくり出して、その異心《ことごころ》に自分自身が囚《とら》われ苦しんでいるのです。恐怖の心があるうちは、蛇とは対立の関係にあり、安らかな世界は出現しないです。安らかな世界は、いま目の前にあるのですが、私たちの自我の異心《ことごころ》が覆ってしまうならば、見ていても見えていないのです。一切の根本は本来の心から離れた異心《ことごころ》を日々祓《はら》うことです。それが修行なのです。

また次の日の夜は、蜈蚣《むかで》と蜂《はち》のいる室《むろ》に入れられました。こんども妻の須勢理毘売《すせりびめ》は、蜈蚣《むかで》と蜂の領巾《ひれ》を渡して、前のように蜈蚣《むかで》と蜂が近づいたなら三度振るようにお教えになりました。そこで大穴牟遅神《おおなむじのかみ》はぐっすりと寝て、その室《むろ》を出られました。

ここの蜈蚣《むかで》と蜂も前日の蛇と同じように、毒を持ったものであることが推定されます。連日、大国主神《おおくにぬしのかみ》は「いのち」がけの修行なのです。また一方、私たちの先祖は、蛇や蜈蚣《むかで》、蜂に対して非常に恐れていたこともこの説話から窺《うかが》われると思います。

さらに須佐之男命《すさのおのみこと》は、鳴鏑《なりかぶら》（矢の先端につけた鏑に穴をあけ、矢が空を飛んで行くとき高い音をたてるようにしたもの）を広い野原に射込んで、その矢を大穴牟遅神《おおなむじのかみ》に取ってくるように命じました。そこで大穴牟遅神《おおなむじのかみ》がその野原にお入りになった時、須佐之男命《すさのおのみこと》は、直《ただ》ちに火を放ってその野原を焼き囲みました。絶体絶命のピンチです。今回は須勢理毘売《すせりびめ》、また御母神《おんははがみ》の助けは無いのです。完全に逃げ場を失ってしまいました。

するとこの野原のどこから逃げ出せるか分からず困っていると、鼠《ねずみ》が来て、「内はほらほら、外はすぶすぶ（穴の内側はぽっかり空いていて広く、穴の入口はすぼまって狭いこと）」と教えてくれました。

そこで、鼠《ねずみ》が教えてくれたように、そこを踏んだところ、穴の入口は狭いのに内部は広い洞《ほら》穴《あな》になっていて、そこに落ち隠れ入っている間に、火はその上を焼けて通り過ぎて行きました。こうしていると、その鼠《ねずみ》が鳴鏑《なりかぶら》を銜《くわ》え持って出てきて、大穴牟遅神《おおなむじのかみ》に奉《たてまつ》りました。ただし、その矢の羽は、その鼠《ねずみ》の子どもたちがすべて食いちぎってしまっていました。

妻の須勢理毘売《すせりびめ》は大穴牟遅神《おおなむじのかみ》が火に焼かれて死んでしまったものと思いこんで、葬式の道具などを持って、大声で泣きながら野原に来ました。須佐之男命《すさのおのみこと》も大穴牟遅神《おおなむじのかみ》がすでに死んだと思って、その焼野原《やけのはら》に出てお立ちになりました。そこへ大穴牟遅神《おおなむじのかみ》がその矢を持ってきて奉《たてまつ》ったのです。

ところが大穴牟遅神《おおなむじのかみ》の試練《しれん》はこれで終わらないのです。須佐之男命《すさのおのみこと》は大穴牟遅神《おおなむじのかみ》を連れて行って、柱のたくさんある広くて大きな室屋《むろや》に呼び入れて、その頭の虱《しらみ》を取ることを命じました。そこで大穴牟遅神《おおなむじのかみ》が須佐之男命《すさのおのみこと》の頭を見ると、蜈蚣《むかで》がいっぱいおります。すると妻の須勢理毘《すせりび》売《め》が、椋《むく》（秋には黒い実がなる）の木の実と赤土《はに》（埴《はに》のことで、赤い色の粘土）とを取ってきて夫に与えました。

前には蛇《へび》の領巾《ひれ》と蜈蚣《むかで》と蜂《はち》の領巾《ひれ》を授《さず》けて、その害を祓《はら》うことを教えられましたが、ここでも須勢理毘売《すせりびめ》は、椋《むく》の木の実と赤土《はに》とを与えられて、大穴牟遅神《おおなむじのかみ》を支えられています。本当に献身的な妻なのです。椋《むく》の木の実と赤土《はに》は、邪霊《じゃれい》を祓《はら》う呪物《じゅぶつ》（災難をよける力があると考えられて神聖視されるもの）として用いられたものと言われています。それにしても須佐之男命《すさのおのみこと》は古代人がとても恐れていた蜈蚣《むかで》を頭の中に住まわせているのですから、巨人も巨人、想像を絶する御神力《ごしんりょく》をお持ちの大神様なのです。さすが、八俣《やまた》の大蛇《おろち》を退治した神様と言っても過言ではないでしょう。

そこで大穴牟遅神《おおなむじのかみ》は、蜈蚣《むかで》を取るふりをしながら、椋《むく》の木の実を食い破り、一緒に赤土《はに》を口に含んで唾《つば》として吐き出されると、須佐之男命《すさのおのみこと》は大穴牟遅神《おおなむじのかみ》が蜈蚣《むかで》を食いつぶして吐き出しているとお思いになって、心に可愛い奴とお思いになっておられるうちに寝てしまわれました。

すると大穴牟遅神《おおなむじのかみ》は、須佐之男命《すさのおのみこと》の毛をつかんで、室屋《むろや》の垂木《たるき》（屋根板などを支えて棟《むね》から軒《のき》に渡した木）ごとに結びつけて、五百人もの人で引くほどの大岩を、その室屋《むろや》の戸口に持ってきて塞《ふさ》ぎ、妻の須勢理毘売《すせりびめ》を背負いました。

そして、須佐之男命《すさのおのみこと》の宝物（神宝《かんだから》）である生大刀《いくたち》と生弓矢《いくゆみや》、また天《あめ》の詔琴《のりごと》（神の託宣《たくせん》を受けるときに用いる神聖な琴）を持って逃げ出された時、その天《あめ》の詔琴《のりごと》が樹にふれて、大地が揺れ動かんばかりの大きな音が鳴り響きました。

ここからは大穴牟遅神《おおなむじのかみ》と須勢理毘売《すせりびめ》の根《ね》の国からの脱出作戦が始まります。この根《ね》の国からの脱出は、状況は異なりますが、その根本の意味において、伊邪那岐命《いざなきのみこと》の黄泉《よみ》の国《くに》からの逃げ帰りと同じ構成になっています。つまり、祓《はら》えの説話なのです。猛烈な勢いで、後をも見ずに逃げなければ、根《ね》の国から帰ることはできないのです。逃げ帰ることも祓《はら》えであります。

伊邪那岐命《いざなきのみこと》が黄泉比良坂《よもつひらさか》に置いて出入口を塞《ふさ》いだ大岩は、「千引《ちびき》の石《いわ》」（千人もの人で引くほどの大岩）でしたが、ここでは「五百引《いほびき》の石《いわ》」（五百人もの人で引くほどの大岩）とあります。また、須佐之男命《すさのおのみこと》の神宝《かんだから》の生大刀《いくたち》、生弓矢《いくゆみや》、天《あめ》の詔琴《のりごと》（天《あめ》の沼琴《ぬごと》と読んで、「ぬ」を瓊《ぬ》・玉の意とする平田篤胤《ひらたあつたね》などの説もあります）は、天照大御神《あまてらすおおみかみ》の八尺《やさか》の勾玉《まがたま》、八咫鏡《やたのかがみ》、草薙《くさなぎ》の大刀《たち》の三種《さんしゅ》の神器《じんぎ》に通じ、すべて須佐之男命《すさのおのみこと》の御霊代《みたましろ》と考えられます。琴は現在でも鎮魂祭《ちんこんさい》など多くの神事《しんじ》で、神霊《しんれい》をお招きする時に用いられています。

この三つの神宝《かんだから》は、最終的に「大国の主」となるための必要不可欠の神器といえます。大国主神《おおくにぬしのかみ》は、須佐之男命《すさのおのみこと》のすべての試練を乗り越えられ、さらには須佐之男命《すさのおのみこと》の御霊代《みたましろ》も受け継ぎ、大国主神《おおくにぬしのかみ》になる一切の条件を整えられて、葦原中国《あしはらのなかつくに》に帰られ国づくりの大御業《おおみわざ》に向かわれるのであります（以上『神話に學ぶ』参照）。

そこで寝ておいでになった須佐之男命《すさのおのみこと》が、天《あめ》の詔琴《のりごと》が樹にふれて鳴った音を聞いて目をさまされて、その室屋《むろや》を引き倒してしまわれました。しかし、垂木《たるき》に結びつけた髪を解いておられる間に、大穴牟遅神《おおなむじのかみ》はすでに遠くへ逃げ延びて行かれました。

須佐之男命《すさのおのみこと》は、黄泉《よみ》の国と葦原中国《あしはらのなかつくに》との境の黄泉比良坂《よもつひらさか》まで追いかけて行き、はるか遠くに大穴牟遅神《おおなむじのかみ》の姿を見て、大声で呼びかけて、「お前の持っているその生大刀《いくたち》と生弓矢《いくゆみや》で、お前の異母兄弟《いぼきょうだい》の八十神《やそがみ》たちを坂のすそに追い伏せ、また川の瀬に追い払って、お前が大国主《おおくにぬし》神《かみ》となり、また宇都志国玉神《うつしくにだまのかみ》（葦原中国《あしはらのなかつくに》の国土霊）となって、その私の娘の須勢理毘売《すせりびめ》を正妻として、宇迦《うか》の山（出雲《いずも》大社の東北の御埼山《みさきやま》）のふもとに、地底の岩盤に宮殿の柱を太く掘り立て、棟《むね》には千木《ちぎ》を大空高く建てて住め。こいつめ」と仰いました。

このカギカッコの部分は、須佐之男命《すさのおのみこと》の神勅《しんちょく》であり、この神勅《しんちょく》によって大国主神《おおくにぬしのかみ》は須佐之《すさの》男命《おのみこと》の正統の後継者として認められたのです。本文の最後の「この奴《やっこ》」の言葉には、須佐之《すさの》男命《おのみこと》の深い愛情が感じられるのであります。

そこで大穴牟遅神《おおなむじのかみ》は、その大刀《たち》や弓でもって、八十神《やそがみ》を追い退けた時、坂のすそごとに追い伏せ、川の瀬ごとに追い払って、国づくりを始められました。ここの本文の「坂の御尾《みお》毎に追い伏せ」と「河の瀬毎に追い撥ひて」は対句になっています。文章の表現は異なりますが、同じ意味です。つまり、山や川のいたる所で、八十神《やそがみ》を降伏させて、服《まつろ》はしめたということです。

あの稲羽《いなば》の八上比売《やがみひめ》は、先の約束通り大穴牟遅神《おおなむじのかみ》と結婚なさいました。その八上比売《やがみひめ》を出雲《いずも》に連れて来られたけれども、正妻の須勢理毘売《すせりびめ》を恐れて、自分の生んだ子を木の股《また》にさし挟《はさ》んで置いて稲羽国《いなばのくに》へお帰りになりました。それでその子を名づけて木俣神《きまたのかみ》といいます。またの名は、御井神《みいのかみ》（井泉《せいせん》の神。井戸《いど》の神です）とも申します。

大国主神《おおくにぬしのかみ》の根《ね》の国訪問の意義

ここの須佐之男命《すさのおのみこと》の試練の箇所は、非常に大事なところです。蛇《へび》、蜈蚣《むかで》、蜂《はち》の試練も「いのち」がけの連続でしたが、何よりも大変だったのが火の試練です。先にも述べましたが、逃げ場のあるうちは、異心《ことごころ》を完全に祓《はら》うことは難しいのであります。火の試練は、死以外に選択肢がない状況です。死の覚悟を持ったのでなく、ただちに大国主神《おおくにぬしのかみ》は死んだのです。本当に天つ神《あまつかみ》の境地を体認《たいにん》するためには、死ななければ分からないのであります。しかし、この場合、死ぬということは異心《ことごころ》を完全に祓《はら》うという意味です。

戦国時代の甲斐《かい》の快川禅師《かいせんぜんじ》（恵林寺《えりんじ》住職）は、「心頭《しんとう》を滅却《めっきゃく》すれば、火《ひ》も自《おの》ずから涼《すず》し」という辞世の句を残したと伝えられていますが、苦痛、苦難はすべて自分の心頭《しんとう》（異心《ことごころ》）がつくり出しているのです。しかし、その境地を本当に体認するためには完全に死ななければならないのであります。死なないで自らの本体と一つになることは不可能です。二つ同時に良いことはできないです。それは神々の世界でなく、異心《ことごころ》の世界です。

大国主神《おおくにぬしのかみ》は逃げ場のない八方塞《はっぽうふさ》がりの状況で、その逃げようとする一切の自我の異心《ことごころ》を捨て去った結果、天つ神《あまつかみ》と一つになられたのであります。それが鼠《ねずみ》の助けという形に現れているのです。鼠の助けがあるということは、天《あま》つ神《かみ》の御加護が頂けたという意味です。天《あま》つ神《かみ》と一つになるから、すべての自然、動物、国土《こくど》も同じ「いのち」となり一つになります。

ですから先には、弱い兎を助けた大国主神《おおくにぬしのかみ》が、ここでは弱い鼠に助けられているのです。本来、「いのち」は一つです。強い者が弱い者を苛《いじ》めて排除し、対立するのは二元の世界であり、異心《ことごころ》の世界です。

初めから存在している天地には、一切の異心《ことごころ》はありません。それ故に異心《ことごころ》に軸足を置くならば、それは私たちが後天的につくっている仮の姿の世界ですから滅んでしまうのは当然です。最大の敵は自らの異心《ことごころ》なのです。自らの異心《ことごころ》の存在に気づかず、対象に心がとらわれ、外に原因を求めているうちは、真の世界平和はこないです。わが国の古伝承《こでんしょう》は、人類の最大の課題である自我の制御《せいぎょ》の問題、即ち自己の本性への回帰について、説話を通して繰り返し説いているのであります。

大国主神《おおくにぬしのかみ》は最大の試練を乗り越えたのです。大国主神《おおくにぬしのかみ》に一切の逃げ場が無かったということは、一切の私欲を捨て去ったという意味であり、大国主神《おおくにぬしのかみ》が助かるということは、神様の使命を本当に得ているということです。私たちは、初めから天地の神々に包まれ、その中で生かされている存在ですから、生死についても自分の力だけでは如何ともし難いのであります。

その生死の境地について、西郷南洲《さいごうなんしゅう》（隆盛）翁《おう》は次のように述べています。

生物は皆死を畏《おそ》る。人は其霊《れい》なり、當《まさ》に死を畏《おそ》るるの中より死を畏れざるの理を揀出《けんしゅつ》すべし。吾れ思ふ、我が身は天物なり。死生の権《けん》は天に在り、當《まさ》に之を順受《じゅんじゅ》すべし。我れの生るるや自然にして生る、生るる時未だ嘗て喜《よろこ》ぶことを知らず。則ち我の死するや應《まさ》に亦自然にして死し、死する時未だ嘗《かつ》て悲むことを知らざるべし。天之を生みて、天之を死《ころ》す、一に天に聴《まか》さんのみ、吾れ何ぞ畏れん。吾が性は即ち天なり、軀殻《くかく》は則ち天を藏《おさ》むるの室なり

（『西郷南洲遺訓』）。

ここの天を神という言葉に変えるならば、神道となります。言葉は異なりますが、その境地は同一であります。

南洲翁《なんしゅうおう》が「吾が性は即ち天なり」と述べているように、私たちの本体は神性なものです。逃げ場を断ち、一切の私欲を捨て去るならば、その本体の天《あま》つ神《かみ》と必ず一つになります。元々、私たちは神々と同一の存在だからです。異心《ことごころ》（ここでは逃げようとする心）を祓《はら》えば一つになるのは当たり前です。ただ、私たちが本体の神様を異心《ことごころ》で覆い隠しているだけなのであります。

大国主神《おおくにぬしのかみ》は完全に逃げ場を失い、その逃げようとする一切の異心《ことごころ》を斬り捨てたとき、天《あま》つ神《かみ》と一つになり、その御加護《ごかご》を得たのでしょう。本当に死んでもなお生きているということは、神様としての使命がまだあるということです。

大国主神《おおくにぬしのかみ》は幾多《いくた》の試練を乗り越え、その度毎に自らの本性に気づいたのでしょう。祓《はら》えによって大悟《たいご》しても、それで終わりではないのです。祓《はら》えは不断の努力です。毎日、毎日、祓《はら》いし続

けることが神道の神髄です。なぜなら、私たちは唯一の絶対神でないですから、どうしても異《こと》心《ごころ》が出てくるからです。

第七回の「禊祓《みそぎはらえ》と神々《かみがみ》の化生《かせい》」の段で見ましたように、わが国で最も貴い神様である天《あま》照大御神《てらすおおみかみ》は、伊邪那岐命《いざなきのみこと》の禊祓《みそぎはらえ》でお生まれになられているのです。その天照大御神《あまてらすおおみかみ》は、皇室のご先祖であると同時に、私たちのご先祖でもありますから、私たちのこの身体にも宿っています。それが古い伊勢の大事な教えでもあります。

神々は客観的対象として考えるのでなく、自分自身の問題として考えることが大切です。ですから、私たちの本性を明らかにすることが何よりも大切であり、同時にそのことは、わが国の国柄でもあるのです。禊祓《みそぎはらえ》は、個人的な救済だけでなく、わが国の国柄に直結する最も大事なことなのであります。

しかしながら、大国主神《おおくにぬしのかみ》の試練はこれで終わらなかったのです。須佐之男命《すさのおのみこと》は大国主神《おおくにぬしのかみ》にその頭の蜈蚣《むかで》を取るように命じたのであります。須佐之男命《すさのおのみこと》は、最大のピンチであった火の試練を乗り越えた大国主神《おおくにぬしのかみ》に、更なる試練を与える非情な大神様のように語られていますが、本当はとても愛情深い神様なのです。

先述の「天《あめ》の石屋戸《いわやと》」の段によれば、須佐之男命《すさのおのみこと》は誓約《うけい》によってその御心《みこころ》の清らかさが証明された瞬間、再び慎みを忘れ傲慢《ごうまん》になり、本来の清明《せいめい》な御心《みこころ》が我欲の異心《ことごころ》に晦《くら》まされてしまいました。それが天照大御神《あまてらすおおみかみ》の天《あめ》の石屋戸《いわやと》隠れの根本原因なのです。一度、大悟《たいご》したからといって、それで修行は終わりではないのです。瞬時でも油断し慎みを忘れると、たちまち穢《けが》れた異心《ことごころ》（傲慢）が本来の清明な御心《みこころ》を覆ってしまうのです。

何よりも恐ろしいことは、本来、良いことはすべて天《あま》つ神《かみ》の御守護《ごしゅご》のお蔭なのに、自分が勝《すぐ》れているからという誤った傲慢《ごうまん》の心が出てくることであります。かつて須佐之男命《すさのおのみこと》は、その異心《ことごころ》が原因で何度も失敗していますから、誰よりもその大事が良く分かるのです。ですから、本当の愛情とは、その大事を身を以って教えてくれることなのです。

大国主神《おおくにぬしのかみ》は絶体絶命のピンチを脱した偉大な神様ですが、それはすべて大国主神《おおくにぬしのかみ》の個人の力でなく、大国主神《おおくにぬしのかみ》の本体である天《あま》つ神《かみ》のお蔭なのです。俺の力だと思った瞬間、天《あま》つ神《かみ》の御心《みこころ》から離れてしまいます。そのことを一番良く分かっていたのが須佐之男命《すさのおのみこと》だったのです。

本文に「心に愛《は》しく思ひて寝ましき」とありますように、須佐之男命《すさのおのみこと》は、その御心《みこころ》のうちに、とても深い愛情を秘めておられるのです。愛情があるからこそ、徹底して鍛えて、大宇宙の本源にある天《あま》つ神《かみ》の道を以心伝心《いしんでんしん》で伝えたのです。神の道は、客観的知識でないので、体認《たいにん》以外方法がないのであります。

須佐之男命《すさのおのみこと》は大国主神《おおくにぬしのかみ》を虐待《ぎゃくたい》したのでなく、一目見て見込みある男神と見抜いたからこそ、将来の大国主神《おおくにぬしのかみ》としての大成を願って徹底した修行を課したのです。葦原中国《あしはらのなかつくに》の国づくりの大業を成し遂げるためには、どうしても必要不可欠の鍛錬だったのであります。

天《あま》つ神《かみ》と一つになる境地は知識でなく、命懸けの苦労を重ねないと本当には体認できないから、須佐之男命《すさのおのみこと》は一切の私情を挟まず秋霜烈日《しゅうそうれつじつ》の覚悟で大国主神《おおくにぬしのかみ》を教育したのでした。それは須佐之男命《すさのおのみこと》ご自身も辛苦を重ねながら感得した境地だったからです。

須佐之男命《すさのおのみこと》は高天原《たかまのはら》を追放されて、苦労に苦労を重ねながら、出雲国《いずものくに》の肥河《ひかわ》の川上にお降《くだ》りになり、眼前の乱暴な八俣《やまた》の大蛇《おろち》を退治するとともに、須佐之男命《すさのおのみこと》の御心《みこころ》に映っている八《や》俣《また》の大蛇《おろち》という異心《ことごころ》をずだずだに斬って祓《はら》い浄《きよ》められたのであります。そして、ついに「我が御心《みこころ》すがすがしい」という境地を体認《たいにん》し、天《あま》つ神《かみ》と一つになられたのであります。

ですから、本文の「（前略）宇迦《うか》の山の山本に、底《そこ》つ石根《いわね》に宮柱ふとしり、高天《たかま》の原《はら》に氷椽《ひぎ》たかしりて居れ。この奴《やっこ》。」という須佐之男命《すさのおのみこと》の神勅《しんちょく》の「この奴《やっこ》」の言葉には、須佐之男命《すさのおのみこと》の万感《ばんかん》の思いが込められているのです。父親のわが子に対する無限の愛情と同じと言えるでしょう。

また、「底《そこ》つ石根《いわね》に宮柱ふとしり、高天《たかま》の原《はら》に氷椽《ひぎ》たかしりて」は祝詞《のりと》の慣用句で、神道《しんとう》の眼目の言葉です。第三回の「二神《にしん》の結婚《けっこん》と大八島国《おおやしまぐに》の生成《せいせい》」の段でも触れましたが、神道で大切なことは御柱《みはしら》を自らの責任として立て、その御柱《みはしら》を命懸けで守ることです。

この場合の御柱《みはしら》を立てるということは、建築上の必要性からでなく、天《あま》つ神《かみ》の御霊代《みたましろ》としての御柱《みはしら》であります。御柱《みはしら》というのは神霊《みたま》の依《よ》り代《しろ》（神霊の憑《よ》ります物体）です。現在でも神様を一柱《ひとはしら》、二柱《ふたはしら》と数えますが、聖なる柱に神々が宿られるのです。

伊邪那岐命《いざなきのみこと》と伊邪那美命《いざなみのみこと》の二柱《ふたはしら》の神も高天原《たかまのはら》よりおのごろ島に天降《あまくだ》られたとき、まず始めに神聖な高い天の御柱《みはしら》を立てられたのです。つまり、天《あま》つ神《かみ》の依《よ》り代《しろ》であります天の御柱《みはしら》をしっかりと立て、天《あま》つ神《かみ》の御心《みこころ》からはなれないように、それをお守り申し上げたのであります。伊勢神宮《いせじんぐう》でもっとも大切なのは「心の御柱《みはしら》」です。伊勢神宮の祭祀《さいし》は庭上祭祀《ていじょうさいし》であり、正殿の床下に立つ「心の御柱《みはしら》」に向かって執《と》り行われます。ご神体《しんたい》の御鏡《みかがみ》と「心の御柱《みはしら》」はご一体としてご鎮座されているのです。したがって、何よりも大事なことは、御柱《みはしら》を立てて守ることなのです。

ですから、大国主神《おおくにぬしのかみ》もこれから国づくりの大業をするにあたって最も大切なことは、宮柱を立てて守り、天《あま》つ神《かみ》の御心《みこころ》から離れないように祓《はら》えの努力をすることなのです。私たちも一人ひとり自らの心の中に宮柱を立てたとき、ここの箇所の本当の意味が分かるでしょう。今までの幾多の修行のすべてが、宮柱を立てて守ることに集約されるのです。天《あま》つ神《かみ》から離れた異《こと》心《ごころ》では国づくりはできないのであります。

沼河比売《ぬなかわひめ》求婚

この八千矛神《やちほこのかみ》（大国主神《おおくにぬしのかみ》の別名）が沼河比売《ぬなかわひめ》（越後《えちご》国の沼川《ぬまかわ》地方を治めていた地方豪族の姫神。新潟県糸魚川市《にいがたけんいといがわ》に沼河比売《ぬなかわひめ》を祭る奴奈川《ぬなかわ》神社がある）と結婚しようと、お出かけになった時に、その沼河比売《ぬなかわひめ》の家に着いて歌われました歌は、

八千矛《やちほこ》の神《かみ》の命《みこと》は、日本国中で妻にふさわしい女性を娶《めと》ることができないので、遠い

遠い越国《こしのくに》に抜群の女性がいるとお聞きになって、美しい女性がいるとお聞きになって、求婚にしきりにお出かけになり、求婚にお通いになって、大刀につけたひもも解かず、襲《おすい》（着衣の上に頭からかぶりすそまで垂れた衣装）もまだ脱がないで、少女の寝ている家の板戸を、何度も押しゆさぶって立っておられると、何度も引いてゆさぶって立っておられると、青山ではもう鵼《ぬえ》（トラツグミという鳥。夜中から明け方にさびしい鳴き声をたてて鳴く。心の憂いを象徴している）が鳴いた。野の鳥の雉《きじ》（雉は夜明けに鳴く）はけたたましく鳴いている。庭の鶏は鳴いて夜明けを告げている。（やがて夜も明けようとして、山では鵼《ぬえ》が、野では雉《きじ》が、家の庭では鶏《にわとり》が鳴くという意味。つまり、空しく夜が明けていくという意味です。）

腹立たしくも鳴く鳥どもめ。こんな鳥は打ちたたいて鳴くのをやめさせてくれ。空を飛ぶ使いの鳥の古くからの伝えはこの通りでございます。

とお歌いになりました。この歌にこたえて沼河比売《ぬなかわひめ》が、まだ戸を開けないで、家の中から歌って、八千矛《やちほこ》の神《かみ》の命《みこと》よ、私はなよなよした草のようなか弱い女性ですから、私の心は入江の洲にいる水鳥のように、いつも夫を慕い求めています。（本文の「ぬえ草の」は「女《め》」の枕詞です。ですから、女性のことを手弱女《たわやめ》といいます。反対語は益荒男《ますらお》です。）

今の私は自分の意のままにふるまっていますが、やがてはあなたのお心のままになる鳥になるでしょうから、あの鳥たちの命は殺さないで下さい。空を飛ぶ使いの鳥の古くからの伝えは、この通りでございます。

青い山に日が隠れたならば、夜になったら戸を開けてあなたをお迎えいたしましょう。

（「ぬばたまの」は「夜」、「黒」の枕詞です。）

朝日のように花やかな笑顔をして来て、楮《こうぞ》の綱のような白い私の腕や（「栲綱《たくづの》の」は「白」の枕詞。楮《こうぞ》の皮で作った綱は、色が白いことから白の枕詞になったと言われています。）、泡雪のような白くてやわらかな若々しい胸を、やさしく愛撫し、また愛撫し抱擁して、玉のように美しい私の手をまきつけて枕にし合って、いついつまでもお休みになることでしょうから（百長《ももなが》を股長《ももなが》に解釈し、足を伸ばしてのびのびとする説もあります。）、いまはむやみに（日茶目茶に）恋なさいますな八千矛《やちほこ》の神《かみ》の命《みこと》よ、古くからの伝えは、この通りでございます。

と歌いました。そして、その夜はお会いにならないで、翌日の夜にお会いになりました。

須勢理毘売《すせりびめ》の嫉妬《しっと》

また八千矛神《やちほこのかみ》の正妻の須勢理毘売命《すせりびめのみこと》は、大変嫉妬深い神でありました。そのために夫の八千矛神《やちほこのかみ》は、ほとほとやりきれなくなって（困り果てて）、出雲国《いずものくに》から大和国《やまとのくに》にお上りになろうとして、旅支度をしてお立ちになった時に、片方のお手をお馬の鞍《くら》にかけ、片方のみ足をそ

の御鐙《みあぶみ》（鞍《くら》の両わきにたらして、乗る者が足をのせる馬具）に踏み入れて、お歌いになった歌は、
ぬばたま色（「ぬばたまの」は、「黒」「夜」の枕詞です）の黒いお衣装を、ていねいに着こんで（「まつぶさに」は丁寧に、十分にの意味）、沖の水鳥のように、首を曲げてわが姿を見る時、鳥が羽をぱたぱたするように、袖を上げ下げして見ると、これは似合わない。

岸に寄せる波が後ろに引くように、お衣装を後ろに脱ぎ捨て、こんどはカワセミ（カワセミは青の枕詞です）の羽のような青いお衣装を、ていねいに着こんで、沖の水鳥のように、首を曲げてわが姿を見る時、鳥がぱたぱたするように、袖を上げ下げして見ると、これも似合わない。

岸に寄せる波が後ろに引くように、お衣装を後ろに脱ぎ捨て、山の畑に蒔いた藍蓼《あいだて》を臼《うす》で舂《つ》き、その染め草の汁で染めた藍色の衣装を、ていねいに着こんで、沖の水鳥のように、首を曲げてわが姿を見る時、鳥が羽をぱたぱたするように、袖を上げ下げして見ると、これはよく似合っている。

愛《いと》しいわが妻（須勢理毘売《すせりびめ》）よ、群鳥《むらとり》（渡り鳥）が飛び立つように、私が多くの供人と一緒に出かけてしまったならば、一羽が飛び立つとそれに引かれて飛び立つ鳥のように、供人に引かれて私も出かけてしまったならば、泣きはしないと強気にあなたはいま言っているけれども、山のふもとに立つ一本のすすきのように、首をうなだれて、あなたが泣くさまは、朝の雨が霧となってたちこめるように、あなたの深い嘆きの霧が立ちこめるであ

ろう。なよやかなわが妻（須勢理毘売《すせりびめ》）よ、古くからの伝えは、この通りでございます。

とお歌いになりました。そこで、これを受けてその后（須勢理毘売《すせりびめ》）は、夫にささげる大御《おおみ》杯《さかずき》を手に取って、夫の大国主神《おおくにぬしのかみ》のそばに立ち寄り、杯をささげて歌われた歌は、
八千矛《やちほこ》の神《かみ》の命《みこと》は、わが大国主神《おおくにぬしのかみ》（わが国の偉大な統治者）よ。あなたは男性でいらっしゃるから、ぐるりとめぐる島の崎々《みさきみさき》に、ぐるりとめぐる磯《いそ》の崎《みさき》のどこにでも（「打ち廻《うみ》る」と「かき廻《み》る」は対句で遠く見渡すところの意味です）、妻をお持ちになることができるでしょう。

しかし、私は女性の身でありますから、あなた以外に男性はありません。あなたのほかに夫はありません。綾織《あやおり》の絹の帳《とばり》のふわふわとしている下で、麻の寝具のやわらかな下で、楮《こうぞ》の皮の繊維で織った白い寝具のざわざわとしている下で、泡雪のような白くやわらかな若々しい胸を、楮《こうぞ》の綱のような白い私の腕を、やさしく愛撫し、また愛撫し抱擁して、玉のように美しい私の手をまきつけて枕にし合って、いついつまでもお休みになることでしょうから、この御酒《みき》をお召し上がりなさいませ。（御酒《みき》を進めることは、世の中の仲直りの杯《さかずき》の気持ちに似ていると宣長《のりなが》は述べています。）

とお歌いになりました。このように歌って、ただちに杯をかわし合って、もう大和《やまと》には行かないと心の変わらないことを約束し、互いに首に手をかけ合って、今に至るまで仲むつまじくご鎮座されておられるのであります。以上の五首の歌を神語《かみがたり》と言います。

第十四回　大国主神《おおくにぬしのかみ》の神裔《しんえい》と国作《くにづく》り

少名毘古那神《すくなびこなのかみ》と国作《くにづく》り

故《かれ》、大國主神《おほくにぬしのかみ》、出雲《いづも》の御大《みほ》の御前《みさき》に坐《ま》す時、波の穂《ほ》より天《あめ》の羅摩船《かかみぶね》に乗りて、鵝の皮を内剥《うつはぎ》に剥《は》ぎて衣服《きもの》にして、歸《よ》り來《く》る神ありき。ここにその名を問はせども答へず、また所従《みとも》の諸神《かみたち》に問はせども、皆「知らず。」と白《まを》しき。ここに谷蟆《たにくく》白《まを》しつらく、「こは崩彦《くえびこ》ぞ必ず知りつらむ。」とまをしつれば、すなはち崩彦を召して問はす時に、「こは神産巣日神《かみむすひのかみ》の御子、少名毘古那神《すくなびこなのかみ》ぞ。」と答へ白しき。故《かれ》ここに神産巣日《かみむすひ》の御祖命《みおやのみこと》に白し上げたまへば、答へ告《の》りたまひしく、「こは實《まこと》に我が子ぞ。子の中に、我が手俣《たなまた》より漏《く》きし子ぞ。故《かれ》、汝《いまし》葦原色許男命《あしはらしこをのみこと》と兄弟《あにおと》となりて、その國を作り堅《かた》めよ。」とのりたまひき。故、それより、大穴牟遲《おほなむぢ》と少名毘古那《すくなびこな》と、二柱の神相並《なら》ばして、この國を作り堅めたまひき。然《さ》て後は、その少名毘古那神《すくなびこなのかみ》は、常世國《とこよのくに》に度《わた》りましき。故、その少名毘古那神《すくなびこなのかみ》を顕《あら》はし白せし謂《い》はゆる崩彦は、今者《いま》に山田のそほどといふぞ。この神は、足は行かねども、盡《ことごと》に天の下の事を知れる神なり。

ここに大國主神《おほくにぬしのかみ》、愁《うれ》ひて告《の》りたまひしく、「吾獨《あれひとり》して何《いか》にかよくこの國を得《え》作らむ。孰《いづ》れの神と吾《あれ》と、能《よ》くこの國を相作らむや。」とのりたまひき。この時に海を光《てら》して依《よ》り來《く》る神ありき。その神の言《の》りたまひしく、「よく我が前を治めば、吾《あれ》能く共與《とも》に相作り成さむ。若《も》し然らずは國成り難《がた》けむ。」

とのりたまひき。ここに大國主神《おほくにぬしのかみ》曰《まを》ししく、「然らば治め奉る状《さま》は奈何《いか》にぞ。」とまをしたまへば、「吾《あれ》をば倭《やまと》の青垣の東の山の上《へ》に拝《いつ》き奉《まつ》れ。」と答へ言《の》りたまひき。こは御諸《みもろ》山の上《へ》に坐《ま》す神なり。

大国主神《おおくにぬしのかみ》の神裔《しんえい》と国作《くにづく》りの解釈

大国主神《おおくにぬしのかみ》の神裔《しんえい》

さて、この大國主神《おおくにぬしのかみ》が宗像《むなかた》の奥津宮《おきつみや》（宗像《むなかた》大社は、沖つ宮、中つ宮、辺つ宮の三社から成り、沖つ宮は玄界灘の孤島沖ノ島に祭られている）にいます多紀理毘売命《たきりびめのみこと》と結婚してお生みになられた子は、阿遅鉏高日子根神《あぢすきたかひこねのかみ》（妹の下照比売《したでるひめ》の夫の天若日子《あめわかひこ》と容姿が似ていたので、天若日子《あめわかひこ》の弔問に喪屋《もや》を訪れたとき、天若日子《あめわかひこ》の親族から天若日子《あめわかひこ》が生きていると間違えられた。穢《けが》れた死人と見間違えられたことを怒った阿遅鉏高日子根神《あぢすきたかひこねのかみ》は喪屋《もや》を足で蹴飛ばした。その喪屋《もや》が美濃国《みのくに》の喪山《もやま》となったと言われている）。

次にお生みになられたのは妹の高比売命《たかひめのみこと》。またの名を下照比売命《したでるひめのみこと》という。この阿遅鉏高日《あぢすきたかひ》子根神《こねのかみ》は、いま迦毛大御神《かものおおみかみ》（奈良県御所《ごせ》市の高鴨《たかがも》神社のご祭神）と申します。高鴨神社は全国の鴨《かも》社の総本宮《そうほんぐう》です。大事なことは神代《かみよ》の古伝承《こでんしょう》が今に承け継がれていることです。神代《かみよ》の古《こ》伝承《でんしょう》が現在と切り離された架空の話ではなく、常に今に繋がっているのです。神代《かみよ》即、今なのです。

大國主神《おおくにぬしのかみ》が神屋楯比売命《かむやたてひめのみこと》と結婚してお生みになられた子は、事代主神《ことしろぬしのかみ》（託宣《たくせん》をつかさどる神。国譲《くにゆず》りの際、建御雷之男神《たけみかづちのおのかみ》への返答を父の大国主神《おおくにぬしのかみ》から任された神様）です。

また、八島牟遅能神《やしまむぢのかみ》（須佐之男命《すさのおのみこと》が櫛名田比賣《くしなだひめ》と結婚してお生みになられた八嶋士奴美神《やしまじぬみのかみ》と似た名前ですが、名義未詳）の娘の鳥耳神《とりみみのかみ》と結婚してお生みになられた子は、鳥鳴海神《とりなるみのかみ》です。この神が日名照額田毘道男伊許知邇神《ひなてりぬかたびちおいこちにのかみ》と結婚してお生みになられた子は、国忍富神《くにおしとみのかみ》です。この神が葦那陀迦神《あしなだかのかみ》（岡山県倉敷《くらしき》市の足高《あしたか》神社のご祭神と宣長は述べています）、またの名は八河江《やがわえ》比売《ひめ》と結婚してお生みになられた子は、速甕之多気佐波夜遅奴美神《はやみかのたけさはやぢぬみのかみ》です。

この神が天之甕主神《あめのみかぬしのかみ》の娘の前玉比売《さきたまひめ》（前玉《さきたま》は幸魂《さきたま》の意味と言われています）と結婚してお生みになられた子は、甕主日子神《みかぬしひこのかみ》です。この神が淤加美神《おかみのかみ》（竜神で水をつかさどる神）の娘の比那良志毘売《ひならしびめ》（航海の守り神）と結婚してお生みになられた子は、多比理岐志麻流美神《たひりきしまるみのかみ》です。

この神が比比羅木《ひひらぎ》の其花麻豆美神《そのはなまづみのかみ》の娘の活玉前玉比売神《いくたまさきたまひめのかみ》（活玉《いくたま》は生魂《いくたま》。前玉《さきたま》は幸魂《さきたま》の意味。霊力《れいりょく》を持たれた女神です）と結婚してお生みになられた子は、美呂浪神《みろなみのかみ》です。

この神が敷山主神《しきやまぬしのかみ》（山を掌《つかさど》る神と言われています）の娘の青沼馬沼押比売《あおぬまうまぬまおしひめ》と結婚してお生みになられた子は、布忍富鳥鳴海神《ぬのおしとみとりなるみのかみ》です。この神が若尽女神《わかつくしめのかみ》と結婚してお生みになられた子は、天日腹大科度美神《あめのひばらおおしなどみのかみ》です。この神が天狭霧神《あめのさぎりのかみ》の娘の遠津待根神《とおつまちねのかみ》と結婚してお生みになられた子は、遠津山岬多良斯神《とおつやまさきたらしのかみ》です。

以上述べてきました八嶋士奴美神《やしまじぬみのかみ》から遠津山岬帯神《とほつやまさきたらしのかみ》までは、十七世の神と申します。しかし、実数は十五世で二世足りないです。阿遅鉏高日子根神《あぢすきたかひこねのかみ》と事代主神《ことしろぬしのかみ》を数えると十七世になります。

少名毘古那神《すくなびこなのかみ》と国作《くにづく》り

さて、大国主神《おおくにぬしのかみ》が出雲《いずも》の美保《みほ》の岬におられました時、波頭《なみがしら》の上を蔓草《つるくさ》の天のガガイモ（長さ十センチほどの細長い実を割ると小舟の形になる）の実の船に乗って、蛾《ひむし》の皮をすっかり剥《は》いで着物にして、やってくる（近づいてくる）神がありました。

そこで、その名前をお聞きになりましたけれども答えませんでした。また大国主神《おおくにぬしのかみ》のお供の神々にお尋ねになったけれども、誰も「知りません」と申します。そのときにヒキガエル（蝦蟇《がま》のこと）が申しますには、「これはクエビコ（案山子《かかし》のことです）であれば、きっと知っているでしょう」と申し上げました。

すぐにクエビコ（崩彦《くえびこ》）を呼んでお尋ねになりますと「これは神産巣日神《かみむすひのかみ》の御子の少名毘古《すくなびこ》那神《なのかみ》（宣長《のりなが》は少名《すくな》とは大名持《おおなむじ》の大名《おおな》に相対する言葉と述べています）です」とお答え申し上げました。

そこで大国主神《おおくにぬしのかみ》が、その御祖命《みおやのみこと》の神産巣日神《かみむすひのかみ》にこのことを申し上げましたところ、答えて「この子はまさしく私の子です。子どもの中で、私の手の指の間から漏《も》れ落ちた子です。あなた（少名毘古那神《すくなびこなのかみ》）は、葦原色許男命《あしはらしこおのみこと》（大国主神《おおくにぬしのかみ》の別名）と兄弟となって、葦原中国《あしはらのなかつくに》を作り固めなさい」と仰せられました。

それでそれから、大穴牟遅神《おおなむじのかみ》（大国主神《おおくにぬしのかみ》の別名）と少名毘古那神《すくなびこなのかみ》の二柱《ふたはしら》の神が一緒に協力して、この国を作り固められました。そして、後にはその少名毘古那神《すくなびこなのかみ》は常世国《とこよのくに》（海のかなたにあるとされた永遠の世界）にお渡りになりました。

『日本書紀』の一書には、出雲《いずも》の熊野《くまの》の岬から常世《とこよ》に行かれた。また、淡島《あわしま》に行って、粟茎《あわがら》に登ったところが、弾《はじ》かれて常世郷《とこよのくに》に行かれたとも伝えられています。その少名毘古那神《すくなびこなのかみ》の名前を明らかにし、申し上げたクエビコというのは、今の山田の案山子《かかし》のことです。

「山田のソホド」とは、山田の案山子《かかし》のことです。案山子《かかし》も非常に優れた霊力を持っているのです。古くは田の神の依《よ》り代《しろ》として立てられたもので、田の守り神であります。この神は歩くことはできませんが、すべて天下のことを知っている神です。

そこで大国主神《おおくにぬしのかみ》は大変心配して、「私一人ではどのようにしてこの国を作り固めることができるだろうか。どの神が私と一緒に協力して、この国を立派に作ってくれるだろうか」と仰せられました。

この時、海の向こうから、海上を照らして近寄ってくる神がありました。その神が言われるには、「私の御魂《みたま》を丁重に祭ったならば、私もあなたと一緒に協力して、共に葦原中国《あしはらのなかつくに》を作り成しましょう。もしそうしなかったならば、国作《くにづく》りは完成しないでしょう」と仰せられました。

そこで大国主神《おおくにぬしのかみ》が、「それでは御魂《みたま》をお祭りするには、どのようにしたらよろしいですか」と申されました。その神は、「私の御魂《みたま》を、大和《やまと》の国を青々と取り囲んでいる東の山の上に斎《いつ》き祭りなさい」と答えられました。これが御諸山《みもろやま》（三輪山《みわやま》）の上にご鎮座《ちんざ》なさっている神です。この御諸山《みもろやま》の神の説話は、奈良県桜井《さくらい》市の三輪山《みわやま》を御神体《ごしんたい》とする大神神社《おおみわじんじゃ》のご鎮座《ちんざ》の縁起であります。

大年神《おおとしのかみ》の神裔《しんえい》

さて、須佐之男命《すさのおのみこと》と神大市比売《かむおおいちひめ》の御子の大年神《おおとしのかみ》（農業の神。年は稲の稔りのことです）が、神活須毘神《かむいくすびのかみ》の娘の伊怒比売《いのひめ》と結婚してお生みになった子は、大国御魂神《おおくにみたまのかみ》（国土《こくど》の神霊の意味）です。次に韓神《からのかみ》（朝鮮の神の意味）。次に曽富理神《そほりのかみ》（朝鮮に関係のある神と言われています）。次に白日神《しらひのかみ》。次に聖神《ひじりのかみ》（大阪府和泉市の聖神社《ひじりじんじゃ》のご祭神）の五柱《いつはしら》の神をお生みになりました。また、香用比売《かよひめ》と結婚してお生みになった子は大香山戸臣神《おおかがやまとおみのかみ》。次に御年神《みとしのかみ》（年穀を掌《つかさど》る神）二柱《ふたはしら》です。また天知迦流美豆比売《あめちかるみずひめ》と結婚してお生みになった子は、奥津日子神《おきつひこのかみ》（竈《かまど》の神）。次に奥津比売神《おきつひめのかみ》（竈《かまど》の女神で奥津日子神《おきつひこのかみ》と一対になっている）、またの名は、大戸比売神《おおべひめのかみ》（竈《かまど》の女神）です。この神は、世の人々が竈《かまど》の神として大事にお祀りしている神です。

次にお生まれになられたのは、大山咋神《おおやまくいのかみ》（比叡山の神。日枝神社《ひえじんじゃ》のご祭神です）。またの名を山末之大主神《やますえのおおぬしのかみ》と申します。この神は近江国《おうみ》の比叡山にご鎮座され、また葛野《かづの》の松尾《まつお》（京都市右京区の松尾神社）にご鎮座され、鳴鏑《なりかぶら》をご神体《しんたい》とする神です。

次にお生まれになられたのは、庭津日神《にわつひのかみ》（屋敷《やしき》を照らす日の神）。次に阿須波神《あすはのかみ》。次に波比岐神《はひきのかみ》（阿須波神《あすはのかみ》と波比岐神《はひきのかみ》は、祈年祭の祝詞《のりと》に見える。屋敷《やしき》の神です）。次に香山戸臣神《かがやまとおみのかみ》。次に羽山戸神《はやまとのかみ》（山の神）。次に庭高津日神《にわたかつひのかみ》（庭津日神《にわつひのかみ》と同じく屋敷の守り神）。次に大土神《おおつちのかみ》（大地の母神）。またの名は土之御祖神《つちのみおやのかみ》の九神《ここのはしら》（実際は十神。奥津日子神《おきつひこのかみ》と奥津比売神《おきつひめのかみ》を合わせて一神と数え、九神としたと言われている）。

以上、大年神《おおとしのかみ》の子の大国御魂神《おおくにみたまのかみ》から大土神《おおつちのかみ》まで、合わせて十六神《とおまりむはしら》です。

羽山戸神《はやまとのかみ》が大氣都比賣神《おおげつひめのかみ》と結婚してお生みになった子は、若山咋神《わかやまくいのかみ》（大山咋神《おおやまくいのかみ》と同じく山の神）。次に若年神《わかとしのかみ》（大年神《おおとしのかみ》と同じく稲の神）。次に妹若沙那売神《いもわかさなめのかみ》（田植をする早乙女《さおとめ》の意味と言われている）。次に弥豆麻岐神《みづまきのかみ》（灌漑《かんがい》を掌る神）。次に夏高津日神《なつたかつひのかみ》（夏の日照りの神）。またの名は夏之売神《なつのめのかみ》。

次に秋毘売神《あきびめのかみ》（秋の実りを守護する神）。次に久久年神《くくとしのかみ》（稲の茎《くき》の成長を守る神）。次に久久紀若室葛根神《くくきわかむろつなねのかみ》（久久《くく》は茎《くき》。紀《き》は木。若室《わかむろ》は新築の家。葛根《つなね》は新室《にいむろ》を建て葛《かずら》で結び固める意味。農家の新築の家を守る神）です。

以上、羽山戸神《はやまとのかみ》の子の若山咋神《わかやまくいのかみ》から若室葛根神《わかむろつなねのかみ》まで、合わせて八神《やはしら》です。

須佐之男命《すさのおのみこと》と神大市比売《かむおおいちひめ》との間にお生まれになられた大年神《おおとしのかみ》は稲の守護神ですが、このように須佐之男命《すさのおのみこと》のご子孫に農業関係の神々が多いことは、注目すべきであります。須佐之男《すさのおの》命《みこと》は高天原《たかあまのはら》で農業妨害の罪（天つ罪）を犯した神です。

しかし、高天原《たかあまのはら》を追放されて苦労に苦労を重ねながら、出雲国《いずものくに》にお降りになることによって性格が一変し、人の心の悲しみを自分自身の身体の痛みのごとく感じる清明《せいめい》な心となり、ついには八俣《やまた》の大蛇《おろち》を退治すると同時に、その異心《ことごころ》を斬って祓《はら》い浄《きよ》められたのです。徹底した禊祓《みそぎはらえ》を経て、本来の御心《みこころ》を回復し、そのご子孫より多くの農業関係の神々がお生まれになっているのであります（『古事記精講』参照）。

なお、羽山戸神《はやまとのかみ》から久久紀若室葛根神《くくきわかむろつなねのかみ》までの系譜は、早乙女《さおとめ》が田植をし、水を注ぎ、真夏の日が照りつけ、秋には稲が成長して実り、収穫祭としての新嘗祭《にいなめさい》を行うための建物を新築するまでを語っていると言われています（『古事記』㊤・講談社学術文庫参照）。

少名毘古那神《すくなびこなのかみ》と国作《くにづく》りの意義

高天原《たかまのはら》の神産巣日神《かみむすひのかみ》は、大国主神《おおくにぬしのかみ》と少名毘古那神《すくなびこなのかみ》に対して「故《かれ》、汝葦原色許男命《いましあしはらしこおのみこと》と兄弟《あにおと》となりて、その国を作り堅《かた》めよ」とのご神勅を賜わりました。そして、大国主神《おおくにぬしのかみ》と少名毘古那《すくなびこなの》神《かみ》はご一緒に協力して、葦原中国《あしはらのなかつくに》を秩序ある国へと作りおさめ固められましたが、そもそも国土《こくど》の「修理固成《しゅりこせい》」の大事業は、伊邪那岐命《いざなきのみこと》と伊邪那美命《いざなみのみこと》の二柱《ふたはしら》の神が、天《あま》つ神《かみ》一同より「この漂へる国を修め理り固め成せ」との詔《みことのり》を賜わり執《と》り行われた事業であります。

国生み、神生みの大本には「天つ神諸《あまつかみもろもろ》の命《みこと》もちて」があるのです。わが国は伊邪那岐命《いざなきのみこと》、伊邪那美命《いざなみのみこと》の二柱《ふたはしら》の神が、自我の判断で勝手に夫婦《ふうふ》の交わりをしてお生みになった国ではないのです。先祖であります天《あま》つ神《かみ》の御心《みこころ》から離れて、御子をお生みになったときには必ず失敗しています。

「天つ神諸《あまつかみもろもろ》の命《みこと》もちて」とは、伊邪那岐命《いざなきのみこと》、伊邪那美命《いざなみのみこと》ご自身が、全く私心をさしはさむことなく、天《あま》つ神《かみ》より賜った自らの本体である「いのち」と一つになることです。何よりも天《あま》つ神《かみ》と一つになる祈りは、一つになりたいと心の中で期待して祈ったら、いつまでたっても一つにはならないです。それは期待する心が、天《あま》つ神《かみ》から離れた異心《ことごころ》だからです。

いま私たちが生きているということは、天《あま》つ神《かみ》と一つなのですから、余分な期待や思いを放念することが何よりも大事です。ここが国生み、神生みの一番の根源にある信仰です。

伊邪那美命《いざなみのみこと》は、神生みの途中でしたが、火之迦具土神《ひのかぐつちのかみ》をお生みになられたことが原因で、黄泉《よみ》の国にお隠れになります。伊邪那岐命《いざなきのみこと》は神生みがまだ完成していなかったので、後を追って黄泉《よみ》の国に行かれました。しかしながら、伊邪那美命《いざなみのみこと》は黄泉《よみ》の国の竈《かまど》で煮《に》炊きした食べ物を食べたために、黄泉《よみ》の国の人となってしまい帰れなくなってしまったのです。そして、ついには伊邪那岐命《いざなきのみこと》と伊邪那美命《いざなみのみこと》は離別《りべつ》してしまいます。

その後、黄泉《よみ》の国からお帰りになった伊邪那岐命《いざなきのみこと》は、筑紫《つくし》の日向《ひむか》の橘《たちばな》の小門《おど》の阿波岐原《あわきはら》においでになって、徹底した禊祓《みそぎはらえ》をなさいました。その結果、伊邪那岐命《いざなきのみこと》は、ご自身の本性に感応し、天《あま》つ神《かみ》の御心《みこころ》と一つになり、次々に神々が誕生いたしました。

そして、すべての穢《けが》れが洗い流され、最後の最後に天照大御神《あまてらすおおみかみ》、月讀命《つくよみのみこと》、建速須佐之男命《たけはやすさのおのみこと》の三柱《みはしら》の貴い神々がお生まれになられたことで、神生《かみう》みは完成いたしました。しかし、葦原《あしはらの》中国《なかつくに》の国作《くにづく》りと国固《くにがた》めは、須佐之男命《すさのおのみこと》の後継者であります大国主神《おおくにぬしのかみ》がまつろわない荒ぶる神々を平定しながら推《お》し進《すす》めていましたが、まだ完成はしていなかったのであります。

そこで神産巣日神《かみむすひのかみ》が、大国主神《おおくにぬしのかみ》と少名毘古那神《すくなびこなのかみ》に向かって前述の「故、汝葦原色許男命《あしはらしこおのみこと》と兄弟《あにおと》となりて、その國を作り堅《かた》めよ」とのご神勅《しんちょく》を下されたのです。そして、ご神勅《しんちょく》のままに大国主神《おおくにぬしのかみ》と少名毘古那神《すくなびこなのかみ》は一緒に協力して、葦原中国《あしはらのなかつくに》を作り固められましたが、まだ途中なのに少名毘古那神《すくなびこなのかみ》は常世国《とこよのくに》に去ってしまわれたのです。

すると大国主神《おおくにぬしのかみ》は、自分一人でどうして国作《くにづく》りができようか、大変心配されます。その時、海の向こうから近寄ってくる神が、私の御魂《みたま》をお祭りすれば、国作《くにづく》りは成功すると言われたのであります。つまり、この私の御魂《みたま》が国作《くにづく》りの眼目なのです。

この御魂《みたま》とは、私たちに生まれたときからすでに与えられている天地一貫《てんちいっかん》の「いのち」のことです。わが国の記紀古伝承《ききこでんしょう》によれば、天地は初めから存在しているのです。永遠の「いのち」が初めから存在しているのです。

その「いのち」は当然、私たちの中にも流れています。それは、私たちは天地を離れて生きているのでなく、天地の神々に包まれて、その中で生かされている存在だからです。何よりも、その「いのち」は、たとえ肉体は滅んでも決して死することなく永遠に生き続けています。その証拠は、全国約八万の神社の存在です。神社では神代《かみよ》の神々が、今なお生き続け私たちの幸福を見守ってくださっています。

ですから、神社の神職は毎日、神様にお食事を差し上げているのです。神代《かみよ》の神々は今も生きているのであります。これが霊魂不滅の信仰で、わが国の神社祭祀《じんじゃさいし》の根本にあるものです。

私たちの先祖は、異心《ことごころ》を祓《はら》って、その一貫の「いのち」に心を合わせて、その「いのち」と一つになり、すべての天地万物に神々の「いのち」を見ながら日々、感謝の生活をしてきたのです。これが祭りの本源にある信仰であり、また神生み、国生みの大本にあるものであります。ですから、先述のように伊邪那岐命《いざなきのみこと》、伊邪那美命《いざなみのみこと》の神生み、国生みの大本には「天《あま》つ神《かみ》諸《もろもろ》の命《みこと》もちて」があるのです。

つまり、私の御魂《みたま》をお祭りするということは、具体的には三輪山《みわやま》をご神体《しんたい》として大国主神《おおくにぬしのかみ》の御魂《みたま》を祀ることですが、何より大事なことは、大国主神《おおくにぬしのかみ》が天《あま》つ神《かみ》より賜った自らの本体であります天地一貫《てんちいっかん》の「いのち」と一つになって国作《くにづく》りをすることなのです。

わが国の国作《くにづく》りは、天《あま》つ神《かみ》の御心《みこころ》から離れた大国主神《おおくにぬしのかみ》の自我の力では出来ないのです。しかし、大国主神《おおくにぬしのかみ》に慢心がでるのであります。このことについて、『日本書紀』には次のようにより一層詳しく記載されています。

大国主神《おおくにぬしのかみ》は、少名毘古那神《すくなびこなのかみ》が常世国《とこよのくに》に去られた後、一人でよく国作《くにづく》りをし、国内を平定されたのですが、つい、「そもそも葦原中国《あしはらのなかつくに》は、もとから荒れて広い所だった。岩や草木に至るまで、すべて強かった。けれども私が皆くだき伏せて、今は従わないという者はない」

「今この国を治めるものはただ私一人である。私と共に天下を治めることができる者が他にあるだろうか」（『日本書紀』・講談社学術文庫）

これまで大国主神《おおくにぬしのかみ》は、袋背負い、赤猪抱《あかいだ》き、大野の火難などいくたの試練を乗り越え、苦労に苦労を重ねながら、ついには須佐之男命《すさのおのみこと》の御霊代《みたましろ》も受け継いで葦原中国《あしはらのなかつくに》に帰られ、八十神《やそがみ》を降伏させて、国作《くにづく》りの大業に邁進してきました。

今まで一度たりとも「私が」という傲慢《ごうまん》な異心《ことごころ》を起こしていなかったのです。常に慎みながら下座行《げざぎょう》に徹してきたのです。ですから、何度も何度も自らの本性に感応《かんのう》し、天《あま》つ神《かみ》の御心《みこころ》と一つになっているのですが、ここに油断が出るのです。油断は成功した時、一番良い時に、つい出てしまうのです。登山と同じです。上り坂、下り坂の時は誰でも慎みますが、頂上に登った時です。それが真逆《まさか》の坂で、つい傲慢《ごうまん》な心が出てしまいます。武田信玄の御遺訓に次の言葉があります。

「およそ軍勝五分をもって上となし、七分を中となし、十分をもって下となす。そのゆえは、五分は励みを生じ、七分は怠《おこた》りを生じ、十分は、驕《おご》りを生ずるがゆえ、たとえいくさに十分の勝ちを得るとも驕《おご》りを生ずれば、次に必ず敗れるものなり。すべて戦いに限らず、世の中のこと、この心がけ肝要なり」。慢心の異心が最大の敵なのです。
先述の須佐之男命《すさのおのみこと》も誓約《うけい》によって、その御心《みこころ》の清らかさが証明された瞬間、謙虚《けんきょ》さを失い、その御心《みこころ》は傲慢《ごうまん》な穢《けが》れた異心《ことごころ》にたちまち占領され、ついには天照大御神《あまてらすおおみかみ》が天《あめ》の石屋戸《いわやと》にお籠《こも》りになるという最悪の結果を招いてしまったのです。同様に大国主神《おおくにぬしのかみ》も、葦原中国《あしはらのなかつくに》を平定した時につい、「今この国を治めるものはただ私一人である」という傲慢《ごうまん》な異心《ことごころ》が出てしまったのであります。

その時です。不思議な光が海を照らし浮かんできて、「もし私がいなかったなら、お前はどうしてこの国を平定することができたろうか。私がいたからこそ、お前は大きな国を造る手柄を立てることができたのだ」と言われたのです。

そこで大国主神《おおくにぬしのかみ》が「お前は何者か」と尋ねられると、「私はお前の幸魂奇魂《さきみたまくしみたま》だ」と答えられたのであります。私たちの「いのち」は和魂《にぎみたま》と荒魂《あらみたま》の二つの御魂《みたま》によって生かされていますが、その和魂《にぎみたま》は、さらに幸魂《さきみたま》と奇魂《くしみたま》に分けることができるのです。これを一霊四魂《いちれいしこん》と申します。幸魂《さきみたま》、奇魂《くしみたま》とは和魂《にぎみたま》の二つの働きを指しています。ですから二つの働きを持ちますが、その本質は一つなのです。同様に和魂《にぎみたま》と荒魂《あらみたま》も一つの御魂《みたま》（一霊）の働きを二つに分けているのであります。

葦原中国《あしはらのなかつくに》を平定した大国主神《おおくにぬしのかみ》は、その功績を誇り、自分に比べる者は誰もいない。わが国を治めるものは私一人だけであるという慢心が出たのですが、その時、本当に国土《こくど》を治めたのは大国主神《おおくにぬしのかみ》の自我の力でなく、その奥に隠れている幸魂《さきみたま》、奇魂《くしみたま》であると教えられたのです。忌部正通《いんべのまさみち》の『神代巻口訣《じんだいのまきくけつ》』（一三六七）には、この幸魂《さきみたま》、奇魂《くしみたま》のことを大国主神《おおくにぬしのかみ》の「心神を出現して」とあり、その心神を天《あま》つ神《かみ》の霊なりと述べています。つまり、幸魂《さきみたま》、奇魂《くしみたま》とは、私たちの本体であります天《あま》つ神《かみ》の御魂《みたま》のことであります。大国主神《おおくにぬしのかみ》は今まで幾多の試練を経て何度も体認《たいにん》していた御心《みこころ》です。

ですから大国主神《おおくにぬしのかみ》は、本当の功績はお前の幸魂《さきみたま》、奇魂《くしみたま》だと言われた時、「そうです。分かりました。あなたは私の幸魂《さきみたま》奇魂《くしみたま》です。今どこに住みたいと思われますか」と答えられているのです。この幸魂《さきみたま》奇魂《くしみたま》が、大神神社《おおみわじんじゃ》のご祭神の大物主神《おおものぬしのかみ》です。そして、大国主神《おおくにぬしのかみ》は天《あま》つ神《かみ》の御心《みこころ》と一つになって葦原中国《あしはらのなかつくに》を平定し、やがて天《あま》つ神《かみ》のご命令によってその国土《こくど》を天孫《てんそん》に奉還《ほうかん》し、天孫《てんそん》と一緒になって、わが国一貫の「いのち」である皇統守護《こうとうしゅご》の任に就かれたのであります。

第十五回　葦原中国《あしはらのなかつくに》の平定《へいてい》と国譲《くにゆず》り

事代主神《ことしろぬしのかみ》の服従

ここをもちてこの二《ふた》はしらの神、出雲國《いづものくに》の伊那佐《いなさ》の小濱《をばま》に降り到りて、十掬劔《とつかつるぎ》を抜きて、逆《さかしま》に浪の穂に刺し立て、その劔の前《さき》に趺《あぐ》み坐《ま》して、その大国主神《おほくにぬしのかみ》に問ひて言《の》りたまひしく、「天照大御神《あまてらすおおみかみ》、高木神《たかぎのかみ》の命《みこと》もちて、問ひに使はせり。汝《いまし》がうしはける葦原中國《あしはらのなかつくに》は、我が御子の知らす國ぞと言依《ことよ》さしたまひき。故《かれ》、汝が心は奈何《いか》に。」とのりたまひき。ここに答へ白ししく、「僕《あ》は得白《えまを》さじ。我が子、八重言代主神《やへことしろぬしのかみ》、これ白すべし。然るに鳥遊《とがり》をし、魚《な》取りて、御大《みほ》の前《さき》に往きて、未だ還り來《こ》ず。」とまをしき。故ここに天鳥船神《あめのとりふねのかみ》を遣はして、八重事代主神《やへことしろぬしのかみ》を徴《め》し來《き》て、問ひたまひし時に、その父の大神に語りて言ひしく、「恐《かしこ》し。この國は、天《あま》つ神の御子《みこ》に立奉《たてまつ》らむ。」といひて、すなはちその船を蹈み傾《かたぶ》けて、天《あま》の逆手《さかて》を青柴垣《あをふしかき》に打ち成して、隠《かく》りき。

建御名方神《たけみなかたのかみ》の服従《ふくじゅう》

故ここにその大国主神《おほくにぬしのかみ》に問ひたまひしく、「今汝《いまし》が子、事代主神《ことしろぬしのかみ》、かく白しぬ。また白すべき子ありや。」ととひたまひき。ここにまた白ししく、「また我が子、建御名方神《たけみなかたのかみ》あり。これを除《お》きては無《な》し。」とまをしき。かく白す間に、その建御名方神《たけみなかたのかみ》、千引《ちびき》の石《いは》を手末《たなすゑ》に擎《ささ》げて來て、「誰ぞ我が國に來て、忍《しの》び忍びにかく物言ふ。然らば力競《ちからくら》べせむ。故《かれ》、我先《われさき》にその御手を取らむ。」と言ひき。故《かれ》、その御手を取らしむれば、すなはち立氷《たちひ》に取り成し、また劔刀《つるぎば》に取り成しつ。故ここに懼《おそ》りて退《しぞ》き居《を》りき。ここにその建御名方神《たけみなかたのかみ》の手を取らむと乞ひ歸《かへ》して取りたまへば、若葦《わかあし》を取るが如《ごと》、搤《つか》み批《ひし》ぎて投げ離ちたまへば、すなはち逃げ去《い》にき。故、追ひ往きて、科野國《しなののくに》の州羽《すは》の海に迫め到りて、殺さむとしたまひし時、建御名方神《たけみなかたのかみ》白ししく、「恐《かしこ》し。我《あ》をな殺したまひそ。この地《ところ》を除《お》きては、他処《あだしところ》に行かじ。また我が父、大国主神《おほくにぬしのかみ》の命《みこと》に違《たが》はじ。八重事代主神《やへことしろぬしのかみ》の言《こと》に違はじ。この葦原中國《あしはらのなかつくに》は、天《あま》つ神《かみ》の御子《みこ》の命の随《まにま》に献らむ。」とまをしき。

大國主神《おおくにぬしのかみ》の國譲《くにゆず》り

故《かれ》、更にまた還り來て、その大国主神《おほくにぬしのかみ》に問ひたまひしく、「汝《いまし》が子等《こども》、事代主神《ことしろぬしのかみ》、建御名方神《たけみなかたのかみ》の二《ふた》はしらの神は、天《あま》つ神《かみ》の御子《みこ》の命の随《まにま》に違はじと白しぬ。故、汝が心は奈何《いか》に。」ととひたまひき。ここに答へ白ししく、「僕《あ》が子等《こども》、二はしらの神の白す随《まにま》に、僕《あ》は違はじ。この葦原中國《あしはらのなかつくに》は、命の随に既に献らむ。ただ僕《あ》が住所《すみか》をば、天《あま》つ神《かみ》の御子《みこ》の天津日継《あまつひつぎ》知らしめす、とだる天《あめ》の御巣《みす》如《な》して、底《そこ》つ石根《いはね》に宮柱《みやばしら》ふとしり、高天《たかま》の原《はら》に氷木《ひぎ》たかしりて治《をさ》めたまはば、僕《あ》は百足《ももた》らず八十坰《やそくま》手《で》に隠《かく》りて侍《さもら》ひなむ。また僕が子等《こども》、百八十神《ももやそがみ》は、すなはち八重事代主神《やへことしろぬしのかみ》、神の御尾前《みをさき》となりて仕《つか》へ奉《まつ》らば、違《たが》ふ神はあらじ。」とまをしき。

葦原中国《あしはらのなかつくに》の平定と国譲《くにゆず》りの解釈

天照大御神《あまてらすおおみかみ》の仰せで、「豊葦原《とよあしはら》の千秋《ちあき》の長五百秋《ながいほあき》の水穂国《みずほのくに》（日本の国名の美称《びしょう》の一つです。穀物の豊かに成長する葦原で、いついつまでも稲穂の豊かに実り栄える国）は、私の御子の正《まさ》勝吾勝勝速日天忍穂耳命《かつあかつかちはやひあめのおしほみみのみこと》の治めになる国である」と、ご委任なさって、天忍穂耳命《あめのおしほみみのみこと》を高《たか》天原《まのはら》から葦原中国《あしはらのなかつくに》にお降しになりました。これは天照大御神《あまてらすおおみかみ》の最初の神勅《しんちょく》です。

そこで天忍穂耳命《あめのおしほみみのみこと》は、天《あめ》の浮橋《うきはし》（高天原《たかまのはら》と葦原中国《あしはらのなかつくに》をつなぐ橋）にお立ちになって、「豊葦原《とよあしはら》の千秋《ちあき》の長五百秋《ながいほあき》の水穂国《みずほのくに》は、ひどく騒いでいる」と仰せられて、また高天原《たかまのはら》に帰り上って天照大御神《あまてらすおおみかみ》にその事情を申し上げました。

天忍穂耳命《あめのおしほみみのみこと》は葦原中国《あしはらのなかつくに》が大変騒がしいので、天孫降臨《てんそんこうりん》の機運が熟していないと判断されて、天《あめ》の浮橋《うきはし》からそのままお帰りになられたのです。そこで高御産巣日神《たかみむすひのかみ》と天照大御神《あまてらすおおみかみ》の二柱《ふたはしら》の神の仰せによって、天《あめ》の安河《やすかわ》の河原《かわら》に、すべての神々を招集されて、思金神《おもいかねのかみ》（多くの思慮を兼ね備えた智力の神）に方策を考えさせて、「この葦原中国《あしはらのなかつくに》は、私の御子《みこ》の天忍穂耳《あめのおしほみみ》命《みこと》の治めになる国として委任した国である。ところがこの国には、荒々しい乱暴な国《くに》つ神《かみ》たちがたくさんいると思われる。どの神を遣わして平定したらよいだろうか」と仰せられました。

　すると思金神《おもいかねのかみ》とすべての神々が相談して、「天菩比神《あめのほひのかみ》（『日本書紀』では天穂日命《あめのほひのみこと》）を遣《つか》わすのがよいでしょう」と申し上げました。そこで天菩比神《あめのほひのかみ》を遣わしたところ、大国主神《おおくにぬしのかみ》にへつらい従って（媚《こ》び附きて）三年たっても復命しなかったのです。

　このような次第で、高御産巣日神《たかみむすひのかみ》と天照大御神《あまてらすおおみかみ》は、また多くの神々に、「葦原中国《あしはらのなかつくに》に遣わした天菩比神《あめのほひのかみ》は、長い間復命しない。今度はどの神を派遣したらよいであろうか」とお尋ねになりました。すると思金神《おもいかねのかみ》が答えて、「天津国玉神《あまつくにたまのかみ》（高天原《たかまのはら》の国魂《くにたま》の神）の子の天若日子《あめのわかひこ》（『日本書紀』には天稚彦《あめわかひこ》とある）を遣わすのがよいでしょう」と申し上げました。

　そこで天《あま》つ神《かみ》の真の使者としての天《あめ》の麻迦古弓《まかこゆみ》と天《あめ》の波波矢《ははや》を天若日子《あめのわかひこ》に授けて遣わしました。こうして天若日子《あめのわかひこ》は、葦原中国《あしはらのなかつくに》に降り着くとすぐに大国主神《おおくにぬしのかみ》の娘の下照比売《したでるひめ》と結婚し、またその国を自分のものにしようという野望を抱き、八年たっても復命しなかったのです。天《あめの》若日子《わかひこ》は完全に使命を忘れ、天《あま》つ神《かみ》の命令にそむいてしまったのです。それ故に、天若日子《あめのわかひこ》には神とか命とかという敬称をつけないという説があります。

　すると天照大御神《あまてらすおおみかみ》と高御産巣日神《たかみむすひのかみ》が、また多くの神々に「天若日子《あめのわかひこ》は長い間復命しない。今度はどの神を派遣して、天若日子《あめのわかひこ》が葦原中国《あしはらのなかつくに》に留まっている理由を尋ねようか」と仰せられました。多くの神々と思金神《おもいかねのかみ》は、「雉《きぎし》の名は鳴女《なきめ》を遣《つか》わすのがよいでしょう」とお答え申し上げました。このようにわが国は、神代《かみよ》の昔から何か重大事があると神々が集まり相談して決定してきたのです。神代《かみよ》から議会制度を持っていたと言っても過言ではないのです。

天照大御神《あまてらすおおみかみ》と高御産巣日神《たかみむすひのかみ》は鳴女《なきめ》を遣《つか》わす時に、「おまえが行って天若日子《あめのわかひこ》に尋ねることは、『あなたを葦原中国《あしはらのなかつくに》に派遣した理由は、その国の天《あま》つ神《かみ》の心から離れた荒ぶる神々を服従させ平定せよとのためである。なぜ八年たっても復命しないのか』と問え」と仰せられたのです。

そこで鳴女《なきめ》は高天原《たかまのはら》から降ってきて、天若日子《あめのわかひこ》の家の門にある神聖な桂の木の上にとまって、天《あま》つ神《かみ》の仰せの通り一言も違わずに伝えました。すると天《あめ》の佐具売《さぐめ》（『日本書紀』には天探女《あめのさぐめ》とある。鳥の鳴き声を聞いて吉凶を判断している）という女が、この鳥（鳴女《なきめ》）の言うことを聞いて、天若日子《あめのわかひこ》に「この鳥は、その鳴き声が大変よくありませんから、射殺《いころ》してしまいなさい」と進言しました。そこで天若日子《あめのわかひこ》は、天《あま》つ神《かみ》から授かった天《あめ》の波士弓《はじゆみ》（前には天《あめ》の麻迦古弓《まかこゆみ》とあり名称が変わっているが、同じ弓）と天《あめ》の加久矢《かくや》（これも前には天《あめ》の波波矢《ははや》とあり名称が変わっているが、同じ矢）でもってその雉《きじ》を射殺《いころ》してしまいました。

するとその矢は、雉の胸を貫《つらぬ》いて、逆さまに高天原《たかまのはら》に射上がって、天《あめ》の安河《やすかわ》の河原《かわら》におられる天照大御神《あまてらすおおみかみ》と高木神《たかぎのかみ》（高御産巣日神《たかみむすひのかみ》）の所まで飛んで行きました。この高木神《たかぎのかみ》というのは、高御産巣日神《たかみむすひのかみ》の別名です。古代においては木そのものが神の依《よ》り代《しろ》です。ですから高木神《たかぎのかみ》とは、高御産巣日神《たかみむすひのかみ》の御神徳《ごしんとく》で、高木のように高く優れている神様という意味です。

その高木神《たかぎのかみ》がその矢を手に取ってご覧になると矢の羽に血がついております。そこで高木神《たかぎのかみ》は、「この矢は天若日子《あめのわかひこ》に授けた矢である」と仰せられて、多くの神々に見せて、「もし天若《あめのわか》日子《ひこ》が天《あま》つ神《かみ》の命令に背かず、悪神を射《い》た矢が高天原《たかまのはら》まで飛んで来たのだったら、天若日子《あめのわかひこ》に命中するな。もし異心《ことごころ》で射《い》た謀反《むほん》の（穢《けが》れた）矢ならば、天若日子《あめのわかひこ》はこの矢にあたって禍《わざわい》を受けよ」と仰せられて、その矢を取って、その矢の飛んで来た穴から、下に向けて突き返されたところ、天若日子《あめのわかひこ》が朝の寝床に寝ていた、その胸にあたって死んでしまいました。

　これが還矢《かへりや》（こちらから射た矢が投げ返されると、その矢はかならず射た者に命中すること）の起こりである。また、その雉《きじ》も高天原《たかまのはら》に帰らなかった。だから今でも諺《ことわざ》に「雉《きぎし》の頓使《ひたつか》い」（雉は行ったきりで、帰らない使い）というが、その起こりがこれであります。

　このことで天若日子《あめのわかひこ》の妻の下照比売《したでるひめ》の泣き声が、風とともに高天原《たかまのはら》まで届きました。そこで高天原《たかまのはら》にいる天若日子《あめのわかひこ》の父親の天津国玉神《あまつくにたまのかみ》（高天原《たかまのはら》の国土霊）と天若日子《あめのわかひこ》の妻子がこれを聞いて、降って来て泣き悲しみました。そして、そこに喪屋《もや》（葬式を執《と》り行うまでの遺体を安置する仮屋。天皇・皇后・皇太后陛下の場合は、殯宮《ひんきゅう》と申し上げます）を作り、河雁《かわかり》（雁です）を食物を運ぶ役、鷺《さぎ》（宣長《のりなが》は鷺《さぎ》のとさかが箒《ほうき》に似ているからと述べています）を箒《ほうき》で喪屋を掃除する役、翡翠《かわせみ》（水辺にすむ小鳥。よく魚を取る）を死者に供える御饌《みけ》を作る役、雀《すずめ》を米をつく役（雀を碓女《うすめ》にしているのは、雀の歩く様子が臼《うす》をつく様子に似ているからと言われています）、雉《きじ》を声を出して泣き悲しむ役の女とし、このように葬儀の役目を定めて、八日八夜《やかやよ》（何日も何日もという意味）にわたって歌い踊って死者を弔いました。

　この時、阿遅志貴高日子根神《あぢしきたかひこねのかみ》（下照比売《したでるひめ》の兄で天若日子《あめのわかひこ》と容姿が似ていた）がやって来て、天若日子《あめのわかひこ》の喪を弔問したとき、高天原《たかまのはら》から降って来た天若日子《あめのわかひこ》の父、またその妻が皆泣いて、「わが子は死なずに生きていた。わが夫は死なずに生きておられる」と言って、手足に取りすがって泣きいとおしがったのです。このように間違えた訳は、この二柱《ふたはしら》の神の容姿が非常によく似ていたからであります。それで間違えてしまったのです。

　そこで阿遅志貴高日子根神《あぢしきたかひこねのかみ》は大変怒って、「私は親しい友だちだからこそ、弔問にやって来たのだ。それなのに何で私を穢《けが》らわしい死人に間違えるのだ」と言って、腰につけておられた十《と》拳剣《つかのつるぎ》（十握《とつか》の長さの剣）を抜いて、その喪屋《もや》を切り倒し、足で蹴飛ばしてしまったのです。ここから死に対して、非常な穢《けが》れとしていたことが読み取れます。十拳剣《とつかのつるぎ》を抜いて喪屋《もや》を切り倒すことは、剣による死の祓《はら》いを意味しているとも言われています。

　その喪屋《もや》は蹴飛《けと》ばされて、美濃国《みののくに》（岐阜県）の藍見河《あいみがわ》の上流の喪山《もやま》という山になりました。藍見河《あいみがわ》は、岐阜県の長良川《ながらがわ》の一部分の古称《こしょう》です。現在、長良川中流域に藍川《あいかわ》という地名があります。長良川が藍色のように澄んでいたので、そのように名付けられたと地元の方は言っております。しかし、藍見河《あいみがわ》と藍川《あいかわ》が同一かどうかは不明です。

　その時に、手に持って喪屋《もや》を切った大刀の名は大量《おおはかり》といいます。またの名は、神度剣《かむどのつるぎ》（切れ味の大変良いすぐれた剣）ともいいます。

　このようにして阿遅志貴高日子根神《あぢしきたかひこねのかみ》が怒って名乗りもせず飛びさってしまったので、その同母

の高比売命《たかひめのみこと》（下照比売《したでるひめ》）は、兄神の御名を明らかにし知らせようと思いました。そして、歌った歌は、

天上界にいるうら若い機織女《はたおり》が、首にかけている一本の緒に貫き通した首飾りの玉（ネックレスの玉）、

その一本の緒に貫き通した美しく光り輝いている穴玉のように、

二つの谷を越えて輝きわたる立派な神が、

阿遅志貴高日子根神《あぢしきたかひこねのかみ》であります。

と歌ったのです。この歌は夷振《ひなぶり》（宮廷の楽府に伝えられた歌曲の名称の一つと言われています）の歌曲の歌であります。

建御雷神《たけみかづちのかみ》と国譲《くにゆず》り

このようなわけで天照大御神《あまてらすおおみかみ》は、「こんどはどの神を遣わせばよいだろうか」と仰せになりました。そこで思金神《おもいかねのかみ》と多くの神々は、「天《あめ》の安河《やすかわ》の河上の天《あめ》の石屋《いわや》におられる、名前は伊都《いつ》之尾羽張神《のおはばりのかみ》（伊邪那岐命《いざなきのみこと》が御子の火之迦具土神《ひのかぐつちのかみ》の首を斬られた剣です）でしょう。もし、この神でなければ、その神の子の建御雷之男神《たけみかづちのおのかみ》（火之迦具土神《ひのかぐつちのかみ》の首を斬ったときに、その御刀から成った御子《みこ》）を遣わすのがよいでしょう。またその天尾羽張神《あめのおはばりのかみ》（伊《い》都之尾羽張神《つのおはばりのかみ》の別名）は、天《あめ》の安河《やすかわ》の水を塞き止めて、逆に上の方に水をたたえて、道路を

ふさいでおりますので、他の神は行かれないようになっています。ですから、特別に天迦久神《あめのかくのかみ》（迦久《かく》は、鹿又は加久矢《かくや》の神格化といわれています）を遣わして、仕えまつるかどうかを問われるのがよろしいでしょう」と申し上げました。

そこで天迦久神《あめのかくのかみ》を遣わして、天尾羽張神《あめのおはばりのかみ》に問い尋ねたところ、答えて「恐れ多いことでございます。謹んでお仕え申し上げます。しかし、葦原中国《あしはらのなかつくに》への派遣には、私の子の建御雷《たけみかづち》神《のかみ》を遣わしてください」と申して、直ちに建御雷神《たけみかづちのかみ》を献《たてまつ》りました。

本文の「恐《かしこ》し。仕《つか》へ奉《まつ》らむ」という言葉は非常に重要です。これは単にお仕えするということでなく、天《あま》つ神《かみ》の命を恐《かしこ》み、一切の私欲を祓《はら》って天《あま》つ神《かみ》の御心《みこころ》と一つになることです。ですから奉仕とは本来、見返りを求めることなく無私の心で天《あま》つ神《かみ》に仕えることの意味と考えられます。

まさに倭建命《やまとたけるのみこと》（日本武尊）のご東征にあたり、倭姫命《やまとひめのみこと》が草薙剣《くさなぎのつるぎ》を倭建命《やまとたけるのみこと》に授けて「慎《つつし》め。な怠《おこた》りそ」（『日本書紀』）のお言葉を賜わりましたが、その意味と同一であります。つまり、我欲の異心《ことごころ》を祓《はら》って祓《はら》って、依《よ》り代《しろ》（草薙剣《くさなぎのつるぎ》）であります天《あま》つ神《かみ》の御心《みこころ》から離れないよう努力することなのであります。

そこで天照大御神《あまてらすおおみかみ》は、天鳥船神《あめのとりふねのかみ》を建御雷神《たけみかづちのかみ》のお供に付けて、葦原中国《あしはらのなかつくに》に遣わされました。先述の「神々の生成」の段に、「鳥之石楠船神《とりのいわくすぶねのかみ》、亦の名は天鳥船《あめのとりふね》」とありましたが、天《あめの》鳥船神《とりふねのかみ》は、鳥のように大空を飛ぶ船の神で、雷神が大空を飛ぶときに乗る船と言われています。『日本書紀』では武甕槌神《たけみかづちのかみ》（建御雷神《たけみかづちのかみ》）と経津主神《ふつぬしのかみ》を葦原中国《あしはらのなかつくに》に遣わしたとあります。

しかし、『古事記』には経津主神《ふつぬしのかみ》の伝えが脱落しています。宣長は、建御雷神《たけみかづちのかみ》と経津主神《ふつぬしのかみ》が同神異名だからと見ていますが、『日本書紀』を参照するならば、建御雷神《たけみかづちのかみ》と経津主神《ふつぬしのかみ》のお供に天鳥船神《あめのとりふねのかみ》がおられたと解する方が良いと思われます。

なお、建御雷神《たけみかづちのかみ》は茨城県鹿島市にご鎮座されている鹿島神宮《かしまじんぐう》のご祭神であり、経津主神《ふつぬしのかみ》は千葉県香取《かとり》市にご鎮座されている香取神宮のご祭神であります。

このようにして、建御雷神《たけみかづちのかみ》と天鳥船神《あめのとりふねのかみ》の二柱《ふたはしら》の神は、出雲国《いずものくに》の伊那佐《いなさ》の小浜《おばま》（現在の稲《いな》佐浜《さはま》）に降《くだ》り着いて、建御雷神《たけみかづちのかみ》は十拳剣《とつかのつるぎ》を抜いて、剣先を上にし、柄《つか》を下にして逆さまに波頭《なみがしら》に刺し立て、剣の切《き》っ先《さき》にあぐらをかいて座り、葦原中国《あしはらのなかつくに》の大国主神《おおくにぬしのかみ》に尋ねて、建御《たけみ》雷神《かづちのかみ》は私心を全く差《さ》し挟《はさ》むことなく、「天照大御神《あまてらすおおみかみ》と高木神《たかぎのかみ》（高御産巣日神《たかみむすひのかみ》）の仰せによって、あなたの意向を問うべく私を使者としてお遣わしになりました。あなたが領有している葦《あし》原中国《はらのなかつくに》は、わが子孫の治められるべき国であるとご委任になった国であります。したがって、あなたの考えはどうなのかについて聞きたい」と仰せになりました。

本文に「汝がうしはける葦原中国《あしはらのなかつくに》は、我が御子《みこ》の知らす国ぞ」とありますが、「うしはく」（領はく）とは、統治者が被統治者を権力によって強制的に領有し、自分のものとして治めることです。自分の私有物として治めることですから、これは天《あま》つ神《かみ》の御心《みこころ》から離れた異心《ことごころ》による統治です。諸外国の統治のあり方は、ほとんどが「うしはく」の状態と言えると思います。

これに対して「しらす」（知らす）とは、私心による支配の意味ではなく、天照大御神《あまてらすおおみかみ》の御《み》心《こころ》、天《あま》つ神《かみ》の御心《みこころ》と一つになって治めることであります。天《あま》つ神《かみ》の御心《みこころ》とは、天地自然が万物を生じ育てる御心《みこころ》ですから、すべての人がそれぞれの資質に応じて活躍し、幸福になるように祈る大御心《おおみこころ》です。限りないご慈愛で、ひたすら国民の幸せを祈りながら治められることです。まさに父母のわが子に対する無限の愛情と同じであります。

天皇陛下の統治は、「うしはく」ではなく「しらす」なのです。これがわが国の特色であり、すべての日本人が知らなければならない大事なことです。そして、実際に政治を執《と》り行う人は、その天皇陛下の大御心《おおみこころ》に自らの心を照らし合わせ、国民が平和に幸福に暮らせるように努力するのが、本来の政治なのであります。

大国主神《おおくにぬしのかみ》は、苦労に苦労を重ねながら、天《あま》つ神《かみ》の御心《みこころ》と一つになって未開を切り開き、必死に国土《こくど》開拓をしてきましたが、葦原中国《あしはらのなかつくに》を平定したとき、その功績を誇る「うしはく」の傲慢《ごうまん》な異心《ことごころ》が出てしまったのです。しかし、先述したように自らの心神によって、本当に国土《こくど》を治めたのは大国主神《おおくにぬしのかみ》の自我の力でなく、その奥に隠れている天《あま》つ神《かみ》の御魂《みたま》であることを教えられたのです。ですから、大国主神《おおくにぬしのかみ》は天《あま》つ神《かみ》の御心《みこころ》が分かっていたと同時に、天孫降臨《てんそんこうりん》の神意を体得されていたと考えられます。そして、事代主神《ことしろぬしのかみ》についてもご自身と同じ心境であることを予め知っておられたのでしょう。

ここに答えて大国主神《おおくにぬしのかみ》は、「私はお答え申し上げません。私の子の八重言代主神《やえことしろぬしのかみ》がお答え申し上げます。しかし今、鳥を狩ったり、魚を取ったりするために美保《みほ》の岬に行って、まだ帰って来ておりません」と申し上げました。

そこで、建御雷神《たけみかづちのかみ》は天鳥船神《あめのとりふねのかみ》を遣わして、八重言代主神《やえことしろぬしのかみ》を呼び寄せて、その意向をお尋ねになった時に、八重言代主神《やえことしろぬしのかみ》は父の大国主神《おおくにぬしのかみ》に語って、「恐れ多いことでございます。この葦原中国《あしはらのなかつくに》は天《あま》つ神《かみ》のご子孫に奉りましょう」と言って、ただちに乗って来た船を踏み傾けて、天《あま》の逆手《さかて》（呪術としての拍手）という拍手をして、船を青い柴垣に変化させ、その中にご鎮座し、天照大御神《あまてらすおおみかみ》の御心《みこころ》と一つになられて、皇統守護《こうとうしゅご》の任に就かれたのであります。

建御名方神《たけみなかたのかみ》の服従

そこで建御雷神《たけみかづちのかみ》は、大国主神《おおくにぬしのかみ》に「今、あなたの子の事代主神《ことしろぬしのかみ》がこのように申した。ほかに天《あま》つ神《かみ》の詔《みことのり》を伝える子はいるか」とお尋ねになりました。すると大国主神《おおくにぬしのかみ》は、「またもう一人、私の子に建御名方神《たけみなかたのかみ》（諏訪大社《すわたいしゃ》のご祭神）がおります。それ以外にはおりません」と申し上げました。

このように申している間に、その建御名方神《たけみなかたのかみ》が千引《ちびき》の石《いわ》（千人もかからないと動かないような大岩）を手の先に軽々と持ち上げたままやって来て、「誰だ、私の国に来て、ひそひそとそのように物を言っているのは。それなら力競べをしてみようではないか。では、私がまずあなたの手を取ろう」と言われたのです。

そこで、建御雷神《たけみかづちのかみ》が、その御手を建御名方神《たけみなかたのかみ》に握らせると、たちまち氷柱に変化し、また剣の刃に変化したのです。建御名方神《たけみなかたのかみ》はこれに恐れをなして引き下がったのであります。建《たけ》御雷神《みかづちのかみ》が、その御手を氷柱や剣の刃に変化させたことは、天《あま》つ神《かみ》の無限の「いのちの力」、霊妙不可思議の神力《しんりょく》の比喩《ひゆ》でありましょう。

素直だから、清らかだから強いのです。何よりも清明《せいめい》なのが一番強いのです。なぜなら、その清明な御心《みこころ》は、この眼前の大宇宙無限の「いのちの力」と一つであるからです。その「いのちの力」はすでに私たちに与えられているのですが、異心《ことごころ》があると一つにならないのです。ここでは建御名方神《たけみなかたのかみ》が恐れをなして引き下がっているのですが、まだ異心《ことごころ》は祓《はら》われていないのであります。

今度は建御雷神《たけみかづちのかみ》が建御名方神《たけみなかたのかみ》の手を取ろうと反対に申し出て握ると、あたかも若い葦をつかむようにつかみつぶして投げ飛ばしたので、建御名方神《たけみなかたのかみ》は逃げ去ってしまったのであります。そこで追って行って、信濃国《しなののくに》（長野県）の諏訪湖《すわこ》まで追いつめて、殺そうとした時、建御《たけみ》名方神《なかたのかみ》が、「恐し。（中略）この葦原中国《あしはらのなかつくに》は、天《あま》つ神《かみ》の御子《みこ》の命の随に獻らむ。」と語っているように、ついに異心《ことごころ》が祓《はら》われ本来の心であります天《あま》つ神《かみ》の御心《みこころ》と一つになられたのです。

ここの「恐し」は、先に述べた天尾羽張神《あめのおはばりのかみ》の「恐し。仕へ奉らむ」、また、事代主神《ことしろぬしのかみ》の「恐し。この國は天《あま》つ神《かみ》の御子《みこ》に立奉らむ」の「恐し」と同じ意味です。建御名方神《たけみなかたのかみ》は建御雷神《たけみかづちのかみ》の徹底した禊祓《みそぎはらえ》の結果、ついに自らの本体であるわが国一貫の「いのち」、天《あま》つ神《かみ》の御心《みこころ》と一つになられたのであります。その異心《ことごころ》が祓《はら》われ、大国主神《おおくにぬしのかみ》、八重言代主神《やえことしろぬしのかみ》の心境と一つになられたのです。

そして、建御名方神《たけみなかたのかみ》は諏訪湖の湖畔（ほとり）の聖地に永久にご鎮座《ちんざ》され、皇統守護《こうとうしゅご》の任に就かれて今もわが国を守っておられるのであります。それが、七年に一回執《と》り行われる豪壮な御柱祭で有名な諏訪大社《すわたいしゃ》です。

大国主神《おおくにぬしのかみ》の国譲《くにゆず》り

建御雷神《たけみかづちのかみ》は、また出雲国《いずものくに》に帰って来て、大国主神《おおくにぬしのかみ》に「あなたの子どもの事代主神《ことしろぬしのかみ》と建御名方神《たけみなかたのかみ》の二柱《ふたはしら》の神は、天《あま》つ神《かみ》のご子孫の仰せの通りに従ってそむきませんと申した。そこであなたの心はどうか」とお尋ねになったのです。

それに答えて大国主神《おおくにぬしのかみ》は、「私の子どもの二柱《ふたはしら》の神の申し上げた通りに、私も誓ってそむきません。この葦原中国《あしはらのなかつくに》は、仰せの通り献上いたします。ただし、私の住むところは、天《あま》つ神《かみ》のご子孫が天《あま》つ日継《ひつぎ》をお継ぎになって、天照大御神《あまてらすおおみかみ》の御心《みこころ》のままに治められる立派な宮殿のように、地底の岩盤に届くほど太い宮柱を立てて、高天原《たかまのはら》に届くように千木《ちぎ》を高々とつけて神殿をお造りくださるならば、多くの曲り角を曲り曲って遠い幽界《ゆうかい》に隠れておりましょう。また、私の子どもの百八十神《ももやそがみ》（『日本書紀』には大国主神《おおくにぬしのかみ》の子は一八一神とある）たちは、八重言代《やえことしろ》主神《ぬしのかみ》が神々の先頭に立ち、またしんがりとなってお仕え申したならば、背《そむ》く神は一神もいないです」と申し上げました。

　このように大国主神《おおくにぬしのかみ》が申し上げて、出雲国《いずものくに》の多芸志《たぎし》の小浜《おばま》（出雲大社《いずもたいしゃ》のご鎮座している所の古名の一つ）に、大国主神《おおくにぬしのかみ》のための神聖な宮殿を造って、水戸《みなと》の神《かみ》（河口をつかさどる神）の孫の櫛八玉神《くしやたまのかみ》を料理人とし、神聖な神饌《しんせん》を献《たてまつ》るとき、祝言を唱えて櫛八玉神《くしやたまのかみ》は鵜《う》の姿になって海底にもぐり、海底の粘土《ねんど》をくわえて来て、多くの神聖な平たい土器（皿）を作り、海藻《かいそう》の茎《くき》を刈り取って火を鑽《き》り出す臼《うす》を作り、また別の海藻《かいそう》の茎《くき》で火を鑽《き》り出す杵《きね》を作って、神聖な火を鑽《き》り出していう言葉は、

　この私が鑽《き》り出した火は、高天原《たかまのはら》の神産巣日御祖《かむむすひのみおや》の命《みこと》の立派な新しい宮殿の煤《すす》が長々と垂れさがるまで焚《た》き上げ、大地の下は地底の岩盤に届くまで焚《た》き固まらせて、長い長い楮《こうぞ》の木の皮で作った釣縄を海中に打ちのばして（延縄漁《はえなわりょう》）、海人《あま》が釣り上げた口が大きく尾《お》鰭《ひれ》も大きい立派な鱸《すずき》をざわざわと賑やかに引き寄せ上げて、鱸を載せた台がたわむほどたくさん盛り上げて、神聖な魚の料理を献《たてまつ》ります。

と申し上げました。そこで建御雷神《たけみかづちのかみ》は、高天原《たかまのはら》に帰り、天《あま》つ神《かみ》のもとに参上して、葦原《あしはらの》中国《なかつくに》を平定するに至った有様をご報告申し上げました。

葦原中国《あしはらのなかつくに》の平定と国譲《くにゆず》りの意味

葦原中国《あしはらのなかつくに》の平定のために、高天原《たかまのはら》の神々が相談されて、まず天菩比神《あめのほひのかみ》（天穂日命《あめのほひのみこと》）を派遣されたのですが、ここは大事なところです。伊邪那岐命《いざなきのみこと》と伊邪那美命《いざなみのみこと》の二柱《ふたはしら》の神の国生み、神生み（修理固成《しゅりこせい》）の時も先祖の「天《あま》つ神諸《かみもろもろ》の命《みこと》」を以って進められており、そこには伊邪那岐命《いざなきのみこと》と伊邪那美命《いざなみのみこと》の一切の私意は入っていないのですが、同様に葦原中国《あしはらのなかつくに》の平定においても、高天原《たかまのはら》の主宰神《しゅさいしん》であります天照大御神《あまてらすおおみかみ》は、独断で行わず、先祖の高御産巣日神《たかみむすひのかみ》の御心《みこころ》と一つになって、さらに八百万《やおよろず》の神と思金神《おもいかねのかみ》と相談してどの神を派遣するかを決定されているのであります。天照大御神《あまてらすおおみかみ》は独裁者ではないのです。常に先祖の御心《みこころ》、天地一貫の「いのち」から離れないよう努力されているのであります。

そこで天菩比神《あめのほひのかみ》を遣《つか》わしたところ、大国主神《おおくにぬしのかみ》にへつらいしたがって（媚《こ》び附《つ》きて）、三年たっても復命しなかったのです。この三年たっても復命しなかったことについて、『古事記』では大《おお》国主神《くにぬしのかみ》に「媚《こ》び附《つ》きて」をしたためとあります。『日本書紀』も「佞《おもね》り媚《こ》びて」（大国主神《おおくにぬしのかみ》の機嫌を取って気に入られようとこびた）とあり、ほぼ同じ意味であります。つまり、『古事記』、『日本書紀』ともに天菩比神《あめのほひのかみ》（天穂日命《あめのほひのみこと》）は、大国主神《おおくにぬしのかみ》にへつらいしたがって本来の使命をおろそかにしたと伝えています。

これに対して、出雲国造《いずもこくそう》が新任された時、宮中に参向して奏上した「出雲国造神賀詞《いずもこくそうかむよごと》」では、天穂比《あめのほひ》（日）命《のみこと》は葦原中国《あしはらのなかつくに》の情勢を報告し、荒ぶる神を鎮めるために、御子の天夷鳥命《あめのひなとりのみこと》に布都怒志命《ふつぬしのみこと》（経津主神《ふつぬしのかみ》）を副えて派遣し平定されているのですが、その祝詞に「国作《くにつく》らしし大神をも媚《こ》び鎮《しず》めて」（『延喜式祝詞教本』）とあります。「国作《くにつく》らしし大神」とは大国主神《おおくにぬしのかみ》のことです。すなわち、天穂日命《あめのほひのみこと》はその使命達成のために、大国主神《おおくにぬしのかみ》の機嫌《きげん》をとって心を和らげ鎮めて、国譲《くにゆず》りと天孫降臨《てんそんこうりん》の大事を成し遂《と》げられているのであります。

宣長は、「出雲国造神賀詞《いずもこくそうかむよごと》」のこの部分が『古事記』と『日本書紀』において欠落していると見ています。その証拠として、雉子《きじ》の鳴女《なきめ》を派遣したときに、天若日子《あめのわかひこ》に対しては厳重な処分がなされていますが、天穂日命《あまのほひのみこと》に対してはそのことがなかったことから、多年にわたり大国主神《おおくにぬしのかみ》に媚び附いたのは、あくまでも使命実現のために隠忍自重して長い苦心の結果、大国主神《おおくにぬしのかみ》から信頼を受け、使命を達成されたと宣長は述べています（『古事記伝』参照）。

国譲《くにゆず》りの後、高御産巣日神《たかみむすひのかみ》が大国主神《おおくにぬしのかみ》に対して、「あなたの祭祀《さいし》をつかさどるのは天穂日命《あめのほひのみこと》がいたします」（『日本書紀』）と仰ったとあり、天穂日命《あめのほひのみこと》は出雲国造《いずものくにのみやつこ》の祖であることを考えた時、この宣長《のりなが》説は穏当な見解であると思われます。

そこで、次なる使者として、天若日子《あめのわかひこ》が派遣されるのですが、天若日子《あめのわかひこ》は葦原中国《あしはらのなかつくに》に降り着くと、大国主神《おおくにぬしのかみ》の娘の下照比売命《したてるひめのみこと》と結婚し、葦原中国《あしはらのなかつくに》を自分のものにしようという野心を抱き、八年たっても復命しなかったのであります。天菩比神《あめのほひのかみ》（天穂日命《あめのほひのみこと》）と天若日子《あめのわかひこ》の二柱《ふたはしら》の神は、天《あま》つ神《かみ》の使命を帯びて葦原中国《あしはらのなかつくに》に降られたにもかかわらず、その使命を忘れ復命しなかったのです。つまり、二柱《ふたはしら》の神は国譲《くにゆず》りの交渉に私意（異心《ことごころ》）が入っていたのであります。

しかし、建御雷神《たけみかづちのかみ》は「十掬剣《とつかのつるぎ》を抜きて、逆《さかしま》に浪の穂に刺し立て、その剣の前《さき》に趺《あぐ》み坐《ま》して」とあるように、剣先を上にし、柄《つか》を下にして突き立てて、剣の切っ先に足を組んで座って交渉を始めたのであります。しかしながら、剣の切《き》っ先《さき》の上にあぐらをかくことは不可能です。もし、本当にそのようにあぐらをかいたのなら、剣が身体を貫き死んでしまいます。ですから、これは死の覚悟の比喩と言えるでしょう。

つまり、全く私心のない状態。まさに『葉隠《はがくれ》』の「武士道と云ふは、死ぬ事と見付けたり」という境地です。この剣は、建御雷神《たけみかづちのかみ》が天《あま》つ神《かみ》より賜った貴い御魂《みたま》の依《よ》り代《しろ》であり、その本体の清らかな御心《みこころ》です。

建御雷神《たけみかづちのかみ》は天照大御神《あまてらすおおみかみ》と高御産巣日神《たかみむすひのかみ》の御心《みこころ》と一つになって交渉を始めたのであります。その使命とは、高天原《たかまのはら》の天《あま》つ神《かみ》の御心《みこころ》を葦原中国《あしはらのなかつくに》に実現することですから、私意（異心《ことごころ》）が入っては成就《じょうじゅ》できないのです。このことは私たち自身が自らの心のうちに宿っている天《あま》つ神《かみ》と一つになって考えなければ、どうしても観念的な理解になってしまうでしょう。建御雷神《たけみかづちのかみ》と同質の神性の心が私たちの中に宿っているのですから、その心と一つになることが即、天照大《あまてらすおお》御神《みかみ》、高御産巣日神《たかみむすひのかみ》の御心《みこころ》と一つになることなのです。

天照大御神《あまてらすおおみかみ》と高御産巣日神《たかみむすひのかみ》の神勅《しんちょく》とは、二柱《ふたはしら》の神の個人的なお言葉でなく、二柱《ふたはしら》の神も先祖の神々、わが国一貫の「いのち」に合わせて、ご命令を発しているのです。神勅《しんちょく》とは、神様の詔《みことのり》のことですが、同時にそれはわが国一貫の「いのち」の言葉化であり、そこに神々の異心《ことごころ》を決して差し挟んではならないのであります。

この大事を大国主神《おおくにぬしのかみ》は理解されていたのでしょう。大国主神《おおくにぬしのかみ》は八十神《やそがみ》の袋背負いの時以来、苦労に苦労を重ねながらも天《あま》つ神《かみ》の御心《みこころ》から離れないよう努力されてきた神様です。何よりも最大のピンチであった「火の試練」を乗り越えられた時も決して傲慢《ごうまん》な心を出すことなく、須《す》佐之男命《さのおのみこと》の更なる試練（蜈蚣《むかで》取り）を乗り越えて、葦原中国《あしはらのなかつくに》を治め大国主神《おおくにぬしのかみ》になる一切の条件を整えられたのであります。

しかし、葦原中国《あしはらのなかつくに》を平定した時に、つい功績を誇る慢心が出たのです。ですが、自らの心神によって本当に国土《こくど》を治めたのは、その自らのうちに隠れている心神（幸魂《さきみたま》、奇魂《くしみたま》）であったことを教えられ、その御魂《みたま》を三輪山《みわやま》に祭られたのであります。そして、その後、天《あま》つ神《かみ》の御《み》心《こころ》と一つになって葦原中国《あしはらのなかつくに》の平定を完成させたのです。

ですから、何よりも大国主神《おおくにぬしのかみ》ご自身が天《あま》つ神《かみ》の御心《みこころ》を体認《たいにん》されていたのです。このことは、天孫降臨《てんそんこうりん》の神意を体得されていたということです。そして大国主神《おおくにぬしのかみ》は、事代主神《ことしろぬしのかみ》もご自身と同じ心境であることを予め知っておられたと考えられます。ですから、天照大御神《あまてらすおおみかみ》の神勅《しんちょく》に対して大国主神《おおくにぬしのかみ》は、その御子《みこ》の事代主神《ことしろぬしのかみ》をもって返答申し上げたのであります。

そのことは、事代主神《ことしろぬしのかみ》が「恐《かしこ》し。この國は、天《あま》つ神《かみ》の御子《みこ》に立奉《たてまつ》らむ」と語っていることによって知られます。事代主神《ことしろぬしのかみ》は、葦原中国《あしはらのなかつくに》を天《あま》つ神《かみ》のご子孫に奉《たてまつ》りますとお答え申し上げたのです。同じ心境だから分かるのです。大国主神《おおくにぬしのかみ》も事代主神《ことしろぬしのかみ》も天《あま》つ神《かみ》の御心《みこころ》と一つだから、この大事が理解できるのであります。

このことを私たち自身の問題として考えるならば、天孫降臨《てんそんこうりん》の意義を知るということは、私たち一人ひとりが天《あま》つ神《かみ》の御心《みこころ》と一つになって、その本姿に復することが何よりも大切です。天孫の御心《みこころ》は、祖神《おやがみ》である天《あま》つ神《かみ》の御心《みこころ》そのものです。それ故に、私たち自身が異心《ことごころ》を祓《はら》って天《あま》つ神《かみ》の御心《みこころ》と一つになったとき、心の中に天孫《てんそん》が降臨《こうりん》し、その神意を体認《たいにん》することができるのであります。

現下のわが国は、自由・平等の名のもとに個人主義は一層進みましたが、自らの本性を見失い、我欲制御ができずに苦悩しているのが現状ではないでしょうか。今、緊急に求められていることは、この天孫降臨《てんそんこうりん》の神意を体認する人です。本来の日本人だったら、この体認はごくあたり前のことだったのです。ほとんどの人が分かっていたからこそ、わが国一貫の「いのち」が神《かみ》代《よ》から今日まで受け継がれてきたのであります。

しかしながら、武勇をもって誇っていた建御名方神《たけみなかたのかみ》は、天《あま》つ神《かみ》の御心《みこころ》から離れている異心《ことごころ》の状態だったから、天照大御神《あまてらすおおみかみ》の神勅《しんちょく》が理解できずに、その離れた異心《ことごころ》のままに、従う心などなく反抗心を持っておられたのです。

もし、建御名方神《たけみなかたのかみ》が天《あま》つ神《かみ》の御心《みこころ》と一つであったならば、事代主神《ことしろぬしのかみ》が「恐《かしこ》し。この國は、天《あま》つ神《かみ》の御子《みこ》に立奉《たてまつ》らむ。」とお答え申し上げたと同じ返答をされたはずです。残念ながら、心境以上の世界は出現しないのです。ですから、迂遠《うえん》なことのようですが、私たち自身、その心中の異心《ことごころ》を祓《はら》い、すでに神与《しんよ》されている天《あま》つ神《かみ》の御心《みこころ》に復帰することが何よりも重要なのであります。

建御名方神《たけみなかたのかみ》は建御雷神《たけみかづちのかみ》による徹底した禊祓《みそぎはらえ》によって、ついにその異心《ことごころ》が祓《はら》われ、大国《おおくに》主神《ぬしのかみ》、事代主神《ことしろぬしのかみ》の心境と一つになられたのです。そして、大国主神《おおくにぬしのかみ》は天《あま》つ神《かみ》への国譲《くにゆず》りを決意されるのですが、壮大な神殿のご造営を求めたところは、大国主神《おおくにぬしのかみ》がご鎮座《ちんざ》された出雲《いずも》大社《たいしゃ》のご創建の由緒を伝えた非常に大事な箇所です。

国譲《くにゆず》りの後、大国主神《おおくにぬしのかみ》は幽界《ゆうかい》を治められるという使命を帯びて、天《あま》つ神《かみ》にお仕え申し上げ皇統守護《こうとうしゅご》の任にあたられたのです。そして、高天原《たかまのはら》からは天之忍穂耳命《あめのおしほみみのみこと》の弟神の天之菩卑能《あめのほひの》命《みこと》（天穂日命《あめのほひのみこと》）が出雲《いずも》大社の宮司《ぐうじ》として遣わされて、大国主神《おおくにぬしのかみ》にご奉仕されたのであります。

勝ち負けだけで考えるならば、勝った方の神様が、負けた方の神様にご奉仕されたということです。力のある方が譲っているのです。世界平和という永遠の命題を考える時、これは本当に素晴らしいことであり、見倣《みなら》うべきことであります。

『古事記』の序文には、「小浜《おばま》に論《あげつら》ひて国土《くに》を清めき」とあります。建御雷神《たけみかづちのかみ》が伊那佐《いなさ》の小浜《おばま》に天降《あまくだ》って、大国主神《おおくにぬしのかみ》と国譲《くにゆず》りの交渉をして葦原中国《あしはらのなかつくに》を平定したのですが、「国土《くに》を清めき」とあるように、この交渉の眼目は祓《はら》えであり天《あま》つ神《かみ》の御心《みこころ》に復することなのです。

まさにこれは、統治者が被統治者を権力によって強制的に領有し、自分のものとして治める

「領《うし》はく」でなく、天《あま》つ神《かみ》の御心《みこころ》と一つになって治める「知《し》らす」なのであります。これがわが国の政治の特色であり、すべての日本人が知らなければならない大事なことです。国譲《くにゆず》りにあたり、多少の争いはあったかと思いますが、皇祖神《こうそしん》である天之忍穂耳命《あめのおしほみみのみこと》と出雲国造《いずもこくそう》の祖神《おやがみ》である天之菩卑能命《あめのほひのみこと》（天穂日命《あまのほひのみこと》）が兄弟の関係にあることを考えれば、ほとんど平和のうちになされたことが推察《すいさつ》されるのであります。天之忍穂耳命《あめのおしほみみのみこと》のご後裔《こうえい》が歴代の天皇陛下であり、今上《きんじょう》陛下であります。また、天之菩卑能命《あめのほひのみこと》（天穂日命《あめのほひのみこと》）のご後裔《こうえい》は、出雲大社《いずもたいしゃ》の宮司《ぐうじ》です。

『日本書紀』の一書によれば、国譲《くにゆず》りを終えました大国主神《おおくにぬしのかみ》に対して高皇産霊尊《たかみむすひのみこと》（高御産《たかみむ》巣日神《すひのかみ》）が、「あなたの祭祀をつかさどるのは天穂日命《あめのほひのみこと》がいたします」と仰ったとあります。この神代《かみよ》の約束の通り、大国主神《おおくにぬしのかみ》の祭祀《さいし》を行うのは、天穂日命《あめのほひのみこと》なのです。現在でもそのご後裔《こうえい》の千家家《せんげけ》が神代《かみよ》の神勅《しんちょく》のままに出雲大社《いずもたいしゃ》の宮司として祭祀《さいし》にご奉仕されております。これが出雲国造《いずもこくそう》です。つまり出雲国造《いずもこくそう》は代々、常に天穂日命《あめのほひのみこと》その人でなければならないのです。

ですから、国造《こくそう》が神避《かむさか》る（死去する）とその後継者は、誰も入室を許されない邸内の「お火《ひ》所《どころ》」に入り、代々伝えられてきた火きり臼《うす》と火きり杵《きね》で、神聖な火、清浄な火を鑽《き》り出し、その火で調理した斎食《さいしょく》を神様と共食する儀式をいたします。

さらに火鑽《ひき》り具を持って、古くは出雲国造《いずもこくそう》がお仕えした熊野大社《くまのたいしゃ》に参向し、鑽火殿《さんかでん》で神聖な火を鑽《き》り出し、「お火所《ひどころ》」で炊《た》いた御飯《みいい》を用いて醸《かも》した醴酒《ひとよざけ》などを調理して食するのです。これは出雲国造《いずもこくそう》、また天穂日命《あめのほひのみこと》の御魂《みたま》を継承するためなのです（『神話のおへそ』扶桑社参照）。

この「火継式《ひつぎしき》」神事の眼目《がんもく》は、火を継ぐことによって天穂日命《あめのほひのみこと》の御魂《みたま》を継ぎ、天穂日命《あめのほひのみこと》その人になることにあるのです。現在は八十四代国造千家尊祐《こうそうせんげたかまさ》宮司です。火継《ひつぎ》神事の起源が記《き》紀《き》の国譲《くにゆず》り伝承にあり、それが神代《かみよ》から今に続いているのでありま す。本当にわが国は貴い国であります。

第十六回　天孫《てんそん》の誕生《たんじょう》と天孫降臨《てんそんこうりん》

ここに天照大御神《あまてらすおおみかみ》、高木神《たかぎのかみ》の命《みこと》もちて、太子《ひつぎのみこ》正勝吾勝勝速日天忍穂耳命《まさかつあかつかちはやひあめのおしほみみのみこと》に詔《の》りたまひしく、「今、葦原中国《あしはらのなかつくに》を平《ことむ》け訖《を》へぬと白《まを》せり。故《かれ》、言依《ことよ》さしたまひし随《まにま》に、降《くだ》りまして知らしめせ。」とのりたまひき。ここにその太子《ひつぎのみこ》正勝吾勝勝速日天忍穂耳命《まさかつあかつかちはやひあめのおしほみみのみこと》、答へ白《まを》したまひしく、「僕《あ》は降《くだ》らむ装束《よそひ》しつる間に、子生《あ》れ出《い》でつ。名は天邇岐志國邇岐志天津日高日子番能邇邇芸命《あめにきしくににきしあまつひこひこほのににぎのみこと》ぞ。この子を降《くだ》すべし。」とまをしたまひき。この御子は、高木神《たかぎのかみ》の女《むすめ》、萬幡豊秋津師比賣命《よろづはたとよあきつしひめのみこと》に御合《みあひ》して、生みませる子、天火明命《あめのほあかりのみこと》。次に日子番能邇邇芸命《ひこほのににぎのみこと》二柱なり。ここをもちて白《まを》したまひし随《まにま》に、日子番能邇邇芸命《ひこほのににぎのみこと》に詔《みことおほ》科せて、「この豊葦原水穂國《とよあしはらのみづほのくに》は、汝《いまし》知らさむ國ぞと言依《ことよ》さしたまふ。故《かれ》、命《みこと》の随《まにま》に天降《あまくだ》るべし。」とのりたまひき。

ここに日子番能邇邇芸命《ひこほのににぎのみこと》、天降《あまくだ》りまさむとする時に、天《あめ》の八衢《やちまた》に居《ゐ》て、上《かみ》は高天《たかま》の原《はら》を光《てら》し、下《しも》は葦原中国《あしはらのなかつくに》を光《てら》す神、ここにあり。故《かれ》ここに天照大御神《あまてらすおほみかみ》、高木神《たかぎのかみ》の命《みこと》もちて、天宇受賣神《あめのうずめのかみ》に詔《の》りたまひしく、「汝《いまし》は手弱女人《たわやめ》にはあれども、い対《むか》ふ神と面勝《おもか》つ神なり。故《かれ》、専《もは》ら汝往《いましゆ》きて問《と》はむは、『吾《あ》が御子の天降《あも》り為《す》る道を、誰ぞかくて居る。』ととへ。」とのりたまひき。故《かれ》、問ひたまふ時に、答へ白《まを》ししく、「僕《あ》は國つ神、名は猿田毘古神《さるたびこのかみ》ぞ。出で居《を》る所以《ゆゑ》は、天《あま》つ神《かみ》の御子天降《あまくだ》りますと聞きつる故《ゆゑ》に、御前《みさき》に仕《つか》へ奉《まつ》らむとして、参向《まゐむか》へ侍《さもら》ふぞ。」とまをしき。

ここに天児屋命《あめのこやねのみこと》、布刀玉命《ふとだまのみこと》、天宇受賣命《あめのうずめのみこと》、伊斯許理度賣命《いしこりどめのみこと》、玉祖命《たまのやのみこと》、併《あは》せて五伴緒《いつとものを》を支《わか》ち加へて、天降《あまくだ》したまひき。ここにその招《を》きし八尺《やさか》の勾璁《まがたま》、鏡、また草薙剣《くさなぎのつるぎ》、また常世思金《とこよのおもひかね》神《のかみ》、手力男神《たぢからをのかみ》、天石門別神《あめのいはとわけのかみ》を副《そ》へ賜ひて、詔《の》りたまひしく、「これの鏡は、専《もは》ら我が御魂《みたま》として、吾が前《まへ》を拝《いつ》くが如《ごと》拝《いつ》き奉《まつ》れ。次に思金神《おもひかねのかみ》は、前の事を取り持ちて、政《まつりごと》せよ。」とのりたまひき。この二柱の神は、さくくしろ、五十鈴《いすず》の宮に拝《いつ》き祭る。次に登由宇氣神《とゆうけのかみ》、こは外宮《とつみや》の度相《わたらひ》に坐す神ぞ。次に天石戸別神《あめのいはとわけのかみ》、亦の名は櫛石窓神《くしいはまどのかみ》と謂ひ、亦の名は豊石窓神《とよいはまどのかみ》と謂ふ。この神は御門《みかど》の神なり。次に手力男神《たぢからをのかみ》は佐那那縣《さなながた》に坐す。故《かれ》、その天児屋命《あめのこやねのみこと》は、中臣連等の祖。布刀玉命《ふとだまのみこと》は、忌部首等の祖。天宇受賣命《あめのうずめのみこと》は、猿女君等の祖。伊斯許理度賣命《いしこりどめのみこと》は、作鏡連等の祖。玉祖命《たまのやのみこと》は、玉祖連等の祖。

故《かれ》ここに天津日子番能邇邇芸命《あまつひこほのににぎのみこと》に詔《の》りたまひて、天《あま》の石位《いはくら》を離《はな》れ、天の八重《やへ》たな雲を押し分けて、稜威《いつ》の道別《ちわ》き道別《ちわ》きて、天の浮橋にうきじまり、そり立たして、竺紫《つくし》の日向《ひむか》の高千穂《たかちほ》のくじふる嶺《たけ》に天降《あまくだ》りまさしめき。故《かれ》ここに天忍日命《あめのおしひのみこと》、天津久米命《あまつくめのみこと》の二人、天《あめ》の石靫《いはゆぎ》を取り負ひ、頭椎《くぶつち》の大《た》刀《ち》を取り佩《は》き、天《あめ》の波士弓《はじゆみ》を取り持ち、天《あめ》の眞鹿児矢《まかこや》を手挟《たばさ》み、御前《みさき》に立ちて仕へ奉りき。故《かれ》、その天忍日命《あめのおしひのみこと》、こは大伴連等の祖。天津久米命《あまつくめのみこと》、こは久米直等の祖なり。

ここに詔《の》りたまひしく、「此地《ここ》は韓國《からくに》に向ひ、笠沙《かささ》の御前《みさき》を眞来通《まきとほ》りて、朝日の直刺《たださ》す國、夕日の日照る國なり。故、此地《ここ》は甚吉《いとよ》き地《ところ》。」と詔《の》りたまひて、底《そこ》つ石根《いはね》に宮柱《みやばしら》ふとしり、高天《たかま》の原《はら》に氷椽《ひぎ》たかしりて坐《ま》しき。

「天孫《てんそん》の誕生《たんじょう》と天孫降臨《てんそんこうりん》」の解釈

ここに天照大御神《あまてらすおおみかみ》は私心を全く挟《はさ》むことなく高木神《たかぎのかみ》（高御産巣日神《たかみむすひのかみ》の別名）の御心《みこころ》を我が心として、日嗣《ひつぎ》の御子《みこ》（皇太子《こうたいし》）正勝吾勝勝速日天忍穂耳命《まさかつあかつかちはやひあめのおしほみみのみこと》に対して、「今、葦原中国《あしはらのなかつくに》を平定し終えたと報告があった。そこで、先に委任したように、葦原中国《あしはらのなかつくに》に天降《あまくだ》ってその国を治めなさい」と言われました。

これに対して、その日嗣《ひつぎ》の御子《みこ》、正勝吾勝勝速日天忍穂耳命《まさかつあかつかちはやひあめのおしほみみのみこと》は、「私が天降《あまくだ》ろうと準備をしている間に、御子《みこ》が生まれました。名前は、天邇岐志國邇岐志天津日高日子番能邇邇芸命《あめにきしくににきしあまつひこひこほのににぎのみこと》と申します。この御子《みこ》を天降《あまくだ》すのがよろしいと思います」とお答え申し上げました。この御子《みこ》は、天忍穂耳命《あめのおしほみみのみこと》が高木神《たかぎのかみ》の女《むすめ》、萬幡豊秋津師比賣命《よろずはたとよあきづしひめのみこと》とご結婚なさってお生みになった御子《みこ》であります。お生まれになった御子《みこ》は、天火明命《あめのほあかりのみこと》と日子番能邇邇芸命《ひこほのににぎのみこと》の二柱です。

このようなわけで天照大御神《あまてらすおおみかみ》は、天忍穂耳命《あめのおしほみみのみこと》がお答え申し上げたように、日子番能邇邇芸命《ひこほのににぎのみこと》に対して、「この豊葦原《とよあしはら》の水穂国《みずほのくに》は、あなたが治められるべき国である」と委任いたします。したがって命令のとおりに天降《あまくだ》りなさいと詔《みことのり》を発せられました。これがいわゆる『古事記』の中の日本統治に関する神勅《しんちょく》です。後述しますが、『日本書紀』では非常に詳しくこの神勅《しんちょく》が整備されて伝わっています。

本来は天照大御神《あまてらすおおみかみ》がお治めするのですが、日子番能邇邇芸命《ひこほのににぎのみこと》に任されたのであり、これはあくまでご委任としての統治なのです。ゆえに、わが国は天照大御神《あまてらすおおみかみ》の御心《みこころ》のままに治めなければなりません。これが神勅《しんちょく》の要《かなめ》です。

そこで、日子番能邇邇芸命《ひこほのににぎのみこと》が天降《あまくだ》りなさろうとする時、天降《あまくだ》りの途中にある道が四方八方に分かれている辻に、上は高天原《たかまのはら》を照らし、下は葦原中国《あしはらのなかつくに》を照らす神様がおりました。

そこで天照大御神《あまてらすおおみかみ》は私心を全く差《さ》し挟《はさ》むことなく、高木神《たかぎのかみ》の御心《みこころ》を我が心として、天宇受賣命《あめのうずめのみこと》に対して、「あなたはか弱い女であるが、相対する神と面とむかって気おくれしない神である。だから、あなたが行って『天《あま》つ神《かみ》の御子《みこ》の天降《あまくだ》りする道をそのようにしているのは誰か』と尋ねなさい」と詔《みことのり》をされました。

天宇受賣命《あめのうずめのみこと》が天照大御神《あまてらすおおみかみ》の詔《みことのり》のように尋ねられると、その神は「私は国つ神で、名前は猿田毘古神《さるだびこのかみ》と申します。私がここに出ている理由は、天《あま》つ神《かみ》の御子《みこ》が天降《あまくだ》りなさると聞きましたので、御先導をしようと思って、お迎えに参っております」とお答え申し上げました。

このようにして天児屋命《あめのこやねのみこと》、布刀玉命《ふとだまのみこと》、天宇受賣命《あめのうずめのみこと》、伊斯許理度賣命《いしこりどめのみこと》、玉祖命《たまのやのみこと》など天《あめ》の石屋戸《いわやと》の段で活躍した五つの部族の神を副《そ》えて天降《あまくだ》らせました。

その時、天照大御神《あまてらすおおみかみ》を天《あめ》の石屋戸《いわやと》からお招き出した八尺《やさか》の勾玉《まがたま》、御鏡《みかがみ》、草薙剣《くさなぎのつるぎ》の三種《さんしゅ》の神器《じんぎ》と常世思金神《とこよのおもいかねのかみ》、手力男神《たぢからおのかみ》、天石門別神《あめのいわとわけのかみ》もお供に副《そ》えて、天照大御神《あまてらすおおみかみ》は「この鏡は、もっぱら私の御魂《みたま》の依《よ》り代《しろ》として、私が今ここに居ると信じて、私を拝むのと全く同じようにお祭り申し上げなさい。また思金神《おもいかねのかみ》は、天照大御神《あまてらすおおみかみ》の祭祀に関することを取り扱って政事を執り行いなさい」と詔《みことのり》をされました。この天照大御神《あまてらすおおみかみ》と思金神《おもいかねのかみ》の二柱の神は、伊勢神宮《いせじんぐう》にお祭り申し上げております。

次に登由宇気神《とようけのかみ》は、伊勢神宮《いせじんぐう》の外宮《げくう》の度会《わたらい》に鎮座されている神であります。次に天石戸《あめのいわと》別神《わけのかみ》は、またの名を櫛石窓神《くしいわまどのかみ》といい、またの名を豊石窓神《とよいわまどのかみ》といいます。この神は、宮城《きゅうじょう》の御門を守護する神であります。次に手力男神《たぢからおのかみ》は伊勢国の多気郡《たけぐん》の佐那《さな》神社に鎮座されております。

そして、その天児屋命《あめのこやねのみこと》は中臣連《なかとみのむらじ》らの祖先であり、いわゆる藤原の氏の祖神です。布刀玉命《ふとだまのみこと》は忌部首《いんべのおびと》らの祖先になります。また、天宇受賣命《あめのうずめのみこと》は、猿女君《さるめのきみ》らの祖先であり、伊斯許理度賣命《いしこりどめのみこと》は、鏡作連《かがみつくりのむらじ》らの祖先であり、玉祖命《たまのやのみこと》は、玉祖連《たまのやのむらじ》らの祖先であります。このようにわれわれ人間の出自も神様から出ているのです。日本人は自らを神の生みの子であり、神の子孫であると信じてきたのであります。

さて、そこで天照大御神《あまてらすおおみかみ》は、天津日子番能邇邇芸命《あまつひこほのににぎのみこと》に天降《あまくだ》りの詔《みことのり》をくだされました。邇邇芸命《ににぎのみこと》は、高天原《たかまのはら》の神座《しんざ》を離れ、八重にたなびく天雲を押し分け、威風堂々《いふうどうどう》と道を押し分けて、天《あめ》の浮橋《うきはし》にある浮島に立たれて、そして、筑紫《つくし》の日向《ひむか》の高千穂《たかちほ》のくじふるたけという霊峰に天降《あまくだ》られました。

その時、天忍日命《あめのおしひのみこと》と天津久米命《あまつくめのみこと》の二柱の神はりっぱな靫《ゆぎ》を背負い、柄頭《つかがしら》が塊状《かいじょう》になっている大刀《たち》を腰におび、天《あめ》の波士弓《はじゆみ》を手に持ち、天の眞鹿児矢《まかこや》を脇に抱え持って、邇邇芸命《ににぎのみこと》の先に立ってお仕え申し上げました。その天忍日命《あめのおしひのみこと》は、大伴連《おおとものむらじ》らの祖先で、天津久米命《あまつくめのみこと》は、久米直《くめのあたい》らの祖先であります。

このとき邇邇芸命《ににぎのみこと》は、「この地は朝鮮と向かい合い、笠沙岬《かささみさき》（鹿児島県南さつま市）にまっすぐ道が通じており、朝日の照り輝く国であり、夕日の輝く国であります。それ故に、この地はとてもよい所であります」と申されました。そして、地の下の石根《いわね》に太い宮柱を立て、天空《てんくう》に千木《ちぎ》を高くそびえさせたりっぱな宮殿を建ててお住まいになりました。

神勅《しんちょく》と三種《さんしゅ》の神器《じんぎ》

今回の要点は天孫降臨《てんそんこうりん》の意義を知ることです。

まず神勅《しんちょく》（三大神勅《さんだいしんちょく》）と、三種《さんしゅ》の神器《じんぎ》の意味について考えて行きたいと思います。

『古事記』には、二つの神勅《しんちょく》が伝えられております。一つはわが国の統治に関する神勅《しんちょく》です。もう一つは宝鏡奉斎《ほうきょうほうさい》の神勅《しんちょく》です。御鏡《みかがみ》は物ではなく、天照大御神《あまてらすおおみかみ》の御霊の依《よ》り代《しろ》であり、天照大御神《あまてらすおおみかみ》が祀られているのです。この二つの神勅《しんちょく》は、『日本書紀』になりますと、より一層詳しく整備された形で伝えられております。日本の統治に関しましては、「葦原《あしはら》の千五百秋《ちいほあき》の瑞穂《みつほ》の国は、是《これ》、吾《わ》が子孫《うみのこ》の王《きみ》たるべき地《くに》なり。爾皇孫《いましすめみま》、就《い》でまして治《しら》せ。行矣《さきくませ》。宝祚《あまつひつぎ》の隆《さか》えまさんこと、当《まさ》に天壌《あめつち》と窮《きはま》り無《な》けむ」とあります。これがいわゆる天壌無窮《てんじょうむきゅう》の神勅《しんちょく》です。「宝祚《あまつひつぎ》の隆《さか》えまさんこと」については、天皇の御地位が永久につづく意味と普通は解釈されるのですが、そうではなく、これは日本国の本質、特質が永遠に守られると捉えるべきでしょう（『崎門三先生の學問』参照）。

その本質とは何かといえば、天照大御神《あまてらすおおみかみ》の御心《みこころ》のままに統治することなのです。歴代の天皇陛下は天照大御神《あまてらすおおみかみ》の御心《みこころ》をその御心《みこころ》とされているのです。それは天照大御神《あまてらすおおみかみ》の御霊代である三種《さんしゅ》の神器《じんぎ》とともにあるからです。天照大御神《あまてらすおおみかみ》の御心《みこころ》とは天《あま》つ神《かみ》の御心《みこころ》であり、天壌《あめつち》（天地）の御心《みこころ》ですから、「まさに天壌と窮り無けむ」なのです。ここがユダヤ教やキリスト教などの終末思想や仏教の末法《まっぽう》思想と決定的に違うのです。天照大御神《あまてらすおおみかみ》の御心《みこころ》と一緒になって統治することこそが、日本統治の本質なのです。

もう一つの宝鏡奉斎《ほうきょうほうさい》の神勅《しんちょく》は、「吾《わ》が児《こ》、此《こ》の宝鏡《たからのかがみ》を視《み》まさむこと、当《まさ》に吾《われ》を視《み》るがごとくすべし。与《とも》に床《ゆか》を同《おな》じくし、殿《おほとの》を共《ひとつ》にして、斎鏡《いはひのかがみ》となすべし」と伝えられています。これを読むと、『古事記』よりもさらに詳しいことが分かります。このように天皇陛下は天照大御神《あまてらすおおみかみ》の御心《みこころ》と一つになって統治なされてきたのですが、十代の崇神《すじん》天皇のときにあまりにも流行病が広がったので、その神威《しんい》を畏れ、御鏡《みかがみ》と御剣は宮中より出て、やがて十一代垂仁《すいにん》天皇のときに伊勢神宮《いせじんぐう》に祀《まつ》られました（その後、御剣は熱田神宮《あつたじんぐう》に祀《まつ》られます）。

さらに『日本書紀』には、天児屋命《あめのこやねのみこと》、布刀玉命《ふとだまのみこと》に対して、「吾《わ》が高天原《たかまのはら》に所御《きこしめ》す斎《ゆ》庭《には》の穂《いなのほ》を以《もっ》て、また吾《わ》が児《みこ》に御《まか》せまつるべし」という斎庭稲穂《ゆにわのいなほ》の神勅《しんちょく》も伝えられております。稲作というのは高天原《たかまのはら》でおこなわれていた神事なのです。日本の労働観の本質もここにあります。わが国において労働は苦役ではなく、神事であり喜びなのです。

この「天壌無窮《てんじょうむきゅう》の神勅《しんちょく》」、「宝鏡奉斎《ほうきょうほうさい》の神勅《しんちょく》」、「斎庭稲穂《ゆにわのいなほ》の神勅《しんちょく》」という三つの神勅《しんちょく》を三大神勅《さんだいしんちょく》と言い、これは古来より非常に尊ばれて来た神勅であり、わが国の本質を考究する上で非常に重大な意味をもつ伝承です。そして、その根本に位置するものが、三種《さんしゅ》の神器《じんぎ》なのであります。

天皇陛下が崩御されますと、間断をおかずに即位の儀式が執り行われます。その眼目は三種《さんしゅ》の神器《じんぎ》を先帝陛下《せんていへいか》より継受することにあります。畏《おそ》れ多くも天皇の天皇たるゆえんは、三種《さんしゅ》の神器《じんぎ》をお持ちになっているかどうかなのです。

それではその三種《さんしゅ》の神器《じんぎ》とはいかなるものであるかといいますと、それは天照大御神《あまてらすおおみかみ》を天《あめ》の石屋戸《いわやと》から招《まね》き出した八尺《やさか》の勾玉《まがたま》と八咫鏡《やたのかがみ》、さらに須佐之男命《すさのおのみこと》より献上いたしました草薙《くさなぎ》の大刀《たち》の三種《さんしゅ》の宝物《たからもの》のことであります。すべて天照大御神《あまてらすおおみかみ》の御魂《みたま》の依《よ》り代《しろ》であり、天《あま》照大御神《てらすおおみかみ》の御心《みこころ》そのものを意味しています。

したがって、三種《さんしゅ》の神器《じんぎ》の継承とは、単に三種《さんしゅ》の神器《じんぎ》という宝物を伝えることではなく、三種《さんしゅ》の神器《じんぎ》の継受を通して、天照大御神《あまてらすおおみかみ》の御心《みこころ》を伝え、受け継ぐことなのです。つまり歴代の天皇陛下は、我欲我見という私心を祓《はら》って祓《はら》って祓《はら》って、天照大御神《あまてらすおおみかみ》の御心《みこころ》と一つになり、その御心《みこころ》で国家を治めてきたのであります。

その天照大御神《あまてらすおおみかみ》の御心《みこころ》がより具体的に表れているのが御歴代天皇の御製《ぎょせい》であり、その天皇の御祈願のうちに天照大御神《あまてらすおおみかみ》は永遠に生き続けておられます（『續々山崎闇齋』参照）。そして、天照大御神《あまてらすおおみかみ》は今上《きんじょう》天皇とともに今も生きつづけておられるのです。この霊魂不滅《れいこんふめつ》の信念こそが、わが国の本質そのものなのです。

この三種《さんしゅ》の神器《じんぎ》は、神武《じんむ》天皇（一代）から今上天皇（百二十五代）まで百二十五代、皇《こう》位《い》の御璽《みしるし》として受け継がれています。ほとんど奇跡と言っても過言ではありません。というのは、万世一系《ばんせいいっけい》とか天壌無窮《てんじょうむきゅう》などは、有史以来すべての国々の理想とする所でありますが、現実には事実となりえなかったのが実際の歴史であるからです。それがわが国において国家の命脈が、皇祖《こうそ》天照大御神《あまてらすおおみかみ》、皇孫《こうそん》邇邇芸命《ににぎのみこと》より間断なく今日まで続いているのは、万世一系《ばんせいいっけい》・天壌無窮《てんじょうむきゅう》の神勅《しんちょく》の実現のために君臣《くんしん》が力を合せてわが国一貫の「いのち」を守るために努力を重ねてきた結果であります。この事実が尊いのです。

これはキリスト教などの終末《しゅうまつ》思想や、仏教の末法《まっぽう》思想と全く対極にある思想であります。キリスト教において現世は、エデンの東であり、アダムとイブに出産の苦しみ、労働の苦しみ、死の苦しみを与えたことで知られるように、いずれ終末を迎える苦しみの世界であります。

これに対してわが国の記紀古伝承《ききこでんしょう》では、天壌無窮《てんじょうむきゅう》の神勅《しんちょく》が教え示しているように、天照大御神《あまてらすおおみかみ》の御心《みこころ》で国を治めるならば、つまり、我欲我見を祓《はら》って天地の心で治めるならば、国家の弥栄《いやさか》は、まさに天地とともに窮まることがないと述べているのであります。

このようなあり方は、私たちの人生においても同様です。真の幸福とは、自らを束縛《そくばく》している我欲我見の異心《ことごころ》を祓《はら》って祓《はら》って解き放ち、神与《しんよ》の心である天照大御神《あまてらすおおみかみ》の御心《みこころ》と一つになって生きること。それこそが真の自由自在であることを古代の私たちのご先祖は、直感で感じ取っていたのでしょう。

私たちは、本来は貴い貴い存在であるのに、自分で自分の心を勝手に卑下《ひげ》し、自分自身を小さな小さな存在にしています。終末論や末法《まっぽう》などの外面的運命論に左右されるのではなく、すべては自らの心の持ち方でありますから、私たちが本来有している「清らかな心」が悪くならないように、いつ、いかなる時でも守っていかなければならないのであります。

畏《おそ》れ多いことでありますが、天皇陛下が片時といえども「三種《さんしゅ》の神器《じんぎ》」をその玉體《ぎょくたい》から離されておられないように、私たちも一瞬たりといえどもその心が異心《ことごころ》によって占領されることなく、天照大御神《あまてらすおおみかみ》の御心《みこころ》と一つになって生きなければなりません。そして、毎日、毎日が天地開闢《てんちかいびゃく》の貴い一日でありますから、今日一日、今日一日と、私たちも天孫降臨《てんそんこうりん》の時の覚悟を持って、何事を見ても羨《うらや》ましいとか、卑怯《ひきょう》、卑劣《ひれつ》の心を持つことなく、「清らかな心」を守りながら生活することに尽きると思います。

この眼前の世界は高天原《たかまのはら》であり、エデンの園なのです。それを勝手に苦界《くかい》にしているのは、私たちの我欲我見の異心《ことごころ》なのではないでしょうか。その異心《ことごころ》を祓《はら》って祓《はら》って祓《はら》って、天地の心である天照大御神《あまてらすおおみかみ》の御心《みこころ》と一つになって生きることが、今求められている思想なのではないでしょうか。

◉資料

大祓詞《おほはらへのことば》

高天原《たかまのはら》に神留《かむづま》り坐《ま》す　皇親神漏岐《すめらがむつかむろぎ》　神漏美《かむろみ》の命《みこと》以《も》ちて　八百萬神等《やほよろづのかみたち》を神集《かむつど》へに集《つど》へ賜《たま》ひ神《かむ》議《はか》りに議《はか》り賜《たま》ひて　我《あ》が皇御孫命《すめみまのみこと》は　豊葦原水穂國《とよあしはらのみづほのくに》を　安國《やすくに》と平《たひら》けく知《し》ろし食《め》せと事依《ことよ》さし奉《まつ》りき　此《か》く依《よ》さし奉《まつ》りし國中《くぬち》に　荒振《あらぶ》る神等《かみたち》をば　神問《かむと》はしに問《と》はし賜《たま》ひ神掃《かむはら》ひに掃《はら》ひ賜《たま》ひて　語問《ことと》ひし　磐根《いはね》　樹根立《きねたち》　草《くさ》の片葉《かきは》をも語止《ことや》めて　天《あめ》の磐座放《いはくらはな》ち天《あめ》の八重雲《やへぐも》を伊頭《いつ》の千別《ちわ》きに千別《ちわ》きて　天降《あまくだ》し依《よ》さし奉《まつ》りき　此《か》く依《よ》さし奉《まつ》りし四方《よも》の國中《くになか》と　大倭日高見國《おほやまとひだかみのくに》を安國《やすくに》と定《さだ》め奉《まつ》りて　下《した》つ磐根《いはね》に宮柱太敷《みやばしらふとし》き立《た》て　高天原《たかまのはら》に千木高知《ちぎたかし》りて　皇御孫命《すめみまのみこと》の瑞《みづ》の御殿仕《みあらかつか》へ奉《まつ》りて　天《あめ》の御蔭《みかげ》　日《ひ》の御蔭《みかげ》と隠《かく》り坐《ま》して　安國《やすくに》と平《たひら》けく知《し》ろし食《め》さむ國中《くぬち》に　成《な》り出《い》でむ天《あめ》の益人等《ますひとら》が　過《あやま》ち犯《をか》しけむ種種《くさぐさ》の罪事《つみごと》は　天《あま》つ罪《つみ》國《くに》つ罪《つみ》　許許太久《ここだく》の罪《つみ》出《い》でむ　此《か》く出《い》でば　天《あま》つ宮事《みやごと》以《も》ちて　天《あま》つ金木《かなぎ》を本打《もとう》ち切《き》り　末打《すゑう》ち断《た》ちて　千座《ちくら》の置座《おきくら》に置《お》き足《た》らはして　天《あま》つ菅麻《すがそ》を本刈《もとか》り断《た》ち　末刈《すゑか》り切《き》りて　八針《やはり》に取《と》り辟《さ》きて　天《あま》つ祝詞《のりと》の太祝詞事《ふとのりとごと》を宣《の》れ

此《か》く宣《の》らば　天《あま》つ神《かみ》は天《あめ》の磐門《いはと》を押《お》し披《ひら》きて　天《あめ》の八重雲《やへぐも》を伊頭《いつ》の千別《ちわ》きに千別《ちわ》きて聞《き》こし食《め》さむ　國《くに》つ神《かみ》は高山《たかやま》の末《すゑ》　短山《ひきやま》の末《すゑ》に上《のぼ》り坐《ま》して　高山《たかやま》の伊褒理《いほり》　短山《ひきやま》の伊褒理《いほり》を掻《か》き別《わ》

けて聞《き》こし食《め》さむ　此《か》く聞《き》こし食《め》してば　罪《つみ》と云《い》ふ罪《つみ》は在《あ》らじと　科戸《しなど》の風《かぜ》の天《あめ》の八重雲《やへぐも》を吹《ふ》き放《はな》つ事《こと》の如《ごと》く　朝《あした》の御霧《みぎり》　夕《ゆふべ》の御霧《みぎり》を　朝風《あさかぜ》　夕風《ゆふかぜ》の吹《ふ》き払《はら》ふ事《こと》の如《ごと》く　大津邊《おほつべ》に居《を》る大船《おほふね》を　舳《へ》解《と》き放《はな》ち　艫《とも》解《と》き放《はな》ちて　大海原《おほうなばら》に押《お》し放《はな》つ事《こと》の如《ごと》く　彼方《をちかた》の繁木《しげき》が本《もと》を　焼鎌《やきがま》の敏鎌《とがま》以《も》ちて　打《う》ち掃《はら》ふ事《こと》の如《ごと》く　遺《のこ》る罪《つみ》は在《あ》らじと　祓《はら》へ給《たま》ひ清《きよ》め給《たま》ふ事《こと》を　高山《たかやま》の末《すゑ》　短山《ひきやま》の末《すゑ》より　佐久那太理《さくなだり》に落《お》ち多岐《たぎ》つ　速川《はやかは》の瀬《せ》に坐《ま》す瀬織津比賣《せおりつひめ》と云《い》ふ神《かみ》　大海原《おほうなばら》に持《も》ち出《い》でなむ　此《か》く持《も》ち出《い》で往《い》なば　荒潮《あらしほ》の潮《しほ》の八百道《やほぢ》の八潮道《やしおぢ》の潮《しほ》の八百會《やほあひ》に坐《ま》す速開都比賣《はやあきつひめ》と云《い》ふ神《かみ》　持《も》ち加加呑《かかの》みてむ　此《か》く加加呑《かかの》みてば　氣吹戸《いぶきど》に坐《ま》す氣吹戸主《いぶきどぬし》と云《い》ふ神《かみ》　根國《ねのくに》　底國《そこのくに》に氣吹《いぶ》き放《はな》ちてむ　此《か》く氣吹《いぶ》き放《はな》ちてば　根國《ねのくに》　底國《そこのくに》に坐《ま》す速佐須良比賣《はやさすらひめ》と云《い》ふ神《かみ》　持《も》ち佐須《さす》良《ら》ひ失《うしな》ひてむ　此《か》く佐須良《さすら》ひ　失《うしな》ひてば罪《つみ》と云《い》ふ罪《つみ》は在《あ》らじと　祓《はら》へ給《たま》ひ清《きよ》め給《たま》ふ事《こと》を　天《あま》つ神《かみ》國《くに》つ神《かみ》　八百萬神等共《やほよろづのかみたちとも》に　聞《き》こし食《め》せと白《まを》す

（神社本廳藏版）

感恩の歌

竹内浦次 作詞

あわれはらから心せよ　山より高き父の恩
海よりも深き母の恩　知るこそ道のはじめなれ
児《こ》を守《も》る母のまめやかに　わが懐中《ふところ》を寝床《ねどこ》とし
かよわき腕をまくらとし　骨身《ほねみ》を削《けず》るあわれさよ
美しかりし若妻も　幼児《おさなご》ひとりそだつれば
花のかんばせいつしかに　衰え行くこそかなしけれ
身を切る如き雪の夜も　骨さす霜のあかつきも
乾《かわ》けるところに子を廻し　濡《ぬ》れたる処《ところ》に己れ伏す
幼きもののがんぜなく　懐中汚《ふところけが》し背《せ》を濡《ぬ》らす
不浄《ふじょう》を厭《いと》う色もなく　洗うも日々に幾度ぞや
己れは寒さに凍えつつ　着たるを脱ぎて子を包み
甘きは吐きて子に与え　苦きは自《みずか》ら食《くら》うなり

幼児《おさなご》乳をふくむこと　百八十斛《こく》を越すとかや
まことに父母の恵《めぐみ》こそ　天の極《きわま》り無きがごとし
父母は我子《わがこ》の為ならば　悪業《あくごう》つくり罪かさね
よしや悪趣《あくしゅ》に落つるとも　少しの悔《くい》もなきぞかし
若《も》し子遠く行《ゆ》くあらば　帰りてその面《おも》見るまでは
出《いで》ても入りても子を憶《おも》い　寝ても覚《さ》めても子を念《おも》う
髪くしけづり顔ぬぐい　衣《ころも》を求め帯を買い
美《うるわ》しきは皆子《みなこ》に与え　父母は古きを選ぶなり
己れ生《せい》あるその内は　子の身に代らんことを思い
己れ死にゆくその後《のち》は　子の身を守らんことを願う
よる年波《としなみ》の重りて　いつか頭《こうべ》のしも白く
衰《おとろ》えませる父母《ちちはは》を　仰げば落つる涙かな
ああありがたき父の恩　子は如何《いか》にして酬《むく》ゆべき
ああありがたき母の恩　子は如何《いか》にして報《ほう》すべき

あとがき

最近、パワースポットという言葉が流行し、運気を上げたり、願いごとをかなえてくれるという鎮守の森や神社に参拝する若者が急増している。この若者の神社ブームについては、やや占い芸人などによるマスコミ先行のきらいもあるが、神社に参詣し、自らの心を見つめることにより、先祖の神々の「いのち」に生かされている自分であることを感じる機会になるならば、人心の荒廃が憂慮されている今日であるが故に、明るい兆しともいえよう。

しかし、よく考えるならば、本当のパワースポットとは、全国約八万の神社そのものではないかと思う。神社には神代《かみよ》の神々がいまもご鎮座し、私たちを見守っているのだ。

全国の神社では『古事記』『日本書紀』に伝承されている祭祀《さいし》が、今日においても全く変わることなく執り行われている。これはまさに奇蹟と言ってよいのではないだろうか。まさに神社は、高天原《たかまのはら》そのものの存在であり、心から神々のご鎮座を信じるならば、神代《かみよ》と今はつながっていることを体感することができる。そして、そこは何よりも強いパワーの源泉であることに気がつくのではないだろうか。

そのためには、私たちの心の方が神々のご鎮座を信じる素直な「こころ」を取り戻さなければばならない。それが、実は本当のパワースポットなのではないだろうか。神代《かみよ》の古伝承《こでんしょう》である『古事記』は私たちに教えてくれている、いつも先祖の天《あま》つ神《かみ》の心から離れないように、と。

パワースポット・ブームが一過性《いっかせい》に終わることなく、私たちの心の領域にまで踏みこんで、本当の自分さがしのきっかけになることを願っている。その際に必ずや『古事記』は力になってくれると確信している。神々は私たちの目の前にご鎮座なさっている。そして、私たち一人ひとりの心の中にもまた、神社がご鎮座されているのである。そのことを少しでも明らかにしたいという思いを込めて本書をまとめた。ご高覧いただければ幸いに思う。

最後に、本書の刊行にあたって常日頃よりご指導を賜っている湯島天満宮押見守康宮司、河内憲彦権宮司をはじめ、ともに切磋琢磨してきた木村啓子氏、山中茂氏、佐久間靖之氏、山越旨子氏、吉田絵理氏に厚く御礼申し上げます。

そして何よりも神社本庁の外郭団体である財団法人国民精神研修財団の事務局長湯澤豊氏、同事務局主任の佐久間宏和氏、新藤英子氏、そして、本書を世に送り出して頂いた株式会社青林堂の渡辺レイ子取締役には一方ならずご尽力を頂いたことに心より御礼申し上げます。

小野善一郎

平成二十二年十一月吉日

◉参考文献

倉野憲司氏校注『古事記』岩波書店、平成三年
次田真幸氏訳『古事記・上』講談社、平成十三年
武田祐吉氏注『新訂古事記』角川書店、平成二年
中村啓信氏訳注『古事記』角川文庫、平成二十四年
坂本太郎、井上光貞、家永三郎、大野晋各氏校注『日本書紀・上』岩波書店、昭和六十一年
宇治谷孟氏訳『日本書紀・上』講談社、昭和六十三年
忌部正通著『日本精神文献叢書第三巻 神代巻口訣』大東出版社、昭和十四年
本居宣長著『本居宣長全集 第九巻』筑摩書房、平成元年
本居宣長著『本居宣長全集 第十巻』筑摩書房、平成元年
『神道大系論説編5伊勢神道・上』神道大系編纂会、平成五年
『神道大系論説編7伊勢神道・下』神道大系編纂会、昭和五十七年
『神道大系論説編12垂加神道・上』神道大系編纂会、昭和五十九年
『神道大系論説編13垂加神道・下』神道大系編纂会、昭和五十三年
『神道大系神宮編1』神道大系編纂会、昭和五十四年
金本正孝氏編『強斎先生語録』渓水社、平成十三年
近藤啓吾氏著『續山崎闇斎の研究』臨川書店、平成三年
近藤啓吾氏著『續々山崎闇斎の研究』臨川書店、平成七年
近藤啓吾氏著『崎門三先生の學問』皇學館大學出版部、平成十八年
近藤啓吾氏「祖先崇拝の信仰」『神道学』百四十九号所収、神道学会、平成三年
近藤啓吾氏「北畠親房と山崎闇斎」『神道宗教』百六十四号所収、神道宗教学会、平成八年
安蘇谷正彦氏著『神道思想の形成』ぺりかん社、平成元年
安蘇谷正彦氏著『神道とは何か』ぺりかん社、平成六年
安蘇谷正彦氏著『現代社会と神道』ぺりかん社、平成八年
安蘇谷正彦氏著『現代の諸問題と神道』ぺりかん社、平成十三年
黛弘道氏著『律令国家成立史の研究』吉川弘文館、昭和五十七年
岡田米夫氏著『神道文献概説』神社本庁、昭和六十二年
北畠親房著『神皇正統記』岩佐正氏校注、岩波書店、平成四年
上田賢治氏著『神道神学』神社新報社、平成二年
國學院大學日本文化研究所編『神道事典』弘文堂、平成六年
川面凡児氏著『大日本最古の神道』八幡書店、平成十八年

西宮一民氏校注『古語拾遺』岩波書店、平成三年
楠山正雄氏著『日本の神話と十大昔話』講談社、平成十二年
影山正治氏著『神話に学ぶ』大東塾出版部、昭和六十一年
影山正治氏著『古事記精講』平成十一年刊
谷口雅春氏著『古事記と現代の預言』日本教文社、昭和四十三年
山本常朝著『葉隠』奈良本辰也訳、角川書店、昭和四十八年
宇野哲人氏訳『大学』講談社、昭和五十八年
小泉八雲著『東の国から・心』平井呈一氏訳、恒文社、昭和六十一年
池田知久氏訳『荘子』学習研究社、昭和五十八年
福住正兄氏著『二宮翁夜話』報徳仕法研究所、昭和五十一年
菅円吉氏著、竹内寛氏訳編『キリスト教とは何か』聖公会出版、昭和六十三年
ペトロ・ネメシェギ氏著『キリスト教とは何か』女子パウロ会、昭和五十四年
宇田進氏編『新キリスト教辞典』いのちのことば社、平成三年
渡辺和子氏訳『マザー・テレサ愛と祈りのことば』ＰＨＰ研究所、平成十二年
日本聖書協会編『聖書』昭和四十九年
山本玄峰氏著『無門関提唱』大法輪閣、昭和四十六年
宮元啓一氏著『古代仏教の世界』光文社、平成三年
片倉もとこ氏著『イスラームの日常世界』岩波新書、平成三年
『平成十九年度国民生活白書』内閣府
『平成十八年度自殺白書』内閣府
「平成十九年度中における自殺の概要資料」警察庁
『岩波科学百科』岩波書店、平成元年
前田恵一氏著『宇宙の謎が解ける本』ジャパン・ミックス、平成九年
井上辰雄氏著『古事記のことば』遊子館、平成十九年
黒板勝美氏編『国史大系第7巻 古事記 先代旧事本紀 神道五部書』吉川弘文館
吉田松陰著『講孟箚記　上・下』近藤啓吾氏全訳、講談社学術文庫、昭和五十四年
上田賢治氏著『神道神学論考』原書房、平成十六年
御巫清勇氏著『延喜式祝詞本』神社新報社、平成二年
山田済斎氏編『西郷南洲遺訓』岩波書店、平成十六年
※なお、本文中の『古事記』原文は倉野憲司氏校注、岩波文庫版『古事記』（平成十九年改版）に依拠しました。

日本を元気にする「古事記のこころ」改訂版

平成28年7月10日　改訂版発行

著　者――小野善一郎

発行者――蟹江磐彦

発行所――株式会社 青林堂

〒150-0002

東京都渋谷区渋谷3-7-6

TEL：03-5468-7769

URL：http://www.garo.co.jp/

印刷所――中央精版印刷株式会社

DTP――有限会社天龍社

協　力――株式会社ぷれす

カバーデザイン――吉名昌（はんぺんデザイン）

ISBN978-4-7926-0548-3 C0021

Printed in Japan

青林堂刊行書籍案内

倉山満が読み解く太平記の時代
——最強の日本人論・逞しい室町の人々
倉山満
定価1200円(税抜)

皇室論——伊勢神宮式年遷宮に寄せて
高森明勅
定価1300円(税抜)

画像解析によって判明した古墳墓碑
上・下巻
池田仁三
定価各1800円(税抜)

神々が集う地へ出雲大社
——縁を結ぶ旅こころの旅
中島隆広
定価1700円(税抜)